# 奠基教育
# 走进新时代

陈　姗／著

现代教育出版社
Modern Education Press

**图书在版编目（CIP）数据**

奠基教育走进新时代 / 陈姗编著 . -- 北京 : 现代
教育出版社 , 2019.2

ISBN 978-7-5106-6407-6

Ⅰ . ①奠… Ⅱ . ①陈… Ⅲ . ①小学－校长－学校管理
－经验 Ⅳ . ① G627.1

中国版本图书馆 CIP 数据核字（2019）第 002971 号

## 奠基教育走进新时代

| | | |
|---|---|---|
| 编　　著 | 陈　姗 | |
| 责任编辑 | 李　硕 | |
| 封面设计 | 小　宇 | |
| 出版单位 | 现代教育出版社 | |
| 地　　址 | 北京市朝阳区安华里 504 号 E 座 | |
| 邮　　编 | 100011 | |
| 电　　话 | 010-64252230（编辑部） | |
| 印　　刷 | 保定市虹光印刷有限公司 | |
| 开　　本 | 787mm×1092mm　1/16 | |
| 印　　张 | 20.5 | |
| 字　　数 | 310 千字 | |
| 版　　次 | 2019 年 4 月第 1 版 | |
| 印　　次 | 2019 年 4 月第 1 次印刷 | |
| 书　　号 | ISBN 978-7-5106-6407-6 | |
| 定　　价 | 85.00 元 | |

第一眼看到"奠基教育走进新时代"这个书名的时候，我便莫名地有一种沉甸甸的感觉，亲切中似乎涌动着某种强大的力量。当我带着这种感觉在一页页阅读本书的过程中，我渐渐明白，这种沉甸甸的感觉，这种力量，其实就是一种教育情怀，就是以陈姗校长为代表的五一人身上所特有的那种教育的使命感与担当精神。

百年大计，教育为本。教育是民族振兴和社会进步的重要基石，不仅决定着人类的今天，更决定着人类的未来。

习近平总书记在党的十九大报告中指出："不忘初心，牢记使命，高举中国特色社会主义伟大旗帜，决胜全面建成小康社会，夺取新时代中国特色社会主义伟大胜利，为实现中华民族伟大复兴的中国梦不懈奋斗。"所以，在实现中华民族伟大复兴的中国梦的道路上，我想，我们每个人都应当具有这种使命感，都应当具有这种担当精神。

小学教育是基础教育中的基础。作为奠基工程中重要的组成部分，小学教育对于提高国民素质、培养创新人才等都有着非凡的意义。

五一小学是一所历史悠久，有着红色基因传承的小学，不仅是一所大校，更是一所名校，在海淀，在北京，都有着较大的影响力。多年来，五一人一直坚持以"奠基教育"思想办学，扎扎实实谋求"为学生的幸福人生奠基"，并为此做了大量的探索与努力，而且取得了不菲的成绩。

本书所讲述的，就是身处新的历史时期，陈姗校长带领她的团队如何不断突破学校发展的桎梏，如何不断实现自身育人理念与教育行为蜕变的过程。书中一个个具体而真实的故事和案例，不但向我们展现了学校在践行"奠基教育"思想的变革发展进程中，一步一步酝酿，进而提出"幸福素养教育"理念的艰难却又幸福的历程，而且翔实地记述了五一人在这一实践与发展历程中对基础教育，特别是小学教育如何立德树人的理性思考。字里行间所蕴含并流露的，是五一人浓浓的育人情结，同时更有他们执着的教育追求和梦想，而书名"奠基教育走进新时代"的确定，我想，也许正是他们这种教育追求和梦想的浓缩。

进入新的时代，我国教育的主要问题已经由过去的"有学上"，转化为人民对优质教育资源和公平教育的迫切需求，而这种需求又恰恰与教育发展的不平衡相矛盾。这种矛盾不是偶然的，不是突发的，而是中国特色社会主义进入新时代，主要的社会矛盾——我国社会"人民日益增长的美好生活需要和不平衡不充分的发展之间"的矛盾——在教育领域的具体体现。本书站在一所学校如何变革发展的视角，站在面向新时代如何更好地落实奠基教育思想，推进基础教育优质、均衡发展的视角，讲述五一人的实践故事与实践经历，我觉得，这恰恰表达了这所具有时代精神，能够与时代同呼吸共命运的小学在育人之路上产生的一种诉求。而从这一意义出发，我觉得本书对于揭示基础教育领域的本质规律和任务，探索基础教育领域中更有效地实施教育的路径和办法，都具有极大的借鉴与参考意义。

我曾经不止一次去过五一小学，与陈姗校长也曾有过多次接触与交流——能够感觉到，她本身就是一个有情怀、肯实干的人——应当说对五一小学的教育理念、文化内涵，以及师生的校园生活面貌都有比较深的认识。2014年，我在参加海淀两委为陈姗校长举办的主题为"本真·幸福"的五一小学教育家办学实践研讨会时，曾经用"有定力、抓根本、肯担当"来总结学校的办学特质。而今想来，我越发觉得是如此的名副其实。特别是在阅读"成果篇"中师生、家长、校友们的文字时，我经常会被那些朴素的文字背后所浸润的幸福感所触动，所感染。于是，我心里总会有一种深深的宽慰，我想，五一人为促进学生发展，为他们能够获得人生幸福而做出的所有努力，都是值得的，更是应当称赞的。

2019年，五一小学将迎来学校65周年华诞，《奠基教育走进新时代》这本书值此校庆之际出版，我想，这无疑是五一人在用一种回顾与总结的方式，为学校的65周年华诞献礼。我以为这是必要的，更是适切的，因为只有这样，我们才能在新的时代看清脚下的路，认清前进的方向，我们才能收拾好行囊，把那些宝贵的经验化作底气与自信继续上路。"为学生的幸福人生奠基"，永远不会是一句空洞的口号，而是我们行动的准则，是我们追求的目标！五一人将在这个崭新的时代为中国的基础教育做出更大的贡献，为更多的孩子奠基美好而幸福的人生。对此，我深信不疑。

最后，借撰"序"之机，我也在此为五一小学65周年华诞送上一份真挚的祝福：栉风沐雨四海桃李，薪火传承六五芳华！

目 录 contents

# 思想篇

# 探索篇

# 成果篇

# 思想篇

# 第1章

## 寻觅本真，丰盈奠基教育内涵

时光如梭，岁月荏苒，不知不觉间，我在五一小学当校长已经十八个春秋。还清楚地记得，从走上校长岗位那一刻起，我就经常在心里问自己：到底什么才是学校发展中最重要的力量？而今，历经十八载岁月的洗礼与沉淀，我想，我已经找到了答案：在学校发展中，最重要的力量就是思想力，是那种极其纯粹的思想力，它外显为学校清晰的办学理念、科学的发展规划、明确的工作目标、有效的治学举措，并以此来感召师生，凝聚力量，引领学校不断发展。

所以，如果让我说，作为校长，我在这些年中给五一小学留下的最重要的东西是什么，我想，那就是"奠基教育"。

# "承前"方能"启后"

　　我是 2001 年来五一小学担任校长职务的。对我而言，到五一小学的最初三年遇到的挑战，可以说是我人生中最大的挑战。前任校长"五一小学的旗帜不能倒"的重托，自己"要让五一小学旗帜高高飘扬"的抱负，还有一上任就面临的"三校合并"的重担，压力之大，可想而知。

　　然而"开弓没有回头箭"，我只能迎难而上，带头示范，全身心投入到"三校合并"的重组与改建之中，倡导民主建设班子，聚焦教研凝聚队伍。2004 年年初，当"三校合并"给学校带来的震荡渐渐远去，当第一期校园改建工程即将竣工，五一小学这艘"航母"终于初步完成了她 50 年来最大的一次历史性蜕变，开始新的航程。

　　此时此刻的我，既没有因为长期以来"三校合并"的压力造成的那种疲惫，更没有顺利实现学校重组与改建后应有的那份轻松。我一个人在办公室的时候，经常会静静地想：五一小学现在已经走上了正常发展的轨道，下一步的发展靠什么？我们该以怎样的办学理念来引领学校实现新的发展呢？与生俱来的那股执着韧劲和作为校长的那份责无旁贷的使命感，促使我开始了新的思索。爱默生曾经说"思考是行为的种子"，也正是从那个时候开始，我深刻地意识到，我需要全面整理五一小学办学发展的历史，凝练五一小学的文化和精神。

　　于是，我搜集了大量关于五一小学办学历史的文献资料，抽出一切可以利用的时间认真阅读学习。

　　1950 年 6 月，朝鲜战争爆发。同年 10 月，毛泽东主席毅然决定派遣中国人民志愿军赴朝作战。伴随着"雄赳赳，气昂昂，跨过鸭绿江"的豪迈歌声，总后勤部大批干部开赴前线。

为解除军队干部的后顾之忧，使他们全身心地投入到抗美援朝战争中，1951年3月，在解放军总参谋长黄克诚大将的亲切关怀下，中央军委决定：建立总后勤部子女保育院，由老红军彭素担任首任院长，同时筹建总后勤部干部子弟小学。

1953年，朝鲜战争结束，国家开始实行第一个五年计划，军委总后勤部领导决定，集中一定的财力、人力，尽快建设高级干部子弟小学，解决军队干部子女的上学问题。

1954年3月，由苏联专家设计并建造的总后勤部高级干部子弟小学正式建成，并经时任总后勤部部长的洪学智上将批准，命名为"五一小学"，意为纪念"五一"国际劳动节，对外则称"新北京五一小学"（新中国成立初期，五棵松一带均称新北京）。学校占地5万余平方米……1954年5月1日，五一小学正式开学，学生全部为来自总后勤部及其所属各军兵种团职以上的干部子女……学校第一任校长为韩浩……

建校初期，韩浩校长便以延安抗大校训"团结、紧张、严肃、活泼"为五一小学校训，号召全体师生艰苦奋斗，团结一致，继承和发扬军队的光荣传统，努力把五一小学办成首长放心、家长满意的学校……她对学生像慈母般疼爱，对教职员工体贴入微……1956年，韩浩校长因工作需要升迁调出，李凤岐同志接任校长。他把解放军政治工作经验和学校管理有机结合，提出了"以爱育人"的办学理念，"母爱教育"随之诞生……

…………

1980年，改革开放的大潮席卷神州，五一小学顺应时代发展，提出了"自力更生"的办学思想……

1994年，伴随素质教育的实施，全面育人、全员育人、促进学生全面发展成为学校教育的主旋律……

一页页翻看着五一小学的办学历史，我仿佛真切地经历着五一小学办学、发

5

展的历程。那段时间，那些最朴素不过的词句——"像妈妈一样""慈母之心""全面""全员"……总是在我的眼前闪现。朦朦胧胧中，我似乎感觉自己的心底正有什么东西在悄悄萌芽。是啊，这不就是五一小学"朴素""沉静""本真"的文化底蕴和办学传统吗？她就像一条延绵不绝的血脉，流淌在每一个五一人的血管里；又像无形的空气，弥散在校园里的每一个角落。我常常情不自禁地想，小学教育的价值到底是什么？六年的小学教育到底该为学生留下些什么？现在我终于明白了，那就是"奠基"，一代代五一人所做的不正是为孩子们的人生打基础的事情吗！而这，也将是我接下来要做的，更是必须要做的。

"奠基教育"的思想便这样悄然间孕育而生了。

当然，用"奠基"一词作为一种理念或许会让人感觉缺少那么一点个性与特色。而事实上我们也曾苦思冥想，期望能找到一个"哲理诗"般优美且极具内涵的词语来表达，不过我们没能成功。"奠基"一词虽然平实，但却更适切、更合身，是五一人脚踏实地做教育的真实写照，也让我们感觉多一份内心的踏实。而且我坚信，在"奠基教育"思想的引领下，五一小学一定会带给孩子们一种最朴实、最本真的教育，让孩子们拥有最扎实的发展基础。

# 为每个孩子走向成功奠基

在实施奠基教育的过程中，我们始终在探讨两个最本质的问题，即小学教育的独特价值与根本任务，力求回归教育的原点来阐释奠基的内涵。我个人以为，这两个问题是有先后顺序的，而非并列关系，因为只有弄清了价值的作用，我们才能明白需要做什么事情。

基于这样的认识，在对学校办学理念的不断思考与探求中，我们越来越清晰地意识到，相对于整个教育系统而言，基础教育所具有的独特价值在于"育人"，而非"人才选拔"。教师应该像园丁一样尽心尽责地培养每一个学生，引导他们学做人、学做事，使其会学习、会与他人相处，为他们奠定一生持续发展的基础。由此，我把基础教育的价值概括为两个方面：第一，基础教育的基本目标在于提高整个中华民族的素质，它的对象和着眼点是全体人民，而不是一部分人，更不是少数人；第二，基础教育的功能是为提高全民族的素质奠定基础，它强调的是基本素质的培养，而不是专业或某些专门人才的培养。弄清了这一点，我们也就明晰了基础教育工作者需要做的事情，以当代的眼光来看，就是党的十八大报告中所强调的，要"把立德树人作为教育的根本任务"，简单地讲就是"育人"。我想，基础教育尤应如此。

那么，如何才能更好地完成"立德树人"或者说"育人"的根本任务呢？

漫溯教育长河，从孔子到陶行知，从卢梭到杜威，我们不难发现，他们眼中"教育即生长"的论断，其实都在努力揭示教育的本质，那就是教育的根本目的和价值在于培养学生自主追求幸福的能力。小学教育是基础教育中的基础，既然是基础，我们就应该也必须为孩子一生的发展和幸福奠基。在这一点上，我特别强调习惯和性格两方面在小学教育工作中的地位和作用。孔子说："少成若天性，习惯成自然。"小学阶段是人形成终身习惯的最佳时期，这一阶段的人如一张纯净的白纸，具有极强的可塑性。据资料显示，儿童在0—5岁，已经基本形成初步的性格；6—12岁，则是对其性格进行调整并固化的关键阶段。都说行为形成习惯，习惯决定品质，品质决定命运。如果说人生是一幅多彩的风景画，那么小学阶段的学习、生活很可能就是这幅风景画的底色，将在极大程度上决定着整个人生的色调。我们尽最大努力让孩子们在爱和阳光的沐浴下成长，就是期望为他们打下快乐、自信、阳光的底色，就是期望他们将来能够成为快乐、自信、阳光的人。

于是，我们渐渐聚焦"立德树人"的根本任务：

1. 围绕养成教育，培养学生良好的行为习惯和道德品质

学生文明行为与正确价值观念的形成是一个比较漫长的过程，需要我们在六年的小学教育中严格要求，不断实践。学生需要有一个从知晓到理解，从理解到践行，以至于"知行合一"的过程，最终才能形成道德习惯与约束力，做到习惯成自然。

2. 在启迪智慧中培养学习能力

小学教育不仅要培养学生"读、写、算"等方面的能力，帮助他们掌握最基本的生活知识与技能，更要呵护并培养他们的好奇心、求知欲，帮助他们学会自主学习、独立思考，发展他们的创新思维与创造潜能。

3. 关注身心健康，促进全面发展

小学阶段是儿童身体与心理迅速成长发育的时期，优秀的小学教育，应该高度关注儿童的身心健康，将保护和增强儿童体质、心理素质的意识与措施贯穿小学教育的全过程，确保儿童健康、快乐成长，为他们的一生打下良好的身体与心理素质基础。

源于对五一小学优良传统的继承，鉴于对小学教育重要性的理解和对小学教育独特价值的全面认识，2005年，我们开展了家长也参与其中的广泛而深层次

的办学大讨论，正式提出了"和谐发展，为每个孩子走向成功奠基"的"奠基教育"理念，其核心是"和谐、成功"，即面向每个孩子，形成良好的"道德品行、身心素质、学习智慧、审美意识、实践能力"，为其走向成功打下坚实的基础。我们深知，我们所倡导的"基础"，不是为了考取名牌中学、名牌大学那种升学教育的基础，而是素质教育的基础，是全面的、综合的。我们希望每一个从五一小学走出去的孩子都能带有明显的五一学子的特质：基础是厚实的，情感是丰富的，思维是活跃的，精神是高尚的，人格是健康的，生活是多彩的。总之，我们不仅希望他们成为考场上的胜利者，更希望他们在人生的大考场上能成为真正的成功者！

至此，"奠基教育"这一看起来个性与特色并不十分鲜明的办学理念，从萌芽到论证，从思考到实践，终于成为全校教职工共同的教育追求。大家都说，这一表述返璞归真，用最质朴的语言最直接地道出了基础教育的基础——小学教育的真谛。我们也正是在这一办学理念的引领下，顺利实现 2002 年三校合并和 2005 年整体改建两大历史性转折，并于 2008 年进入了海淀区首批素质教育优质校行列。

# 且行且思，可以致远

诗人纪伯伦提醒我们：不要因为走得太远，而忘记了自己为什么出发。的确，在践行奠基教育思想的路上，我们始终不敢忘记自己的初衷。为谁奠基？拿什么奠基？怎么奠基？我们一路且思且行，渐渐达成我们所追求的教育梦想：为学生的幸福人生奠基！

## 一、自下而上：为学生的幸福人生奠基

应当说，经历了动荡期、平稳期之后的五一小学，随着成为海淀区首批素质教育优质校，开始进入爬坡的关键期。恰在此时，也就是 2009 年年初，"海淀区中英学校发展计划合作项目"和"海淀区学校文化创建项目"陆续启动，我们有幸参与其中，这不仅使我们找到了再发展的动力之源，也使我们顺理成章地走上了一条以文化建设促学校内涵发展的光明之路。

我不得不再次静下心来重新审视我们的学校：我们有哪些优势和不足？我们现在在哪里？我们想去何方？那段时间，这些关系学校发展的根本性问题终日萦绕在我的脑际。带着这些问题，我们先后两次组织大规模的调研：先是采取问卷方式，调研学校突出特征、毕业生发展趋势、学校价值追求等问题；然后又聘请专业机构，对学校办学特色、发展现状和愿景规划进行全面调研。下面是调研的基本情况与部分数据：

两次调研共组织深度访谈 30 场，累计访问 70 余人，拍摄照片 445 张，摄像时长 493 分钟，录音 3255 分钟，整理深度访谈录音 63 万余字。调研中，访问对

象涵盖了行政干部、教师、学生、家长、社区人员等人群，以便更大范围地了解学校的基本发展状况；此外，调研中还多次召开教师会、家长会、学生会，在他们当中广泛宣传奠基理念并征集校训和校徽，先后征集到校训400多条，校风、教风、学风各300多条，校徽设计200多例。与此同时，按照专家的指导意见，一场自下而上、全员参与的"我爱我家"学校愿景大讨论也轰轰烈烈地展开了。教师、学生、家长都积极参与其中，表现出了对学校深深的热爱和美好的期望，"学校的发展也是我的事"一时间成为大家的共识。

在这场空前的思维、智慧的碰撞之中，我们发现，大家还是不约而同地聚焦在"和谐发展，为每个孩子走向成功奠基"的"奠基教育"理念上。于是，我们再次对"奠基教育"思想进行深入剖析，并最终将"为每个孩子走向成功奠基"调整为"为学生的幸福人生奠基"。之所以会有这样的调整，原因是我们对"成功"内涵的认识发生了变化。我们认为，成功的人生未必幸福，而幸福的人生则一定是成功的。教育不但要为人的发展服务，更要为社会的发展服务。为人的发展服务，是要使每个受教育者健康成长，进而获得幸福生活；为社会的发展服务，则需要按照社会的标准来塑造人。然而，有一点我们不能不承认，教育虽然有为社会服务的责任，但其最终的目的却是为人的发展服务。就这一意义来说，"奠基"二字明确的是办学理念的功能定位，而"幸福人生"四字则清晰地阐明了我们所追求的育人目标的价值取向。我们实施奠基教育，努力唤醒学生的智慧，释放他们的潜能，就是期望能赋予他们追求幸福的能力，点亮他们的幸福人生。

而今仔细回想，我觉得我们当初由参与"项目建设"而走上文化引领内涵发展之路的确算是幸运的。它所带给我们的，不仅是管理方式上的改变，更是思维模式上的创新。我们自下而上倾听各方面的声音，让所有人都能参与到学校发展的决策中来，齐心协力，凝聚共识，无疑为正处在爬坡关键期的五一小学增添了新的发展引擎。从办学理念到价值观，从思想到行为，从"我的"到"我们的"，"为学生的幸福人生奠基"不仅萌芽于思考，生根于实践，更需要成长于理解与认同，唯其如此，才能获得强大的生命力。而在学校发展建设中的每一次经历，也都将成为我们弥足珍贵的财富。

## 二、当下与未来：教给学生一生幸福必备的素养

然而，我们探寻的脚步并没有就此停歇。

卢梭曾在《爱弥儿》中激烈鞭挞当时的教育，那声音在我看来至今仍然振聋发聩：

> 当我们看到野蛮的教育为了不可靠的将来而牺牲现在，使孩子受到各种各样的束缚，它为了替他在遥远的地方准备我认为他永远也享受不到的所谓幸福，就先把他弄得那么可怜时，我们心里是怎样的想法呢？即使说这种教育在它的目的方面是合理的，然而，当我看见那些不幸的孩子被置于不可容忍的束缚之中，我怎能不感到愤慨，怎能不断定这种做法对他们没有一点好处？

是的，教育不应只是为生活做准备，其本身就应是生活的一部分；幸福既然是教育追求的目的，那么它就要贯穿于教育的整个过程；教育对人的幸福的意义，一定不仅在于未来，还应该在于当下——这，才应是我们对于"为学生的幸福人生奠基"的真正理解。

2011年，历经两年的教育教学实践，我们深感"为学生的幸福人生奠基"这一办学理念的践行并非像说一说那样简单。事实上，当时国内以"幸福教育"为办学理念的学校已经有很多，做"幸福教育"理论研究的专家也不少，而且一些有共识的学校还成立了"全国幸福教育联盟"。为此，我们组织教师开展专题研讨，聘请专家指导论证，最终在"为学生的幸福人生奠基"办学理念的基础上，补充提出了"幸福素养教育"思想。我们认为，要实现"为学生的幸福人生奠基"的办学理念，既要考虑学生一生的幸福，也不能忽视学生当下的幸福。如何兼顾"当下"和"未来"？那就是要顺应儿童天性，关注他们的经历和体验，激发他们主动成长。教育学家斯普朗格说，教育的最终目的不是传授已有的东西，而是要把人的创造力量诱导出来，将生命感、价值感唤醒。从"素"出发，以"养"为道，

唤醒生命潜能，养护个性品质，提升心灵素养，让每一个鲜活的生命按照自然规律，借助土壤、空气、阳光和水，以其独特的方式生长，最终实现让每一个孩子享受快乐成长、积极学习和幸福完满人生的教育，这就是我们所理解并要实践的以"幸福素养"为核心思想的奠基教育。

2011年，国家尚未提出"中国学生发展核心素养"的概念，而我们提出"幸福素养"，出发点也仅仅是要解决"如何为学生的幸福人生奠基"的问题，即培养学生具备获得一生幸福的素养。我们将幸福素养聚焦于"道德、健康、人文、科学、艺术"五大素养之上，并将它们形象地称为"人生必备的五个行囊"。我们深切期望孩子们能背好这五个"行囊"，在自己的人生旅途上走出精彩。

如果说提出"为学生的幸福人生奠基"是明确了"奠什么基"，提出"五大幸福素养"是明确了"怎么奠基"，那么我们从随后参与海淀区"课程整合、自主排课"实验项目开始的"五一小学幸福素养教育课程体系"建设，便无疑是从构建学校教育文化的角度在帮我们解决"拿什么奠基"的关键问题。至此，我们终于在不断的实践尝试与深入思考中将"奠基教育"思想具化为"幸福素养教育"，也进一步明确了我们共同的育人追求。另外还需要补充说明一下，我们的"幸福素养课程"建设从2012年开始到2015年基本完成，前后历时3年多——我们用这么长的时间只为做好一件事，那就是通过课程建设培养学生具备获得一生幸福的素养，以此来真正关注学生的当下和未来。

# 幸福素养谋幸福

转眼，时间走到 2016 年，实施"十三五"规划开局之年。中高考改革的进一步深化和《中国学生发展核心素养》的出台，直接推动了教育理念的转变和育人模式的转型，甚至导致整个教育生态都在发生巨大的变化。

站在新的历史起点上，我和我的行政团队深刻地意识到我们将要面对的挑战，当然，也有机遇。于我们而言，幸福素养教育虽然已经实施多年，我们在课程改革、"教与学"方式变革等方面也确实取得了比较显著的成效，但我们不得不承认，在许多方面我们还只是停留在"点"的突破上，幸福素养教育并没有实现体系化构建与发展。为此，几经研讨酝酿，一场围绕"核心素养校本化实践"，以**"幸福素养教育体系构建"**为实施策略和路径的学校教育研究工作正式拉开帷幕。此项工作的启动与实施，使学校原来呈"点"状分布的幸福素养教育工作，越来越清晰地以体系化结构的形式展现在我们的眼前（见下图）。而这，也正是我们

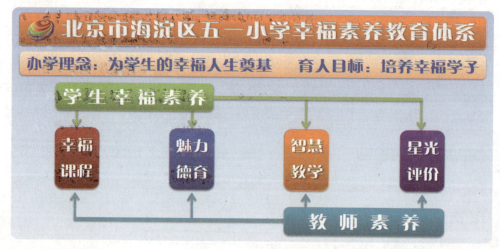

对于核心素养的一种校本化表达。

应当说，"海淀区五一小学幸福素养教育体系"是在多年来实施奠基教育、幸福素养教育的经验基础上，结合《中国学生发展核心素养》校本化实施建构起来的，是一个以学习者为中心的内生式学校育人系统。它包括四个维度：第一个维度是理念维度，坚持"为学生的幸福人生奠基"的办学理念和"培养幸福学子"的育人目标，体现了我们实施幸福素养教育所追求的价值取向；第二个维度是学生维度，我们将幸福素养教育聚焦于"学生幸福素养"，借此突出以学习者为中心的教育主张；第三个维度是实施维度，我们期望以"幸福课程"为育人载体，以"魅力德育""智慧教学"为育人路径，以"星光评价"为保障措施，共同支撑对学生幸福素养的培养；最后一个维度是教师维度，我们把教师作为学生成长的"引路人"、实施幸福素养教育的依托，充分体现了教师在学校教育中的重要作用。

既然是以学习者为中心的育人系统，那么学生的幸福素养自然是关键所在。**"五一小学学生幸福素养"**（见下图）作为学校在育人方面共同的价值追求，既是对学校教育文化的传承，也体现了面向未来的时代要求。我们在 2011 年提出的"幸福素养"基础上，结合《中国学生发展核心素养》，本着符合社会发展需要、符合基础教育要求、符合儿童身心发展特点和规律的原则，从"身心基础、品行修养、参与能力"三方面，重新确定了"健康、自信、坚毅、友善、乐学、善思"

六个要点。具体来说：健康，指体魄强健，阳光善良；自信，指积极向上，热情开朗；坚毅，指勇敢正直，敢于挑战；友善，指真诚宽容，善于交往；乐学，指好奇求知，兴趣广泛；善思，指批判创新，头脑灵活。我们坚信，这六大幸福素养对于小学生而言，是最基础的、最基本的素养，也是影响他们未来成长与发展的关键的、必备的素养。

幸福的教师培养幸福的学生。在进一步明晰学生的幸福素养之后，"具备什么素养的教师才能承担起培养幸福学子的重任"自然成为我们思考的焦点。几经研讨交流，结合习近平总书记提出的"四有"教师、"四个引路人"的要求，以及《小学教师专业标准》，同时也结合学校教育教学工作实际情况，我们又尝试从"教育情怀、职业品格、专业能力"三个方面界定了"五一小学教师素养"（见下图）。我们将"教育情怀"聚焦为敬业、笃行、奉献，是期望以此引领教师恪守规范、知行合一、不懈追求；将"职业品格"聚焦为尊重、接纳、垂范，是期望以此引领教师民主诚信、包容理解、为人师表；将"专业能力"聚焦为协调、研究、创新，则是期望以此引领教师沟通合作、乐于反思、锐意创新。

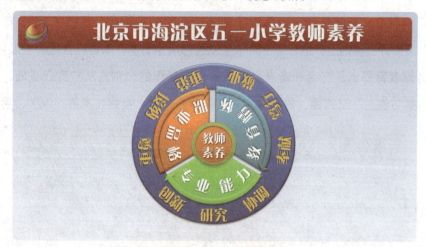

我们觉得，五一小学教师素养充分体现了师德为先、学生为本、能力为重、终身学习的理念，既是对学校教师形象的高度概括，也是时代发展对教师提出的新的要求。我们以这样的教师素养来引领教师发展，同时，也依靠具备这样素养的教师去培养学生的幸福素养，最终，在教育教学过程中实现教师和学生的共同发展。

"五一小学学生幸福素养课程"（见下图）是我们实施幸福素养教育的内容载体，也是立足学生个性需求和自主意识而开发的利于促进他们"全面发展"的学校课程体系，其包含"人文情怀、科学创新、体育健康、艺术审美、劳动技术"五大领域，每个领域都涵盖"基础性"和"拓展性"两类课程。基础性课程主要是指用以落实国家课程标准要求的国家课程，拓展性课程则指在国家课程基础上，依据学校育人目标和学生实际需求开设的各种校本课程，包括必修、选修两大类。此外，我们还有以学科实践为中心开设的"幸福起航""主题研究"等融合性课程，目的是实现用体验带动感知，以行动促进思考，行中求知，知行合一。目前，这五大领域、三类课程横纵联动、协同发展，已经从最初形成的稚嫩走向成熟，充分体现了学校课程文化适应性、开放性的特征。

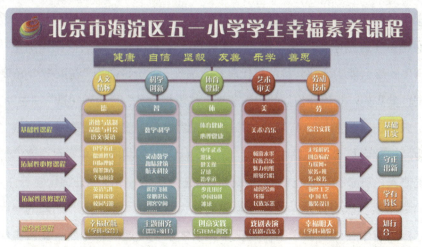

"魅力德育范式"和"智慧教学范式"作为落实学生幸福素养的两条路径，一个是学校德育工作的理论框架与实践模型，一个是学校教学工作的上位解读与理念引领。两个"范式"都涵盖学生和教师两个维度，体现了二者在"立德树人"上的高度一致、紧密协同。"魅力德育范式"中，德育工作三条主要渠道分别是文化浸润、实践活动和家校协同。文化浸润是指通过"大美德"养正文化、"小主人"管理文化和"小种子"生长文化的建设来实现文化育人；实践活动是指通过节庆典礼、千社千团、家风家训等五大系列活动进行实践育人；家校协同则是指通过建构三级家校研究会、成立"幸福同盟军"等方式，使学生家长能走进学校、了解教育、分享经验、协作育人。在"智慧教学范式"中，我们倡导学生在学习上主动探究、自主合作，倡导教师在教学中发挥引导、激发、支持的作用，而媒介则在不断更新中支持师生发展的需求。我们深切期待这种以学生为中心，用教师发展、媒介延伸作为基点构建的"对话、民主、生成"的智慧课堂，通过自身的不断优化，不断丰富智慧教学的内涵，推动智慧教学持续发展。

**"幸福星光学生评价"**聚焦学生幸福素养，以学生的"全面发展，幸福成长"为追求目标，以学校、家庭、社会为基本关注维度，通过家、校、社会三方协作，切实发挥评价的导向与激励作用。我们将星光评价的评价星设计为三原色（红黄蓝），意在扎扎实实地为每个孩子铺就人生底色。红色星代表在校表现，评价导向为"在校做个好学生"，由师生共同实施。此项评价依托学校课程展开，全面评价学生的学习情况：国家课程重在引导学生夯实根基、提升能力、均衡发展；拓展课程重在鼓励学生广泛涉猎、大胆尝试、发展特长；融合性课程则重在全面提升学生的综合能力水平。黄色星代表在家表现，评价导向为"在家做个好孩子"，由家长负责实施。此项评价以"尊敬长辈""承担家务""快乐阅读""主动锻炼"为评价内容，家校携手，共同关注孩子的持续成长。蓝色星代表社会实践，评价导向为"做社会好公民"，由教师、家长、社会人员共同实施。此项评价倡导学生关爱他人，热心参与公益活动，积极参加社会实践，不断提升综合素养。

"幸福素养教育体系"的建设与完善作为学校在"十三五"期间的一项重要工作，标志着学校教育教学工作真正步入了体系化发展的新时期。其自身作为教育教学研究的主要成果，从办学理念到学生素养再到教师素养，从育人目标到具体实施再到评价保障，实现了学校教育内部与外部、纵向与横向的融通，具有现代意识和前瞻性，充分体现了学校的办学特点与发展方向。

联合国教科文组织环境人口与可持续发展教育委员会曾提出："一切教育活动都是为了学生的成长和发展，为了孩子一生的幸福。"我们深知，对于幸福素养教育的思考与研究，我们仍然行走在路上，对于小学教育文化的理解，我们仍然需要不断深入。我们期待能越走越远，更期待能为更多的学生带去幸福的人生。

# 奠基教育的变与不变

世界上没有一成不变的东西，教育也是如此。

顾明远教授在谈到未来教育的时候，谈到了社会的变革特别是科学技术的革新正在改变着教育的生态环境，改变着教育观念和教育方式。他详细阐述了六个"改变"和两个"不变"，六个"改变"即学习渠道、培养目标、课程内容、学习方式、个性化学习、师生关系改变，两个"不变"即教育的本质不变、教师和学生不会消失。他还强调：变化中也有不变的，那就是教育传承文化、创新知识和培养人才的本质不会变，立德树人的根本目的不会变。信息技术、互联网改变了教育环境和教育方式，但信息技术、互联网只是手段，不是目的；教师的教育观念、教学方式方法需要改变，但教师培养人才的职责不会变。教师的活动蕴含着人的感情、人文精神，师生的情感交流是一种不可或缺的教育力量。

我想，作为教育工作者的我们，在听到这些话语的时候，理应感觉到一种神圣的使命感与压力。在带着一部手机就可以走遍天下，足不出户就能够买到任何所需物品的互联网时代，甚至几年后我们可能面临的无法想象的人工智能时代，教育者却还有着这样的不可替代性，这是何等的神圣，责任又是何等的重大！

那么我们的奠基教育呢？

事实上，我们从前面对奠基理念的阐述中不难看出，奠基教育的内涵一直是在不断丰富和变化着的。它的变化不仅契合学校发展的历程，与学校文化一脉相承，更是打着时代的烙印。所以我有理由坚信，未来，奠基教育也一定会伴随社会的进步、时代的发展不断变化，变得更加丰富与深刻。不过正像顾老所说，变化中总会有一些东西是永远不变的。

2016 年 6 月，我有幸参加了在巴黎联合国教科文组织总部召开的中法知名小学校长论坛。论坛围绕"面向未来的小学教育"这一主题展开，涉及了"面向未来的小学课程改革""信息时代教师队伍面临的挑战"等时代鲜明的课题。从事了十几年小学校长工作的我，面对正经历着的广泛而深刻的基础教育领域的变革，面对不断涌现出的教育新观念、新方法，"面向未来"正是当下我们关注和思考的话题。论坛上，国家总督学顾问、联合国教科文组织协会世界联合会名誉主席陶西平先生的发言给我留下了极深的印象。他借用中国当代著名教育家叶澜教授提出的"三底"，即底线（Base Line）、底色（Background）和底蕴（Inner Qualities），独具匠心地阐述了基础教育改革的三大总体目标，并旗帜鲜明地提出了"人格形成比知识掌握更为重要""技术可以放大杰出的教学，但再伟大的技术也不能代替平庸的教学"两大观点。我以为，他的发言与顾老的"变与不变"有着异曲同工之妙，给了我极大的启发，也更加坚定了我对奠基教育再思考的决心。的确，时代在变，教育的形势也在变，但万变不离其宗，总有一些东西是不变的，那就是教育的"根"，那就是教育的"本"。而我们所应做的，就是守住教育的"根本"，以未来的视角和变化的思维，应对今天所面临的全部挑战。

## 一、变化在哪里

### 1. 时代在变

习近平总书记在党的十九大报告中指出：中国特色社会主义进入新时代，我国社会主要矛盾已经转化为人民日益增长的美好生活需要和不平衡不充分的发展之间的矛盾。这种矛盾在教育领域主要表现在教育的公平与质量的不平衡不充分，包括区域之间、城乡之间、校际之间。而事实上，教育发展的不平衡不充分，归根结底是人的发展的不平衡不充分的问题。

我个人以为，要解决这一矛盾，我们必须回归教育立德树人的本质，去除教育为升学服务的功利，真正使教育从"应试本位"走向"人的发展本位"，把"提升人的核心素养、促进人的全面发展"作为教育最高原则与终极目标。如今，大数据时代已经到来，"互联网＋"、人工智能、云计算正逐步普及，我们将比以往任何时候都更加接近智能、虚拟的未来世界。如此，教育该何去何从，该如何应对，我们确实需要重新审视与深入思考。

**2. 教育的形势在变**

目前，教育领域一个比较火的词是"深综改"。的确，进入新时期，国家层面的教育顶层设计不断强化、优化，一批标志性、引领性的改革举措陆续推出，《国家教育事业发展"十三五"规划》《关于深化教育体制机制改革的意见》《关于全面深化新时代教师队伍建设改革的意见》《义务教育学校管理标准》《中小学综合实践活动课程指导纲要》，中考招生制度改革、高考改革新政破冰启动，一时间，教育综合改革风生水起。

从我个人角度来看，如此规模的"深综改"，必将倒逼处于教育启蒙阶段的小学教育在育人模式、评价方式等领域产生积极的回应。

## 二、不变的是什么

### 1. 素质教育的核心要求不变

党的十八大以来，素质教育得到进一步强调和重视。习近平总书记指出，素质教育是教育的核心，要大力推进素质教育。2017年《国家教育事业发展"十三五"规划》要求"全面实施素质教育"，党的十九大报告首次提出"发展素质教育"。我们发现，从20世纪80年代提出素质教育算起，至今已经30多年了，"素质教育"这个主旋律其实一直没有变。当初素质教育的内涵有三个要义：一是面向全体学生，二是使每个学生德智体美全面发展，三是使每个学生得到主动的、生动活泼的发展。

时至今日，我们可以看到，素质教育的内涵除了因为加上时代元素而变得更丰富以外，其实并没有其他变化。所以我想，国家在出台《中国学生发展核心素养》之后，又密集出台了普通高中各学科核心素养的框架体系，其实就是期望素质教育能够更扎实地落地，就是期望能把立德树人的国家要求，也是素质教育最顶层、核心的要求落实到每一个学科、每一节课中，最终真正转化为学生的素养。

## 2. 以人为本的教育宗旨不变

教育是面向人、培养人、造就人的崇高事业，因而"以人为本"必然是教育永恒的话题，而促进孩子成长、成才、成人则必定是教育不能推脱的责任。我一直认为，孩子从进入学校那一刻起，就意味着他们把生命中最宝贵、最有意义的一段时光交给了学校和老师。相比之下，我们该回赠给他们什么呢？

今天，当我再回头看自己已走过的教育之路时，我有一个最深切的感受：教育一定要指向人的灵魂深处，一定要指向人的生命成长。我们每一名教育工作者都应当以尊重生命，关注生命，以促进生命健康发展为己任。人的发展有快有慢，有先有后，而我们的基础教育则必须恪守这一规律，唯其如此，我们的学校教育才能为少年儿童人格的发展做好奠基工作。

不过，我确实又是欣慰的。这些年坚守在奠基教育之路上，面对着教育的风云起伏，我始终在安安静静、专心致志、扎扎实实地做"基础"，做促进孩子们健康发展的"基础"。尽管在不同的发展阶段、历史时期，我们会因回应时代需要而进行一些积极的尝试与大胆的探索，但努力"让每一个学生都获得主动、全面的健康发展，让每一个孩子都能走得更稳更远"的价值追求始终没变。在"变与不变"中返璞归真，帮助孩子们茁壮成长，给他们一个美好的未来，我相信，这就是教育最大的人文关怀，这就是我们五一人最质朴的教育情怀。

# 走向未来

未来到底什么样？未来教育到底什么样？可能并没有人能够给出一个准确的描述，但我十分赞同首都师范大学杨志成副校长的看法。他说："今天的教育，超越校园束缚、班级授课、学科边界、教材资源，甚至超越专业教师授课、超越现代学制的现象正在不断发生，因此，从一定意义上说，'未来教育'或许不在未来，而就在当下，就在今天正在发生的每一个超越现代教育特征的教育变革之中。"

那么，当作为教育人的我们着眼未来去思考今天的教育的时候，不能不扣心自问：我们的奠基教育，我们的幸福素养教育，将走向哪里？

## 一、育人目标更加侧重未来发展

以"人工智能"为特征的新时代渐渐掀开了她朦胧的面纱，她将对人的素质提出更高、更新的要求。清华大学经济管理学院前院长钱颖一教授认为："未来的人工智能会让我们在传统教育制度下培养学生的优势荡然无存。"创新工场董事长李开复也强调："在人工智能时代，父母应该鼓励孩子去找自己最爱、最擅长的事，而不是变成一个背书的工具，因为你背书再背也背不过机器。"这些话语掷地有声，启示我们若要迎接人工智能时代的到来，必须重新思考未来社会究竟会关注什么。

2017年9月，中共中央办公厅、国务院办公厅印发《关于深化教育体制机制改革的意见》，其中明确提出四个关键能力：认知能力、合作能力、创新能力和职业能力。从目前的情况来看，认知、合作和创新三方面的能力是我们已经关注了的，而职业能力则是我们还没有关注或者明显关注不足的一面。

　　当然，如果我们换个角度再来考虑的话，其实也能明白，即使是那些我们已经在关注的能力，在新的时代也必定有着不同的意义。比如我们耳熟能详的认知能力，未来将绝不会是一般意义上的知识与技能的组合，因为信息时代知识更新的速度将远超出我们的想象，更有专家预言，未来人工智能甚至会在知识技能领域大规模替代人类活动。我想，这绝对不会是危言耸听。所以显而易见，我们曾经的那种对于认知能力的理解与培养，恐怕很难应对时代的飞速变化。而这，势必会给我们的教育带来冲击，给我们教师的教学工作带来改变。仍以认知能力培养来讲，面向未来，就需要我们从现在起，认真研究学科知识背后所隐含的学科思维方法，密切关注学科未来发展的需求，思考学科背后直指未来的育人目标。

　　由此，我以为，我们的奠基教育，我们的幸福素养教育，都必须时刻关注未来社会发展对人的需要和要求，我们朝着这个方向去深入探讨五一小学的教育，以未来的视角去培养五一小学的孩子，就一定可以交给他们一把"适应未来的金钥匙"。

## 二、视角和思维更加开放、灵活

　　未来，教育肯定不再是一个相对"封闭的孤岛"，国内国外共建共享、融合并进、共同发展将成为教育领域的重大趋势和发展潮流。甚至我们可以更大胆地预期，在未来，教育很可能会在更大程度上走出"封闭的教室""封闭的校园"，进而与其他行业或者领域实现更大程度上的跨界与融合。

　　基于这种思考与认知，"十三五"期间，我们将开放化办学作为一项重要工程写进规划，尽全力加大开放办学力度，积极探索开放化办学的模式与策略。经过两年多的努力，目前，我们牵头成立的"北京市教育学会幸福素养教育研究会"已经成为北京市各区部分兄弟学校合作交流、沟通分享的平台，各项工作顺利开展，在北京市基础教育领域产生了一定的影响力。同时，我们还与河北、沈阳、四川等十多个地区的姊妹校建立了友谊，大家以合作共赢的胸怀，在协作中共同谋求办学品质的更大提升。我发自内心地觉得，这种牵手不仅给我们带来了办学理念与思想上的碰撞交流，更开阔了我们办学的视野，使我们在互动中很好地发挥了辐射、带动的作用。另外，从某种意义上讲，我觉得这种牵手也是对促进区域间教育均衡发展的一个积极的回应。未来，我们肯定还会在这方面做出更多努力与尝试。

为了更好地面向未来，我们还积极与国际教育接轨，探索中外教育合作交流的有效模式。目前，我们正与芬兰进行教育深度合作，已经开展了四期，取得了非常好的效果。关于这方面的内容，我在后面还会详细介绍，这里不再赘述。

不过要特别说明的是，在国际视野下做教育，让我们对教育及教育的发展有了更多前瞻性的思考。我们在尝试把他国先进教育理念与我们的实践经验深入融合的过程中，逐渐明晰了一条新的发展之路：保持本土教育特点，发挥本土教育优势，走教育创新融合之路。我不敢说这条路肯定是一条面向未来的正确的发展之路，但我却可以确定，当我们变换视角和思维推开门办学时，我忽然产生了一种张开双臂去迎接未来的热切与轻松。

## 三、教学方式更加综合化

这个话题还得从我们近两年持续推进的"中芬教育交流与培训合作项目"谈起。在这一项目深入推进的过程中，我越来越明显地感觉到，芬兰在教育上所推行的去学科化，强调教育的综合性，强调"横贯能力"，从现象学的视角研究教育，十分具有前瞻性，给了我很多启发。尤其是在小学教育阶段，我觉得提高教学的综合性，是极其符合学生核心素养综合发展需要的。当然，这也会对我们的教师队伍建设提出更高的要求。

近几年，我们一直在低年级尝试推行"起航课程"。尽管这一融合性课程的综合化还不太明显，但其综合化的模式，还是最大限度地增强了学生主动学习的参与度，孩子们学得更开心、更有效，"起航课程"实验成效已初见端倪。教育部 2014 年 3 月印发的《关于全面深化课程改革　落实立德树人根本任务的意见》中就已经明确指出：要在发挥各学科独特育人功能的基础上，充分发挥学科间的综合育人功能，开展跨学科主题教育教学活动，将相关学科的教育内容有机整合，提高学生综合分析问题、解决问题的能力。由此我们不难想象，未来，无论是教还是学，都将更加注重跨界与融合，从分科走向综合，必将会成为未来课程体系的一场革命性变革。而事实上，这场变革的本质就是教学方式的变革。我们可以预料的是，随着跨界的内容越来越多，学科协同教学点越来越明确，课程间的融会贯通最终也必将水到渠成。

苏霍姆林斯基说过："人的内心有一种根深蒂固的需要——总想感到自己是发现者、研究者、探寻者，在儿童的精神世界中，这种需求特别强烈。但如果不向这种需求提供养料，它就会逐渐消失，求知兴趣也与之一道熄灭。"每每读到这里，一种共鸣便油然而生："奠基"之路上，我们以"幸福素养"为核心，以长远眼光及平和心态看待教育，注重唤醒学生的主体意识和自我追求，引导其主动修行内化；不急功近利，从他们未来发展的长远角度考虑今天的教育行为，将他们看作一颗颗在良好教育生态中不断自然生长的种子，用心养护，真情付出，激发其潜能与活力，用爱与智慧滋养出其生命的蓬勃与美丽。

所以我总在想，过去我们进行课程改革也好，未来我们强化教学方式变革也罢，这两者总是结伴而行，目的只有一个，"让每一名学生都获得主动、全面的健康发展，让每一个孩子都能走得更稳更远"。这是我们面向未来的征途，但又何尝不是我们追寻育人本真的归途呢？

## 第2章

# 规划"十三五"，铺就"康庄路"

2016 年 1 月 15 日，全国教育工作会议在北京顺利召开。会议强调要全面贯彻党的十八大和十八届三中、四中、五中全会精神，以邓小平理论、"三个代表"重要思想、科学发展观为指导，深入贯彻习近平总书记系列重要讲话精神，按照"五位一体"总体布局和"四个全面"战略布局，牢固树立和贯彻落实创新、协调、绿色、开放、共享的发展理念，全面贯彻党的教育方针，紧紧围绕提高教育质量这一战略主题，以立德树人为根本任务，以促进公平为基本要求，以优化结构为主攻方向，以深化改革为根本动力，以加强法治为可靠保障，以党的领导为坚强保证，加快推进教育现代化，为全面建成小康社会发挥关键支撑作用。

时任教育部党组书记、部长的袁贵仁在工作报告中还强调，"十三五"时期是全面建成小康社会、实现第一个百年奋斗目标的决胜阶段，2016 年是"十三五"开局之年，教育系统要在国家总体战略和宏伟蓝图指引下，牢牢把握提高教育质量的重点任务。

面临新的历史时期，面临新的教育改革与发展的形势和任务，在"十三五"开局之年，我们该如何规划学校在"十三五"期间的发展蓝图，又该如何为学校在"十三五"期间实现创新发展铺就一条"康庄大道"，在现有基础上进一步提高教育质量，落实立德树人根本任务，自然成为摆在我们面前的首要任务。《礼记》上说："凡事预则立，不预则废。"五一小学"十三五"规划的研制工作就在这样的大势中正式拉开了帷幕。

# "第一次"会议记录

下面是学校"十三五"规划编制领导小组召开第一次会议的记录。在学校"十三五"规划研制过程中,我们累计召开相关会议近30次,所有的会议记录就像是一串前行的脚印一般,忠实地记录着我们在学校"十三五"规划研制和共同描绘学校未来发展美好蓝图过程中,所付出的智慧与汗水。

## "十三五"规划编制领导小组第一次会议
## 会 议 记 录

五一小学                                 2016.02.17

时 间:2016年2月17日(星期三)15:30—17:00

地 点:二层会议室

主 题:五一小学"十三五"规划编制领导小组务虚会议

主持人:陈姗校长

参加人:谭中玲、冯剑平、申春娟、高鹏飞、刘莹、李志芳、

            贾京洪、张育红、毕研环

2016年2月17日,五一小学"十三五"规划编制领导小组召开会议,校长陈姗和领导小组核心成员参加。会议主要内容包括:

陈姗校长宣布领导小组核心成员名单。

毕主任介绍五一小学"十三五"规划的内容及分工、进度安排。

陈姗校长布置近期具体工作。

一、陈姗校长宣布领导小组核心成员名单

　　组　　长：陈姗

　　执行组长：谭中玲、毕研环

　　副 组 长：冯剑平、申春娟、高鹏飞、刘莹、李志芳、贾京洪、张育红

　　组　　员：全体行政及部分教师（待定）

二、毕主任介绍五一小学"十三五"规划的内容及分工、进度安排

1. 内容及分工

　　（1）现状分析

　　　　➤　学校概述

　　　　➤　办学优势

　　　　➤　问题剖析

　　（2）目标定位

　　　　➤　总体目标

　　　　➤　具体目标

　　（3）重点项目与特色项目

　　　　➤　重点项目

　　　　➤　特色项目

　　（4）条线工作

　　　　➤　学校管理

　　　　➤　德育工作

　　　　➤　教学工作

　　　　➤　教科研工作

　　　　➤　后勤管理

2. 进度安排

　　（1）2月：启动

　　（2）3月：前期研究

　　（3）4、5月：讨论稿形成

（4）6月：征求家长、社区意见，修改完善规划

（5）7月：征求全体教职工意见，规划形成

（6）9月：规划正式见面

### 三、陈姗校长布置近期具体工作

1. 联系智囊团队，团队组成和成员分工如下：

　　（1）学校领导小组核心成员

　　（2）学校教职工代表（谭校长）

　　（3）专家顾问团（谭校长）

　　（4）友邻单位（毕主任）

　　（5）家长委员会（贾主任）

　　（6）学生代表（贾主任）

2. 建立微信群，便于领导小组核心成员及时交流关于"十三五"规划的信息（毕主任，李晓燕配合）

　　（1）摸清教育改革的趋势

　　（2）学习同类学校或企业的"十三五"经验做法

　　（3）参观学习教改方面有典型经验的好学校（谭校长）

3. 思考五一小学的办学优势、问题剖析和目标定位（领导小组全体核心成员）

　　"十三五"规划编制领导小组的第一次会议记录，翔实记录了学校"十三五"规划研制工作第一次会议的基本内容，是学校"十三五"规划研制工作迈出的第一步，是我校"十三五"规划研制工作的一个缩影，标志着学校"十三五"规划研制工作在新的学期还没开始之前，便已经正式启动，同时也标志着学校已经把"十三五"规划研制工作提升到了学校发展战略的新高度。

# 在研究中学习，在学习中研究

　　"十三五"规划研制工作启动以后，我们有一个十分清醒的认识，那就是规划的研制不可能一蹴而就。为此，我们将规划研制的基本思路确定为"一边学习，一边研究"，力争通过各种方式的培训学习不断提升规划小组成员的认识，打开他们的思维视野，进而有效推动规划的研制工作。

　　2016 年 3 月 4 日下午，我们以"科学规划编制，共绘美好未来"为主题召开了第一次规划研制工作培训会议。会议由我主持，包括两个方面的内容：一是组织大家共同学习"十三五"相关文件材料，内容涉及教育部、市教委、海淀区教委"十三五"教育规划，以及两会中有关教育领域的重点、热点等，其中有四篇比较重要的文章，分别是《教育新理念与"十三五"中国教育的生长点：我们靠什么提高教育质量》《北京 15 位校长勾画"十三五"互联网＋打造智慧教育》《北京市政府重点工作情况汇编之深化教育改革篇》《大数据来了，教育如何定位》；二是由各项目负责人分别对学校队伍、教学、科研、课程、德育、后勤等方面工作现状作分析汇报。

　　会议期间，我还特别强调了学校"十三五"发展规划研制工作的重要性，并就此项工作提出了三点建议：一是要关注教育发展方向，以高位前瞻的角度科学谋划；二是要关注先行制定"十三五"规划的典型学校，无论是北京市的还是外省市的，无论是大学、中学还是小学，要关注他们现实的发展状态和未来发展趋势；三是要关注自身，切实通过科学分析找出存在的问题，确定目标定位，制定有效策略。会上，各项目负责人在对照学校"十二五"发展规划落实情况的基础上，结合各自实际工作，图文并茂、直观清晰地分析了学校在"十三五"期间具有的优势与存在的不足，并有针对性地提出了自己的想法和建议。当时，大家比较聚焦的一个话题就是学校教师队伍建设，感觉在年龄结构、学历构成、骨干培养等方面存在"短板"，在一定程度上对学校的发展形成了制约。

随后，也就是 3 月 5 日上午，我们又邀请北京教育学院杨志成副院长就"十三五"规划的研制为大家做专题培训。杨院长以"思考模型"为切入点，首先为规划小组的成员们阐述了制定规划前的思考逻辑。他谈道，按照这样的模型来思考，我们需要关注"上""下""前""后""左""右"六个方面。"上"是指国家、北京市、海淀区三级相关行政部门的政策，尤其是党的十八届三中全会精神、"五大新理念"；"下"是指学校发展的基础，包括生源、家长、环境等；"前"是指学校的历史，已经取得的成绩与经验；"后"是指学校的未来，学校的规划要与北京接下来五年的教育发展趋势接轨；"左""右"则是指同类学校的发展情况。紧接着，杨院长又将在场的教师分成了三组，并限时 15 分钟，通过头脑风暴的方式引导大家畅想五一小学研制规划时需要思考的层面，丰富大家对制定规划的思维视角。最后，杨院长还以北京市"十三五"教育发展规划为例，围绕"十三五"时期教育政策的热点、重点和难点，以及"立德树人""核心素养""教育国际化"等热词的由来、内涵与要求，进行了深入浅出的解读，同时就学校"十三五"规划的结构给出了比较具体的指导意见。这次培训，直接引发了规划小组成员对办学理念、发展愿景、空间发展、文化发展、特色发展等关系学校未来发展的几个关键性问题的深度思考。

至此，学校"十三五"规划研制工作便在"研究"与"学习"中全面展开。在我的提议与支持下，从 2016 年 3 月开始，学校"十三五"规划研制小组成员先后有 30 余人次分赴北京育英学校，以及上海、杭州、广州等教育比较发达地区的近 10 所兄弟学校进行参观学习，在比照中思考五一小学的未来，规划五一小学的"十三五"。与此同时，我们还面向教师、家长广泛征求意见，前后发放调查问卷 4000 余份，以此来为"十三五"规划研制提供数据支撑。

调查问卷:

## 五一小学未来发展家长建议书

尊敬的家长朋友:

　　"十三五"时期是我国全面建成小康社会的关键时期,也是基本实现教育现代化的决定性阶段。学校"十三五"发展规划的制定事关今后的改革方向和发展前景。目前《五一小学"十三五"发展规划》正处于酝酿阶段,为了使学校新一轮五年发展规划定位更准确,更加贴合家长和学生的实际需求,为了使我们共同的家园变得更加美好,现诚挚邀您建言献策,共同谋划学校未来发展的蓝图。

　　请您在建议书上填写真实姓名,请您不必有任何顾虑,尽可按照您的真实想法填写,此举的目的是充分了解各位家长对学校的关注和对教育改革的建议。感谢您在百忙之中发挥聪明才智,为学校的发展建言献策!感谢您的大力支持和配合!

　　班级: ＿＿＿年级＿＿＿班　　学生姓名: ＿＿＿＿＿＿　　家长姓名: ＿＿＿＿＿＿
一、您认为学校最显著的发展优势是什么?请简要说明理由。




二、您认为在当前教育改革大背景之下,《五一小学"十三五"发展规划》应重点突出哪些方面?您有何具体建议?




三、对于学校课程改革的深入推进,您有何具体建议?


　　至2016年7月,经过规划组全体成员的共同努力,《海淀区五一小学"十三五"

发展规划》总规划初稿终于在大家的热切期盼中完成。规划内容包括"学校发展的基础分析""学校发展愿景""主要任务及实施策略"与"保障措施"四个部分。当然，我们并没有因此裹足不前，满足于对学校"十三五"规划的美好憧憬。我们深深地在内心警醒着它的科学性、严谨性，还有可操作性。为此，我们又陆续邀请海淀区发展规划科焦东琴科长、海淀区人民政府教育督导室史怀远副主任、海淀区教科院吴颖惠院长、北京教育科学研究院汪志广教授等不同领域的多位专家，从各自专业的角度为我们的"十三五"总规划把脉诊断，提出改进建议。

与此同时，我们围绕"十三五"总规划又展开了"文化建设实施方案""开放化办学实施方案""智慧校园建设实施方案"等8个专项规划的制定工作，以此进一步分解细化总规划的各项工作目标，明确各项工作的具体任务、实施策略和推进步骤。

事实证明，无论什么时候，"研究"与"学习"的脚步都永远不会止歇，也不能止歇。我们做教育工作，尤其如此。

# 经历就意味着成长

在学校"十三五"规划研制的过程中，规划组核心成员均由学校行政干部组成。原因其实很简单，无论是从规划学校发展的角度，还是从在实践中引领教师具体落实各项工作的角度，都要求我们的干部走在前面。而事实上，学校"十三五"规划研制工作也恰恰为干部们的成长搭建了一个更高、更广阔的平台。可以说，参与规划研制工作的过程，就是我们的干部们不断成长的过程，这种经历远不是常态下的各项工作所能比拟的。

我们当时主管学校教学工作的谭中玲副校长（现负责学校人力资源与学校发展规划工作）在她的工作日记中这样写道：

如果说"十二五"期间，学校是通过"课程建设"这一核心问题的解决突破了自身成长瓶颈，那么五年之后的今天，当五一小学已经形成一定的品牌影响力，当我们又进入新的发展高潮期，我们又该如何为学校的再发展找到新的生长点，该如何推动学校走上新的高位发展的良性轨道，这已经不再是"战术"问题，而应是"战略"决策。

……………

"十三五"规划的研究与制定，让我跳出了一个部门（教学处）、一所学校（五一小学），甚至是小学教育，让我学会站在更高处思考学生的未来，思考教师的成长，思考学校的发展。

何宝香副校长是我校一位资深老校长，主要负责学校办公室工作，虽然已近退休年龄，但对教育依旧充满情怀。在参与了学校"十三五"规划研制工作以后，她也发自内心地写下了自己的感受：

在学校"十三五"规划研制过程中，作为一名老教师，我深深地感受到互联网时代的来临和信息化水平的高速发展给教育带来的冲击。

"十二五"以来，海淀教育正不断朝着均衡化发展的方向迈进，"一贯制""集团化"已经成为海淀教育办学的基本模式。海淀作为全国优质教育重点区域，在不断强化自身发展的同时，需要不断向区域外进行教育输出，在更大区域内促进教育均衡发展走向深入。而五一小学作为海淀区的一所品牌学校，在"十三五"期间责无旁贷要向着开放性、国际化的方向努力前行。

高鹏飞是我们学校一位比较年轻的教学主任，比较有思想，也很有思考力。在参与了规划研制工作以后，他撰文《教育三问》，深刻表达了自己对"十三五"发展目标的思考与认识：

"我们需要什么样的教育？我们能做些什么？我们的教育将走向哪里？"这是我经常询问自己的三个问题。《中国教育报》中一篇文章阐述了三个观点，对我很有启发。文中谈到教育有三个层面：第一是要培养受教育者的世界观和人格；第二是要对受教育者的心智进行全面开发，并培养其全方位的能力；第三是教育要传授技能和知识。我想，这就是我们教育的使命。正如我校校训所言，"弘道养正，日新其德"，发扬"道"之光大，培育人之正气，天天增新美德。为此，我校在"十三五"中明确提出，要树立质量与责任意识，深化课程和"教与学"方式改革，因社会发展、学生需求而不断创新。那么如何才能达到这一目标呢？我想，人是关键。教学中，教师是第一要素，首先要丰厚教师的文化底蕴，夯实教师的功底，促进教师的学科核心素养、信息化素养的提升。其次，要深化课堂建设，夯实常态工作，确保优质实效的基础性学习；要深化校本教研，提高教师团队的研究力；要关注综合素养，开展学科实践活动研究；要关注均衡发展，努力支持学生的个性化学习。为保证目标的落实和措施的有效实施，我们还需跟进评价：改革学生评价，提高评价的科学性、严谨性；改革教师评价，通过"追评记录"，定期向教师进行具体反馈。我认为我们的教育教学应该是一个始终处于良性的不断发展的动态过程。未来，我们的教学将在落实现有目标的基础上，进一步推动信息技术在教学中的运用，更加注重学生能力的培养，推动混合式学习，给学生提供一种终身学习的生活方式。

贾京洪主任主要负责学校的德育工作，她在参与了规划研制工作后也深有感触：

十分荣幸能参与学校"十三五"规划研制工作，在一次又一次的学习、交流、碰撞和磨合中，我深切地感受到陈姗校长带领的五一小学行政团队那份高度的责任感和使命感，也深切地体悟到以赵立新书记为首的德育团队的扎实、求索、虚心、严谨的工作作风。

同时，她在研制过程中还对如何更好地落实奠基教育思想进行了比较系统的思考：

早在"十三五"规划研制工作启动时期，我就在想：五一小学是一所传统名校，长期以来保存了很多优良传统，一代又一代五一人辛勤工作，应当说为学校的德育工作已经奠定了很好的基础。特别是我校自 2009 年提出"为学生的幸福人生奠基"的办学理念之后，学校德育工作便定位于"培养能够感受幸福、创造幸福、传递幸福的人"，发展方向更加明确。

然而现实中，发生在学生身上的一些现象却又让我们不得不承认，他们在道德认知与道德情感、道德行为间依然存在着明显的差异。那么，我们的德育工作是否存在目标过高、内容笼统的问题？教育与幸福到底有着怎样的关系？我们如何才能通过教育来帮助学生懂得幸福的真谛？我们的德育工作又到底该为孩子们的幸福成长做些什么呢？所有这些问题，在"十三五"规划研制的过程中，都一直萦绕在我的脑海里。

后来，在不断的研讨和学习中，我慢慢意识到：其实真正的德育不仅仅是要提高学生思想方面的认识，也不仅仅是引导他们在行为上合乎规范，更重要的是，要帮助他们明确生活的意义，进而去追求更有意义的生活。所以，关注生活，将德育工作生活化，使道德教育深深扎根于学生生活的土壤里，帮助他们自主建构道德经验，提升人生境界，这才是德育教研、德育工作的根本。也只有这样，才能成就学生良好的品质和美好的人生。

让我倍感欣慰与自豪的是，伴随"十三五"规划的研制与我自己对德育工作认识的不断深入，我和我们德育团队在系统梳理学校德育工作经验的基础上，还构建了"五一小学魅力德育体系"，为学校德育工作更具科学性，更有针对性、实效性地开展，奠定了坚实的基础。

最后还要提到一名主抓学校信息化建设的教学干部——张贺璠副主任，他也是一位年轻的干部。不过相较于其他干部而言，张主任比较特殊，他是伴随"十三五"规划研制工作快速成长起来的干部。2016年"十三五"规划研制工作启动时，恰逢张主任从办公室调入学校信息中心，全面接手学校信息化建设工作。原本觉得只是在各级广播、电视中才能听到的那种"高大上"的规划，原本觉得离自己是那么遥远的规划，却在一瞬间闯入他的工作和生活：

2016年年初，作为一名刚刚接手五一小学信息化工作的年轻干部，我得到通知要参与学校"十三五"规划研制工作，并且要思考并尝试制定其中有关"信息化建设"部分的发展规划。那一刻，说心里话，除了倍感压力，我的确有些茫然。

不过，或许是因为年轻人接受能力比较强吧，在经历了最初的几次研讨交流后，我逐渐稳定了心神，开始进行大量的学习。查阅学校最近几个五年规划，了解学校信息化建设发展的脉络与基本思路；上网学习，搜集并了解教育领域信息化建设最前沿的各种信息，了解信息技术发展的趋势与实际应用的效果。短短两个多月的时间，"互联网＋"、云计算、大数据、人工智能，翻转课堂、微课、慕课……一个全新的世界渐渐在我头脑中展开，我对各种教育技术环境、支持服务体系、师生信息素养等方面开始有了全新的认识，学校信息化建设发展的蓝图随之在我的脑海里逐渐清晰起来。

参与学校"十三五"规划研制工作，还使我清醒地认识到，在新的历史时期，面对飞速发展的信息技术，没有观念，不敢创新，不站在发展战略的高度通过技术应用来转变教育教学方式，变革人才培养模式，学校的发展就无法适应新技术革命对教育带来的冲击和挑战。今天的学校教育，比以往任何一个时代都需要我们增强数据意识，理解数据价值，学会用数据说话，不断提高从数据到育人、从数据到决策的综合能力。

什么是学习？经历就是学习！什么是成长？经历就是成长！在学校"十三五"规划研制过程中，我深切地感受到，无论是校长还是主任，无论是资深领导还是年轻干部，大家都同样经历着思索与探究的"山穷水尽"，都同样经历着碰撞与分享的"柳暗花明"，也同样经历着为自己所热衷的教育事业描绘美好蓝图的幸福！

# 座谈会，搭建携手育人的桥梁

2016 年是"十三五"开局之年，对五一小学而言，核心的一件事就是研制学校的"十三五"发展规划，它就像一条无形的线贯穿着整个学年工作的始末。

为了使学校"十三五"规划能更具前瞻性、科学性、针对性，2017 年 1 月 17 日、18 日，在一学期工作即将结束的时候，我们在总规划完成初稿、8 个专项规划也基本完成的情况下，以"畅谈五一发展，共绘美好蓝图"为主题，又适时召开了部分教职工和家长代表座谈会，借此广泛征求教师、家长对"十三五"发展规划内容的意见和建议，搭建家校携手育人的桥梁。

会上，我代表规划小组全体领导细致介绍了学校"十三五"规划的研制过程与进展情况，之后由规划部隋红军主任对规划的框架体系与重点内容做了细致解读。与会代表、行政领导们认真审阅了学校"十三五"规划草案的全部内容，并一致认为，学校"十三五"规划研制工作前期准备充分，规划体系完善，成绩总结和问题分析实事求是，确立的发展目标振奋人心，内容全面，重点突出，具有较强的前瞻性和科学性。老师们从自身的成长谈到学校日新月异的变化，他们强烈地感受到，从"十三五"发展规划中找到了个人努力的方向和目标；家长们则在充分肯定学校多年来取得的办学成绩基础上，表达了对老师们为学生成长所付出辛劳的感谢，也表达了他们愿意与老师们携起手来为学校发展贡献力量的心意和决心。最后，他们还用"为了明天，超越今天"来形容学校重视"十三五"规划的重大意义。

座谈会上，大家还围绕激励教师发展、加强书香校园建设及如何让先进的信息化设备切实发挥作用等方面表达了各自的看法，"跳出教育看教育"，开阔了思路，并形成了一些十分中肯的意见与建议，令人耳目一新：

提升信息化水平关键在软件，可以建立基于大数据观念下的学生评估平台，实施动态评估机制，与家长进行点对点反馈，发挥教育的记录功能、分析功能、预测功能。（三年级4班　蔡卓昀爸爸）

从五一小学"十三五规划"的草拟稿当中，我们家长感悟到了学术立校、开放兴校的味道，征求家长意见也是开门办规划、跨界了解教育的渠道，用几个"好"来形容我的感受就是：好品牌、好校长、好队伍、好孩子。这其中队伍是关键因素，因此通过多种渠道完善引、配、育，切实促进教师队伍不断壮大是学校的重要任务。（二年级13班　关皓元爸爸）

五一小学的课程建设成果有目共睹，如果"十三五"期间还需要加强的话，那就是在课程方面加强阅读，构建校本阅读课程，让阅读成为常态，成为师生共同的生活追求。（三年级9班　刘若懿妈妈）

在认真听取了与会人员的发言后，我在总结中对参会教师、家长关心学校发展、积极建言献策的行为表示了真诚的感谢。我告诉他们，征求意见的过程其实也是交流思想、达成共识的过程，他们所提意见和建议中肯，切合学校实际，很有借鉴意义，学校规划研制小组将认真梳理、吸纳，做好规划的修改与完善工作，力争使"十三五"发展规划更加科学，更具操作性，真正成为今后五年学校建设与发展的战略蓝图和全校师生共同奋斗的行动纲领。

这次"十三五"发展规划意见征求座谈会，在家校之间搭建起了一座真诚合作的桥梁，深刻展现了在新的历史时期"推开门"办教育的重要意义，同时也更加坚定了我们办好教育的信心——尽管我们也知道，在促进每一名五一教师和学子幸福成长的道路上，还任重而道远！

# 扬帆起航"十三五"，携手共筑五一梦

2017年2月16日，伴随早春校园里弥漫的泥土的清新味道，五一小学全体教职工迎来了新学期第一次教职工大会——《五一小学"十三五"发展规划》宣贯会。

宣贯会在校园微电影《向着幸福出发》的首映式中拉开序幕。这部微电影以我校师生的真实故事为素材，由教师、学生、家长亲自出演，细腻地展现了在学校"为学生的幸福人生奠基"办学理念指导下，师生在校园、家庭生活、学习的状态，充分反映了五一小学"不唯成绩，张扬个性"的育人观和教师润物无声、尊重个性的教育智慧。微电影拍摄于学校"十三五"规划研制期间，又在规划的宣贯会上首映，我们既希望它能为学校"十三五"规划的出台献礼，更想借助它向老师们传递我们对"十三五"期间学校发展的满满期待。

当全校教师还都沉浸在影片中那一张张熟悉的面孔，还都被影片中的真情感染时，大会主题"扬帆起航'十三五'，携手共筑五一梦"十四个大字在背景大屏上徐徐展开，《海淀区五一小学"十三五"发展规划（2016—2020）》（以下简称《规划》）82页的白皮书也陆续传递到每位教师手中。

随后，我代表《规划》研制小组全体成员和学校行政团队全体干部，动情地回顾了《规划》研制过程中那些温馨瞬间：问卷调研、参观学习、征求教师家长意见座谈会、专家的具体指导……接着，我又围绕学校发展的优势、面临的挑战，以及"十三五"期间的发展目标、具体任务、实施策略等方面内容，进行了精要的阐述，使全体教职工明了了"十三五"期间学校在开放化办学、智慧校园建设、幸福教师团队打造、文化建设、幸福学子培养五大方面的关键奋斗目标和举措。之后，我校赵立新书记还从十大"暖心工程"的角度，对《规划》中涉及的如何为教师做好服务保障工作做了进一步说明，表达了学校要从工作环境、身心健康、员工福利、爱心帮扶等方面，提高教职工实际获得感，不断提升教职工幸福指数的思考和决心，并用"面对面、心贴心、实打实"这九个字进行高度概括。

宣贯会当天下午，谭中玲副校长又组织全体教职工分组对《规划》进行热烈的研讨和精彩的展示汇报。老师们用精致的演示文稿，清晰的思维导图，激情的诗朗诵，真实的情境表演，巧妙的访谈，内涵丰富、寓意深刻的相声、歌曲、对联、书画等各种各样的形式，表达了对《规划》内容的深刻理解，也体现了大家对学校发展的热切关注和浓浓的爱校情结。"十三五"的美好蓝图，经过他们的精彩演绎，感人至深，更催人奋进，宣贯会被再次推向了高潮。

为了提升宣贯会的影响力，我们还特别邀请了万寿路学区王大海副主任、刘颖老师、臧国军老师。他们对《规划》给予了充分的肯定，认为这是一份高质量的规划，凝结着集体的智慧，汇聚着广大师生的心声心愿。特别是王大海主任，他不仅用"五一人太幸福了"来表达自己的内心感受，还代表万寿路学区表达了将尽心竭力为学校提供优质服务的决心。

在宣贯会即将结束的时候，我面向全体教职工深情地说：

过去的努力，凝结着我们师生的心血和智慧；未来的发展，呼唤着我们师生的责任与担当。面对五一小学的发展，每一名五一人都不是局外人，如何让我们"十三五"的美好蓝图变为现实，需要全体教职工抱着高度负责的态度，以更加强烈的主人翁意识、忧患意识、使命意识、责任意识，全身心投入到学校"十三五"的发展建设中来。以今天的改变走向明天，以明天的梦想激励今天。新的五年规划已经开始，美丽的画面已然展开。亲爱的老师们，为了我们心中美丽的梦想，让我们团结一心，抓住发展机遇，乘势而上，顺势而为，锐意进取，开创五一小学崭新的未来！

从2016年2月规划研制工作启动，到2017年2月宣贯会召开，其间在学习、研讨、碰撞、交流的过程中，《规划》数易其稿，历时整整一年。《规划》白皮书包括"总规划"和 8 个"专项规划"，全面细致地描绘了"十三五"期间学校发展的蓝图和建设的路径。它的出台，标志着"十三五"期间五一小学全体教职工有了共同的行动纲领。

**附件：**

## 海淀区五一小学"十三五"发展规划

### （2016—2020）

为适应深化教育领域综合改革的需求，落实奠基教育，促进学校全面、高品质发展，依据《国家教育事业发展第十三个五年规划》和《北京市"十三五"时期教育改革和发展规划》《海淀区"十三五"时期教育改革和发展规划》，结合学校实际，立足新起点，分析学校发展的基础和面临的挑战，明确未来五年学校的发展方向和工作重点，制定本规划。本规划是指导学校未来五年发展的纲领性文件，也是编制学校各类专项规划、年度工作计划以及制定相关制度、工作实施方案的重要依据。

## 第一部分　学校发展的基础分析

### 一、发展基础

1. "十二五"期间取得的成绩和发展优势

"十二五"期间，五一小学获得快速发展。学校以科学发展观为指导，本着"为学生的幸福人生奠基"的办学理念，遵循"一切为了孩子的幸福成长"的核心价值观，以二期整体改建为契机，以课程改革为发展平台，强化基础设施建设，完善内部管理，构建学校课程，培养教师队伍，基本实现了"十二五"发展规划的预期目标。学校的办学条件进一步改善，办学水平不断提高，社会美誉度显著增强，成为一所学生喜欢、教师热爱、家长满意的素质教育品牌优质校，在区域乃至全国基础教育领域发挥了重要的示范和辐射作用，学校荣获了北京市基础教育学生综合素质评价工作先进单位、北京市科技教育示范校、北京市教育科研先进学校、北京市基础教育课程建设先进单位、北京市首批中小学学校文化建设示范校等多个荣誉称号。

特别是 2014 年 11 月 4 日,在五一小学建校 60 周年之际,海淀区教育工委、海淀区教委成功召开了五一小学"教育家"办学实践研讨会,梳理总结五一小学办学经验,国家总督学陶西平等与会专家、领导,用"有定力、抓根本、肯担当"等话语对五一小学奠基教育思想与实践成果给予了高度肯定和精彩点评,这在五一小学 60 年的发展历史上留下了浓墨重彩的一笔。

（1）一流的设施环境

五年间,学校办学条件得到进一步优化。2010 年 11 月 21 日,五一小学包括操场、体育馆、校史馆、礼堂等在内的二期改建工程开工,至 2014 年年初全部竣工,标志着五一小学硬件设施达到新水平。同时,学校文化建设与硬件改造同步推进,校园建筑大气庄重,教学设施功能齐全,校园氛围活泼和谐,学生们在更加优越的环境中享受着优质教育。

（2）厚重的文化积淀

五年间,学校文化体系得以提炼形成。回顾学校六十余年之历程,虽历经三校合并,但五一传统一以贯之,五一文化一脉相承,尤其在"十二五"期间,学校重新梳理办学历史和成果,以"文化创建"和"中英计划"两个项目研究为抓手,提炼"务本求实、锐意进取、开放融通"的五一精神,初步构建了学校的文化体系,其中包括以"为学生的幸福人生奠基"办学理念为核心的理念文化,以"楼道"和"五景、三园、一甬道"为核心的环境文化,以及涵盖"精神引领、专业成长、家园幸福"三个维度的教师文化,涵盖"激发学生自我教育的班级文化""指向学生自主学习的课堂文化""促进学生多元发展的课程文化"三个组成部分的学生文化,凸显了文化建设在优化育人环境、铸造学校精神、凝聚师生人心等方面的重要作用,使学校文化建设水平整体提升,学校被评为北京市首批学校文化建设示范校。

（3）丰硕的课程成果

五年间,学校课程建设成果丰硕。2011 年,学校全面启动课程改革,先后被确定为国家基础教育课程教材改革试点学校、海淀区"课程整合、自主排课"实验学校、北京市遨游计划项目学校。在市、区领导和专家的指导下,围绕"为学生的幸福人生奠基"的办学理念,以培养学生"人文、科学、身心、艺术、实践"五种素养为目标,学校构建了"幸福素养课程体系"。在确保国家和地方课程有效落实的前提下,学校开展课程整合、自主排课、特色校本课程开发、教学方式创新等一系列改革与探索,使校园学习、生活面貌发生了可喜的变化,提升了学生的综合素质,提高了教师的专业化水平,促进了学校的内涵发展。

(4)优良的教师队伍

五年间,教师队伍的专业化水平得到整体提升。在课程建设过程中,学校有100余位教师加入到课程核心组,率先开展课程的设计、研究工作。同时,所有教师都参与到课程的改革实践中,学校成立教师研究共同体,组织各级各类教学研究、教学开放活动,一系列举措促进了广大教师教学理念、教学方式的变革;一批教育教学骨干崭露头角,其中有近10位教师获得高级职称,成为学校发展的主力军;一批青年教师茁壮成长,其中有13位青年教师加入到海淀区骨干教师行列,成为学校发展的后备力量。

2.存在的问题和反思

(1)办学思路仍需开阔,品牌意识、资源意识、宣传意识仍需加强,校际交流、国际合作等方面还有待拿出更有力的措施。

(2)文化建设在彰显小学教育特色和学校特色方面做得还不够突出,尤其是体现儿童特点、办学理念等方面,还需要更加深入地思考与设计。

(3)信息化建设方面,软件建设滞后于硬件建设,集教育教学、课程科研、管理服务等内容于一体的信息化育人系统尚不健全,教师自主应用信息化手段的意识与能力尚需提升。

(4)师资队伍建设方面,支持学校可持续发展的教师梯队建设急需进一步加强,特别需要加大学科领军人物和名师团队的培养力度。同时,科学有效的教师评价机制也需尽快完善。

(5)"艺体科"特色项目的综合竞争实力有待加强,包括资源的深度开发与科学运用、优势项目规模的拓展、弱势项目的瓶颈突破,以及各项目五一特色的打造等。

## 二、"十三五"期间面临的机遇和挑战

1. 国家和北京市教育综合改革的新任务，要求将课程和教学改革向纵深推进

《关于深化考试招生制度改革的实施意见》及北京新中高考改革方案的出台，标志着招生制度改革揭开了序幕。这是一项涉及面广、影响深远的深层次变革，这项改革给基础教育带来的首先是价值观的变革，即教育资源配置将围绕学生需求展开；其次是教师职业生活和教学方式的变革，即教师将从学科教学走向全面育人，走向对学生实际获得的关注；再次是学校发展模式的变革，即在学校多样化、特色化发展的进程中注重人才培养的多样性、个性化。总之，这场改革将倒逼综合评价、课程标准、教育教学等一系列内容发生变革，来应对教育领域综合改革的严峻挑战。

2. 互联网时代背景，要求运用互联网思维变革教育理念和教育思维方式

"互联网＋"时代的来临，云计算、大数据等信息技术的全面应用，对教育者从更深层次获得与使用真实数据、完整数据能力提出了新的挑战，同时也为教育者获得更为深刻、全面的洞察能力提供了广阔的空间。这种变化所带来的影响不仅仅体现在环境上，更体现在教育理念和教育思维方式上。可以说，没有思想观念、教育教学方式的创新，再先进的技术都是摆设。因此，学校必须主动适应新技术革命对教育带来的冲击和挑战，变革人才培养模式，转变教育教学方式，增强数据意识，理解大数据的价值，善于用数据说话，提高从数据到决策的能力，从而助推学校教育的改革与发展。

3. 义务教育优质均衡化，要求学校进一步提升办学品质

不断深化教育改革，办好每一所"家门口的好学校"，这是义务教育回应人民期盼走向优质均衡发展的必然选择。伴随集团化办学、一贯制办学、新优质新品牌学校创建等一系列发展战略框架的拉开，五一小学作为一所传统品牌学校，其发展已在诸多方面面临严峻挑战。因此，坚持把改革创新作为学校发展的强大动力，开拓思路，与时俱进，进一步提升办学品质，将是学校实现优质特色发展的必由之路。

## 第二部分　学校发展愿景

### 一、指导思想

全面贯彻党的十八大以来系列重要精神，树立创新、协调、绿色、开放、共享的发展理念，坚持立德树人，深化教育综合改革，以创新改革为动力，以育人质量为核心，培养学生适应终身发展和社会需要的核心素养，促进学生全面而有个性的发展。

### 二、基本原则

育人为本。把"育人为本"作为教育工作的根本要求，把"立德树人"作为教育工作的根本任务，通过为每一名学生提供适合的教育，全面提高育人质量。

改革创新。把改革创新作为学校发展的强大动力，以改革的思路谋求新发展，推进德育途径和方法创新、教学模式改革，以及管理制度和运行机制改革。

特色发展。坚持特色发展的思路，勇于创新，努力推进关键领域、重点项目的实施，促进学校规范而有特色的发展，为学生全面而有个性的成长奠定基础。

开放融通。推动区域协调发展，加强与兄弟学校的交流，在优势中扬长，在加强薄弱领域中增强发展后劲；抢抓"信息化""国际化"等新机遇，提高对外开放水平，形成深度融合、互利互进的格局，提升学校影响力。

### 三、发展目标

学校发展目标：引领基础教育发展，成为高品质、开放性、国际化品牌学校。

教师发展目标：造就一支师德高尚、业务精湛、勇于创新、富有活力的幸福教师队伍。

学生培养目标：提升学生核心素养，培养"德智体美劳"全面发展，拥有良好道德修养、学习品质和发展潜质的幸福学子。

## 第三部分　主要任务及实施策略

### 一、培育"文化气质"，促进内涵发展

进一步加强环境文化、制度文化和行为文化建设，通过整体建构"幸福素养

教育体系"，扎实践行幸福素养教育，更新教育观念，提高管理水平，不断提升学校文化领导力。

1. 完善环境文化建设，营造适合学生成长的教育氛围

——加强书香校园建设。完善班级、廊道、图书馆"三级阅读平台"，建设学校、家庭、社会"三维阅读空间"，提高图书借阅、管理及开展阅读活动、进行读书评价的信息化水平，使阅读活动更加主题化、系列化、多样化，为学生营造随时阅读、系统阅读、舒适阅读的读书氛围。

——规划班级文化建设。结合幸福起航课程建设，对部分教室进行布局调整，建设融生活、学习、阅读、交流、展示、办公于一体的温馨、灵动、开放式教室。

——建立主题教育活动区。合理开发并改造现有场地空间，建设才艺展示、实践体验等5~8个"主题教育活动区"，使学生在真实的生活情境中接受教育、主动发展。

2. 加强制度文化建设，提高学校现代化管理水平

——推进学校章程建设。改进完善原有章程，使章程中涉及的"责权利"及程序更加明确，同时反映学校文脉，提炼文化精神，突出办学定位、教育理念、人才培养等方面的特色，使章程成为学校文化建设的引领和保障。

——深化绩效管理。修改、完善《师德标准》《教师专业化标准》《骨干教师标准》等系列管理标准，健全《教师评价》机制，用"标准"和"评价"引导教师的自觉行为，激励教师工作热情，进而支撑教师专业化成长和学校可持续发展。

——深化人文管理。以"服务"和"合作"为核心，进一步完善教代会、家委会等学校民主管理组织及制度，真正发挥主人翁作用，营造愉悦、积极的民主管理氛围，建设有朝气、有士气，充满和气与喜气的五一大家庭。

3. 落实行为文化建设，促进师生共同成长

——实施"五一小学幸福素养教育"。以"中国学生发展核心素养"的校本化实施为契机，构建"五一小学幸福素养教育体系"，推进学校教育教学工作的体系化建设，提升教职工的教育情怀、职业品格和专业能力，培育幸福的五一学子。

——落实"暖心"工程。利用校内外资源，组建多种多样的教师社团、教工之家，丰富教职工精神文化生活，提高其身心健康水平，增强教师对学校的认同感、归属感和团队凝聚力；为不同教师、学生搭建发展平台，健全"月度人物""感动五一"等激励机制，助力师生幸福发展。

**二、坚持"开放融通"，提升办学品质**

加大开放办学力度，开发整合校内外多种教育资源，拓展合力教育新领域，深入探索加强学校国内外交流合作的工作思路和具体措施，进一步提升学校办学品质和影响力。

1. 整合校内外教育资源，构建"学校、家庭、社会"三位一体的资源库，助力学校发展

——建立家长教育资源库。通过成立校友会、家长委员会等方式，系统建立各级各类家长资源档案库，以助教、课程开发者、活动指导者、信息提供者等多种角色参与学校教育，通过联谊会、主题沙龙等形式，充分发挥其桥梁纽带和主体作用，在外联社会、内联家庭，集教育、管理、服务于一体的过程中，利用群体优势为学校发展助力。

——建立专家发展智库。聘请知名教育专家、法律顾问等社会专业人士，组建学校教育发展智库，充分发挥他们的"导、联、诊"作用，即在学校发展、师生成长、学业质量评价、教育科研及信息化建设等方面提供指导帮助、搭建外联平台、评价诊断成效，推动学校向纵深发展。

——建立校外教育基地库。深入挖掘学校周边社区资源、环境资源、文化资源、高校资源，建立符合学生发展需要的校外教育实践基地，开展社会实践活动，丰富学生的课程及活动内容，使学校工作向外延伸，助推学校广泛发展。

2. 构建"内涵品牌化、国内集团化、国际开放化"的学校发展模式，提升学校品质

——强化学校内涵式发展。实行"中心＋特色"的工作模式，逐渐形成系列，固化思想理念，不断丰富五一品牌内涵，扩大品牌影响力。"中心"即每年固定召开一次教育研讨活动，"特色"即每年至少发布一个不固定特色项目。

——推动学校集团化发展。建立从北京市、京津冀到全国的三级"幸福素养教育联盟"，制定联盟章程，组织策划联盟活动，用"幸福素养教育"引领小学教育的改革与发展。

——促进学校国际化发展。积极参与"海淀教育与世界对话"等系列活动，依托互联网及相关教育政策、资源，拓宽国际交流渠道，创新交流方式，加强与芬兰、美国、日本等国家的对话交流，尝试在理念文化、教育改革、课程建设、数字化教学等领域开展国际合作，拓展师生国际视野，培养师生跨文化交流的意识与能力。

**三、打造"智慧校园"，推进教育改革**

立足学校实际，调研教师、学生需求，本着重应用、重实效原则，加强信息技术与教育教学工作深度融合，推进适应性的智慧教学、科学化的智慧管理、协作化的智慧教研和定制化的智慧服务，支撑和促进教育教学变革和创新。

1. 加强信息化基础设施和数字化资源建设，提升学校信息化基础支撑能力

——智慧型教育装备建设。基于射频技术和传感器技术的智慧型教育装备，实现各类物体的互联、识别，以及智能化的数据传递服务，如学生行踪、自动考勤、门禁系统、图书管理等；将传感器应用于综合课活动的开展、学生健康数据、进出校园安全的监测等方面工作；启动"未来教室"项目，课堂中体验虚拟现实技术，最终建成虚拟现实体验教室，应用先进的数字化设备以及人工智能、虚拟现实等先进技术，构建学校"数字化教室"体系。

——构建多维度教育教学信息化系统。推进智慧型网络社区建设，构建开放、创新、协作、智能的综合信息服务平台和智能无线网络互联环境，实现教育信息资源的有效采集、分析、应用和服务；利用远程在线教育手段，提供音视频点播、直播、流媒体教学等多种媒体服务，满足学生采用多种终端网上学习的需求；开发学校统一管理的班级微信平台系统，出台管理使用办法，指导教师、家长正确使用，促进家校间的沟通与协作。

2. 提升信息化应用水平，促进教育教学方式变革与创新

——整体提升师生信息素养。加强教职工信息化技术应用能力培训，健全分层培训机制，培养主动运用信息技术的意识；注重提高年轻教师课堂中信息

技术应用技能及学校管理人员信息化领导力和骨干教师信息化教学研究意识与能力。

——推动信息技术与教育教学全面深度融合。以"信息化技术在教学中的应用研究"为课题，通过案例分析、网络课程，开展信息技术应用研究，探索微课在小学教学中的实际运用方式；建设智慧课堂交互系统，实施交互式电子白板应用研究；提供合适的学习资源与便利的互动工具，实现智能、高效的师生互动；建设各学科学习资源库、学校基础管理信息库、学生生活学习状况综合评价及学业分析评估平台。

**四、落实"德艺双馨"，打造幸福教师**

以师德建设为核心，以提升教师综合素养为重点，以高端人才引进为突破，构建有效的师资培养机制、有利的政策环境与和谐的人文环境，加大人才自培和引进的力度，提升教师队伍核心竞争力，推进各层次、各类人才同步发展，保证教师队伍发展后劲，为学校发展提供坚强的人力支持。

1. 完善用人机制，优化教师队伍结构

——健全教师选拔培养、流动配置、激励保障、聘用评价的制度体系，实现老、中、青教师"334"结构，研究生学历的教师达到20%；借力海淀教委人才库等政策资源，引进高端人才5~10名，促进教师年龄、学历、能力、性别等方面在各学科领域的均衡分布。

2. 师德专业双元并重，提高教师育人水平

——培育人文情怀。以"四有教师"标准为引领，落实"中国好老师"行动计划，树立"以人为本"的学生观；践行《五一小学师德标准》，建设"爱心传递工程"，打通师生心灵沟通的渠道；拓宽教师培训内容、领域，提升培训品质，拓展教师的职业视野，培养教师的跨界思维；以"感动五一"表彰和教师评价为基础，塑造"五一最美教师"形象，并通过研讨、沙龙等多种方式扩大影响，提升广大教师的教育智慧。

——提高专业素质。建设"教师专业发展资源教室"，成立高校、教研室、学校三级"导师顾问团"，以制度为保障，提升教师的学习能力；落实国家、市

区级课题研究项目，开展"主题式校本教研"，以"带题授课"方式提高教师的研究能力；以培养学生学科素养为指向，进行教与学方式变革的探索与尝试，提高教师的执教能力；加强信息技术培训与运用，以提高教师信息化素养为突破口，促进其与教育教学工作的深度融合，五年内实现 100% 的教师能够合理运用信息技术提高教学质量。

3. 抓好两支队伍，加强教师梯队建设

——营造青年教师专业成长的良好环境。成立"五一小学青年教师成长学院"，探索、开发青年教师培养课程，建立青年教师培养课程体系，促进青年教师专业品格和必备能力的形成；通过名师工作室、师带徒、跨学科、跨学校交流等形式，从德、能、技等多方面提升青年教师的综合能力；为青年教师搭建实践、展示的平台，系统设计青年教师成长年会，使青年教师一年入职，三年成长，五年成熟。

——营造名优教师成长的浓厚氛围。完善《骨干教师管理办法》，促进骨干教师管理规范化。拓宽渠道，高位引领，帮助骨干教师形成教学风格，提出教学主张，使骨干教师向专家型教师发展，培养学科领军人物，各学科分别打造 1~2 名在市区具有影响力的名师；发挥骨干教师作用，成立 5~8 个名师工作室、召开 3~5 名骨干教师参加的教学研讨会，培养特级教师 2~3 名，市级学科带头人 2~3 名，市级骨干教师 7~8 名，在市区有一定影响力的班主任 2 名，通过骨干教师学术年会、名师工作室、师带徒、骨干教师讲堂、骨干教师课程、骨干教师课堂，使骨干教师成为教学思想的宣讲者、课程建设的实践者、教学质量的把关者、青年教师培养课程的实施者。

**五、聚焦"核心素养"，培养幸福学子**

积极探索"中国学生发展核心素养"校本化路径，全面落实五一小学幸福素养教育体系，着力推进教育教学改革，完善学生综合素质评价，丰富实践活动，帮助学生真正形成能够适应终身发展和社会发展需要的必备品格和关键能力。

1. 推进德育体系化建设，提高立德树人实效

——建设魅力德育团队，引领学生幸福成长。营造"全员育人"氛围，形成"学校—德育处—少先队—学段主任—班主任—科任教师"的全员德育管理网络，

明确分工与责任，探索以案例反思为主要方法的德育队伍专业化成长途径，提高教育智慧、管理艺术；以区班主任基本功研修与展示活动为平台，以区、校级班主任研究会为载体，推进班主任专业化水平整体提升；培养 15~20 名区、校级班主任典型，发挥其辐射带动作用，打造具有崇高师爱、博大情怀的德育教师队伍。

——夯实常态管理，培养学生良好品行，健全人格。贯彻《北京市中小学生日常行为规范 (2016 年修订 )》，完善《美丽五一》《儒雅修身微课程》等内容，强化班级管理与评价，促进主动学习、自觉守纪等风气的形成；以爱国主义为核心，弘扬民族精神，利用重大节日、重要事件和重要纪念日等主题教育活动，加强爱国、爱校教育；善于挖掘"教育点"，融生命安全教育于各项教育教学活动之中，不断强化安全意识，增强自觉防范能力；深入推进融合教育发展，帮助学生及时解决在学习、生活和成长中出现的问题。

——强化实践体验，促进学生自我教育。开展千社千团、童心看世界等系列主题活动和社会实践，提高学生沟通协作与自我管理等能力；围绕家风家训、节庆典礼等传统文化活动，引导学生自我认识、自我反思、自主管理，提高学生自我教育的意识和能力，培养他们的社会责任感。

——形成教育合力，共促学生健康成长。探索家校研究会工作模式，创新家校讲堂、家长开放日等形式，成立"幸福同盟军"，建设"班级微茶座"，尤其关心关爱特殊群体学生，做好各项跟踪记录，指导帮助家长做好教育工作，增强家校合作实效性；与周边社区、派出所、消防等单位加强沟通联系，发挥校外辅导员、校外教育基地等资源优势，共同营造良好的教育环境，推动学校德育工作多元化开展。

2. 深化课程、课堂、评价改革，促进学业质量提升

——进一步提升课程品质，不断满足学生发展需求。聚焦"幸福素养教育体系"，完善幸福素养课程：开发基于互联网的"幸福素养网络课程体系"，进行网络授课模式的探索与实验，以此应对极端天气状况，真正实现停课不停学；推进国家课程校本化进程，探索"学科实践活动课程"的实施方式，确保国家课程

标准有效落实;加强"拓展性课程"建设,完善现有精品课程,固化成果,开发建设"国际理解教育""航天科技""互联网＋家政＋班务＋校外"等拓展课程,加强"劳动技术领域"课程建设,实现该课程领域的课程目标、内容、组织管理的立体式整合;关注课程综合化、主题化发展趋势,尝试开展"研学旅游""现象教学""PBL 项目学习"等新课程形式,在原有五大融合课程基础上,形成新的学科融合式课程模块,并以此为载体开展跨学科教学,促进知识、能力转化为素养并得以全面提升。

——改变教与学的方式,构建学科新样态,促进教学质量提升。加强"备—教—辅—批—研—评—思"常态教学七环节的研究与落实,夯实学生日常学习根基;注重提高学生自主学习的实效,深化学科教与学方式变革,在智慧教学范式的引领下,构建并落实"民主—对话—生成"的课堂学习新样态;建立"学校、教研组、个人"三级校本教研机制,从"学科核心素养""学习品质""学情调研""评价改革新方向"等维度,开展群体专题以及教师微专题研究,提升团队及教师的思考力和研究力;关注学科融合,推进学科内、跨学科、超学科的综合性学习,贯通价值观、思维力和创造力培养;注重学生实际获得,借助分层教学、分层作业、学科特色课堂研究、网络微课程等多种途径,探索富有实效的学生个性化学习;进行学生学习水平发展的追踪研究,鼓励教师有智慧地提高教学质量,并将教师的加工能力水平作为对教师的评价维度。

——完善综合素质评价机制,促进学生幸福素养的有效落实。完善"幸福星光学生评价",构建具有学校、家庭、社会三大支撑,涵盖国家、拓展、融合三类课程,包含师生、家长、社会三个评价群体的五一小学"幸福星光学生评价体系";聚焦学生"健康、自信、坚毅、友善、乐学、善思"六大幸福素养的培养与达成,坚持发展性原则,突出评价的导向、激励、调节与教育功能,在一至六年级以个人及小组形式分别推进;探索建立基于网络技术的学生综合素质评价平台,发挥网络的实时、大数据优势,为家长与社会共同参与学生评价,全面展示学生成长全过程建立有效通道。

3. 加强"特色项目"建设，促学生全面、个性发展

——建设特色项目资源群，助推特色项目建设。聘请知名院士、知名科学家为特色教育发展顾问、其他院校和相关机构的学者参与支持，组建专家委员会；放眼校外特色项目教育基地，创新合作交流形式，逐步形成五一小学特色项目教育资源群，带动教师专业素养全面提升，推动学生在特色教育领域均衡发展与个性化成长。

——以课程和课堂教学改革为突破口，形成特色教育课堂新样态。围绕"五一小学幸福素养教育体系"，开展艺术、体育、科技国家课程的校本化实施研究、拓展性课程的开发建设与评价；建设实践体验、学科融合、健康阳光的课堂教学新样态，创造学生多元并行、个性生长的自我发展空间。

——以育人为宗旨，创新开展丰富多彩的活动。基于学校特色课程建设，积极承办市区相关领域竞赛展示项目，将各种体育游戏、才艺展示、科技创新等特色教育活动与之有机结合；创新"互联网 + 特色教育"的组织形式，拓宽学校特色教育的影响力与辐射作用；面向全体学生，以育人为宗旨，丰富活动内涵，让学生真正成为活动的受益者。

——着力社团建设与管理，为学生个性发展提供广阔平台。规划艺术、体育、科技各校区特色教育方向，着力学生竞赛社团与微社团建设，创新社团管理方式，以社团为载体，搭建志愿服务、社会实践、对外交流等多维度育人平台，使社团建设成为师生共同参与、共同探索新知的过程，成为走出个体学习行为，迈向交流与合作的平台，成为学生工匠精神、创新能力与领袖气质的培育基地。

## 第四部分　保障措施

### 一、组织保障

加强党组织和干部队伍建设，从组织上保障《规划》目标的实现。以执政能力建设和先进性、纯洁性建设为主线，以"星光党委""新型支部""红星党员"等为抓手，建设智慧型、服务型、创新型党组织，创建"星光闪闪·幸福五一"党建工作品牌，充分发挥党组织的政治核心监督保障作用；学校领导班子不断加

强学习,将《规划》实施过程变成自身素质不断提高的过程,让干部在承担项目中历练成长,同时坚持"重品行、重实干、重公认"的用人指向,加强优秀年轻干部、后备干部以及各年龄段干部的培养使用,强化管理考核,完善干部评价制度,优胜劣汰,切实提高干部队伍的整体素质,以加强《规划》的执行力度,促进《规划》全面落实。

二、制度保障

强化学校制度建设,实施科学管理,从制度上保障《规划》目标的实现。坚持依法治校,在学校原有规章制度基础上,系统完善学校干部、教师、学生评价机制和各类管理制度,把学校制度作为促进《规划》实施和学校发展的强大武器,使学校的各项规章制度更符合法律规范,更能激励教师专业成长和学生全面发展。

三、方案保障

制定《专项规划》《年度工作计划》《学期工作计划》和切实可行的实施方案,从执行力上保障《规划》目标的实现。各相关部门依据《规划》和实际需要,逐级分解《规划》总体目标任务,制定相应的更加具体的计划和实施方案,督导推进落实情况,及时解决执行中存在的问题,确保《规划》以子目标的形式分层、分阶段、分步骤逐一落实。

四、宣传保障

拓宽宣传渠道,创新方法手段,展示学校新形象,体现新突破,从舆论环境上保障《规划》目标的实现。注重校报、校刊、网站、微信等舆论阵地建设,以动态报道、专题报道等形式,提升外宣广度和深度;加强与外部主流媒体深度合作,增强媒体沟通能力,营造良好的教育改革与发展氛围;寻找契机与上级教育行政部门和教育研究部门合作,打造平台,促进教师和学校发展;每年围绕学校重点工作定期举办学术交流活动,发布教育改革的新主张、新思路、新举措、新方法,扩大学校品牌影响力的同时营造良好的社会环境,取得各界的支持及参与。

五、后勤保障

做好安保、食堂、卫生、财务等后勤工作,从安全服务上保障《规划》目标的实现。提高服务意识,努力为师生提供及时、到位、优质的服务;守住校园安全底线，加大校园安全物防、技防建设力度，完善校园安全管理责任制和突发事件处置预案，加大食品安全、传染病预防监管力度，对影响安全稳定的因素进行全面排查、防范控制、主动化解，进一步提升校园安全管理与防范的规范化、精细化水平；加强财务管理，完善财务预决算制度，为学校发展提供科学合理的经费保障。

# 探索篇

# 第3章
## 提升育人质量，寻求内涵式发展

　　2017 年 2 月 23 日、24 日，伴随春天的脚步，由中国教育科学研究院基础教育研究所主办的"中国教育科学论坛'新样态学校的理念与实施'分论坛"在我校隆重召开。在中国教科院基础教育研究所陈如平所长的主持下，"中国新样态学校联盟"项目正式启动，"中国新样态学校联盟"行动纲领也正式颁布。中国教科院党委副书记、副院长陈子季认为："提升学校品质是一个有计划、有组织的过程，是一种动态的、不断追求卓越的过程。新样态学校充分体现了认真落实教育规划纲要，深入推进素质教育实施的整体要求。"海淀区教委张彦祥副主任也指出："用新样态学校理念来引领学校新发展，是在深化教育领域综合改革道路上的一种大胆尝试与积极探索，这不仅会为海淀教育和五一小学迎来一个实现新发展的重大契机，也将对中国小学教育、基础教育带来深远影响。"正是从那时开始，我忽然深刻地意识到，对学校而言，注重内涵式发展才是提升学校育人质量的根本。一如陈如平所长所说，"课程再造，文化内生"，其实强调内涵式发展就是要在传承学校教育文化中不断实现新的蜕变……

# 坚持养成教育，落实立德树人

## 养德养"行"，育人育"心"

自 2012 年党的十八大报告首次提出"把立德树人作为教育的根本任务"以来，"立德树人"便成为中国教育发展的方向，"怎样培养人""培养什么人"也成为教育领域不断思考与探索的问题。

那么，基础教育阶段到底该如何落实"立德树人"的根本任务呢？

我国著名教育家叶圣陶有一句话说得十分简明：教育就是养成习惯。对于这句话，我深以为然。的确，对小学生而言，他们正处在各种习惯养成的重要阶段，我们一贯强调的德、智、体、美、劳，其实目的都是培养他们良好的生活和学习习惯，为他们的健康成长打好基础。所以，从严格意义上讲，小学教育本质上就是一种养成教育。正如孔子所说"少成若天性，习惯成自然"，人在小时候养成的习惯就像人的天性，以至于其未来所取得的成就，很多方面都是由小时候养成的习惯所决定的。《吕氏春秋》中也说："始生之者，天也；养成之者，人也。能养天之所生而勿撄之谓天子。天子之动也，以全天为故者也。"可见，我们所倡导的"养成教育"，就是要通过学生良好习惯的培养与形成来促进他们更好地成长。从这一意义出发，一个人"养成"的情况也可以算是一个人综合素质的体现。

五一小学是一所拥有红色基因的小学，也是一所具有优良传统的小学。这些年，我们一直秉持学校优秀的教育文化，高举"立德树人"的旗帜，扎扎实实践行"为学生的幸福人生奠基"的办学理念。2016 年，我们借《中国学生发展核心素养》

发布的契机，系统梳理学校多年的办学经验，构建了"内生式"学校育人系统——"幸福素养教育体系"，并进一步明确了五一小学学生的"六大幸福素养"——健康、自信、坚毅、友善、乐学、善思。我们期望把每一名五一学子都培养成体魄强健、阳光善良的人，积极向上、热情开朗的人，勇敢正直、敢于挑战的人，真诚宽容、善于交往的人，好奇求知、兴趣广泛的人，批判创新、头脑灵活的人。这既是五一人实施幸福素养教育的育人追求，也是我们对"立德树人"这一教育根本任务的一种具体化阐释。然而，使学生形成幸福素养并不能一蹴而就，它需要一个长期的，甚至可能是反复的过程，尤其是形成道德层面的素养，更是如此。

所以，为进一步推进学校的德育工作，强化养成教育的实效性，在构建"幸福素养教育体系"过程中，我们又以促进学生成长为目标，构建了学校"魅力德育范式"，以此来统领学校德育工作的体系化推进（见下图）。

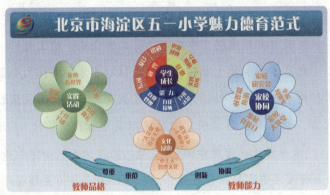

这一"范式"由学生、德育工作渠道、教师三个维度构成，是我们全面开展并落实学校德育工作的理论框架与实践模型。其中学生是目标主体，教师是实施主体，三条主要育人渠道分别是文化浸润、实践活动和家校协同。

在这一"范式"的引领下，我们重新规划了学校"养成教育"工作的基本布局，即环境育人、课程育人、活动育人"三育模式"和自我教育、家校共育"两大手段"。"环境育人"重在"怡情"，育情志，养心性；"课程育人"重在"明理"，辨是非，养正气；"活动育人"重在"导行"，立规范，守德行。这三方面互为支撑，相辅相成，初步形成了内在的良性循环，有效地帮助学生在"情""理""行"之间建立了有机的联系，进而使他们在"遇事"的时候能有正确而恰当的"言行"。自我教育和家校共育则作为推进养成教育工作的基本手段，贯穿于"三育"之中，发挥保障和促进作用。

为进一步梳理学校德育工作，特别是养成教育工作经验，提升学校养成教育工作水平，2018年11月，我们在海淀区教委德育科的鼎力支持下，同时也在北京市教科院德育研究中心的帮助下，承办了以"修身养正　守望幸福"为主题的全区德育工作现场会并取得了圆满成功。此次现场会是海淀区首次以"养成教育"为主题召开的现场会，其影响深远，新浪网、教育头条、《现代教育报》等多家媒体进行了报道。下面是会议结束当天微信报道的原文：

### 修身养正　守望幸福
#### ——五一小学养成教育现场会

为贯彻落实十九大、全国教育大会和北京市教育大会精神，围绕"立德树人"的根本任务，依据教育部颁发的《中小学德育工作指南》的文件精神，按照《中小学生守则》《北京市中小学生日常行为规范》的具体要求，为全面提高海淀区中小学生日常行为水平，达到知行合一的养成教育目的，由海淀区教委德育科、海淀教科院主办，北京教育科学研究院德育研究中心协办，于11月9日上午在五一小学召开以"修身养正　守望幸福"为主题的海淀区五一小学养成教育现场会。这也是近些年来海淀区首次聚焦养成教育，以"养成教育"为主题召开的重要会议。

参加此次现场会的领导有：教育部德育处赵姗副处长、北京市教委基教一处陈德时副处长、北京教科院原院长时龙研究员，海淀区教工委尹丽君书记、海淀区教委王方主任、海淀区区政府教育督导室乔键主任、海淀区教科院吴颖惠院长、海淀教委赵建国副主任、北京教科院德育研究中心谢春风主任、海淀区教工委组织科胡剑光科长、海淀区教委改革与发展办公室焦东琴主任、海淀区教委基教一科赵霞科长、海淀区区政府教育督导室综合科吕娜科长、万寿路学区管理中心程莉主任、五一小学陈姗校长、五一小学赵立新书记及海淀区各校德育干部和班主任代表，以及外省市友好学校的干部教师。参加现场会的还有40余名学生家长。

五一小学通过修身微课、语文、数学、美术四节常态课，展示了学校多年来行为习惯养成教育在课堂教学方面的实践效果。

之后，气势宏大的武术操和武术扇表演，展现了新时期全体五一师生弘扬传统文化、追求时代发展的精神风貌。

回到主会场后，在海淀区教委德育科燕海霞科长的主持下，大会在热烈的气氛中继续进行：首先是吴颖惠院长针对区级养成教育群体科研课题做了阶段性总结。接着，五一小学赵立新书记代表学校作了题为"修身养正　守望幸福"养成教育主旨报告，从文化育人、课程育人、活动育人三方面，全面阐述了五一小学在养成教育方面的实践探索及成效。

随后，北京教育科学研究院德育研究中心谢春风主任主持学生、家长和教师代表的访谈。谢主任风趣幽默的主持和学生、家长、教师智慧的应答，反映出来的是教育的真问题以及教师、家长的育人智慧；是充分发挥家庭、学校、社会育人功能，为学生养成教育营造良好的育人氛围。

原北京教育科学研究院时龙院长做了点评与指导，他高度肯定了海淀区和五一小学在育人方面扎实有效的做法。

最后，海淀区教委王方主任讲话，对海淀区教委德育科及教科院、五一小学在养成教育方面做出的努力给予了充分肯定，同时结合全国教育大会、北京市教育大会精神提出了新的目标和方向。

多年来，五一小学秉持"为学生的幸福人生奠基"的办学理念，始终贯彻落实"立德树人、育人为本"的根本任务。2019年5月1日，正值五一小学建校65周年。学校将以"向学校六十五岁生日献礼"为主题，在文化建设、课程改革和课堂革命等不同领域，进一步加强实践探索，全面提升内涵品质，为孩子们幸福的未来奠定坚实的基础。

所谓"养德养'行'，育人育'心'"，我们从学生"行为习惯培养"入手，把促进他们自我教育和家校共育作为基本手段，让德育工作直指学生本心，才能够在真正意义上把德育工作的理念、思考转化为有益于他们终身幸福的具体言行，促使他们"知行合一"。正如著名作家王尔德所说："起初是我们造成习惯，后来是习惯造就我们。"我想，也只有这样，"立德树人"工作才能落在实处！

# "幸福教室"那些事

在我们看来，教室就是学生们共同生活的家，这里记录着他们的快乐与苦恼，也见证着他们的进步与成长。毫不夸张地说，教室作为学生们学习和生活中最重要的组成部分，将不知不觉地在他们的性格、品行、志趣等方面打下不可磨灭的生活烙印。

我校"幸福教室"建设开始于 2013 年，最初的基本想法就是通过班级环境的改造，让学生有一个家一般温馨的学习环境，期望通过外部环境缓解学生学习生活的紧张，提高学生的学习质量。当时，我们对"幸福教室"提出三个基本要求：整洁，美观，有儿童气息。每学期初都会组织学校领导集中巡察指导，反馈意见。现在想来，虽然那时对"幸福教室"的理解还比较简单，但实际取得的效果却很好。并且很重要的一点是，这为我们后期建设"幸福教室"的工作奠定了非常好的基础。

2016 年，在构建"幸福素养教育体系"过程中，"幸福教室"再次成为我们研讨的一个焦点。其实原因很简单，那就是我们在持续推进学校文化建设过程中，对"幸福教室"内涵的理解已经在悄然间发生了巨大的变化。

那么什么样的教室才是我们现在心目中的"幸福教室"呢？

## 一、"幸福教室"一定是优美整洁的

心理学认为，优美整洁的生活环境对于人积极情绪的产生、文明习惯的形成等，都具有十分重要的意义。所以，我们心目中的"幸福教室"首先一定是优美整洁的，这也是我们过去一直坚持在做的一点。只是我们在此重新明确了"幸福教室"优美整洁的"四大标准"：有序，无尘，讲美观，无死角。这样一来，各个班级从物品摆放到垃圾处理，从展板布置到环境装饰，便都有"规"可依，有"矩"可循了。

## 二、"幸福教室"一定要有书香的味道

我校从 2014 年开始抓"书香校园"建设，"十三五"时期，更是把"书香校园"建设列为一项重点工作。"阅读点燃智慧，好书引领成长。"我们始终坚信，一个人的精神发育史就是他的阅读史。当然，我们也可以换个角度来理解，一个人的读书习惯，必定会对他的生活习惯产生或多或少的影响。教室是学生生活学习的重要场所，"幸福教室"的建设又怎能缺少"书香的味道"呢！

这是我校四年级 9 班在"幸福教室"建设过程中开展的系列读书活动：

建班级图书馆——每个孩子提供 1~2 本自己最喜欢的图书，包括语言类、童话类、知识类、励志类。

坚持日有所诵——每天早晨，利用 5~10 分钟安排一位学生在全班同学面前大声朗读。

推动亲子阅读——鼓励并要求学生每天和爸爸妈妈同读一个故事，一起说说读书的心得和体会。

搭建展示平台——组织班级朗诵会、故事会，在放声朗读中分享阅读快乐。

发挥引领作用——定期为学生上幸福阅读课，推荐并指导学生进行有效阅读。

我校共有 109 个教学班，每一个班级都如火如荼地开展了这样的读书活动，学校也会在适当的时候对各班开展的读书活动进行成果性汇报展示，或者评价表彰。如果说"幸福教室"作为物理上的空间是有限的，那么，我们通过读书活动的开展和书香氛围的营造所拓展出来的精神空间，就一定是无限的。都说"腹有诗书气自华"，孩子们良好的举止言行，孩子们高尚的情操人格，正在这种浓浓的书香中被悄然滋养。

### 三、"幸福教室"一定要有内在规范

所谓内在规范，其实就是班级的制度，或者说班级公约。陶行知说："有时候学生自己共同所立之法，比学校所立的更加易行，这种法律的力量也更加深入人心，自己共同所立之法，从始至终，心目中都有它在，平日一举一动，都为大家自立的法律所影响。"我们十分认同陶老先生的见解，同时，我们还认为这"班级之法"也是班级文化的组成部分，不仅体现着班级师生共同的价值追求，对学生言行起到很好的约束作用，而且具备一定的评价导向功能，有助于学生树立正确的价值观、养成良好的言行习惯。

下面是我校六年级 8 班的班级公约，内容都是学生共同讨论确定的，并且大家都在公约上郑重地签了字。这曾经是一个比较松散的班级，但自从有了班级公约，在很短的时间内，我们确实看到了班级的变化。

1. 早睡早起身体好，准时到校不迟到。
2. 打扫卫生要主动，教室清洁环境好。
3. 团结同学关心人，尊敬师长有礼貌。
4. 课前准备要充分，学习用品摆放好。
5. 课堂纪律要遵守，踊跃发言勤动脑。
6. 上课专心认真听，功课作业按时交。
7. 集合带队准时到，迅速安静不吵闹。
8. 个人卫生要讲究，环境整洁要记牢。
9. 坚持锻炼最重要，自觉认真做两操。
10. 爱护公物要做到，集体荣誉保护好。

下面是三年级 11 班的班级公约，看起来比较简单，但毕竟是三年级的学生，很多时候对他们而言，只要做到了，"少"其实就是"多"。

和合共进，做一个有温度的人；谦让他人，大家都快乐！

为更好地落实这两条重要的"公约"，我们的班主任老师还把公约与学校的"幸福星光手册"联系在一起，将其细化为各种生活、学习的准则，以此来引导学生言行，培养他们良好的习惯。

目前，我校所有的班级都有自己的班级公约。与此同时，我们还在全校范围内从"自我教育"角度倡导各班设立"自主管理岗"，用以引导学生在自主建立公约的基础上进行自主管理。实践证明，这种"自主管理"不仅极其有效地促进了公约的落实，而且培养了学生良好的学习与生活习惯。

这一点，从学生自主参与班级"幸福教室"建设中的表现便可见一斑。二年级一位班主任在进行"幸福教室"建设经验交流时说：

班里的孩子们听说他们也要参与"幸福教室"的设计，便立刻来了精神。他们不仅积极用文字或者图画来描绘自己心目中的幸福教室，还会拉上他们的家长一起帮忙想办法，提建议。

因为同学们大多属龙，所以经过大家共同商议，我们就把教室设计成了"小飞龙"的家园。房顶装饰成蓝色，一条"小飞龙"翱翔在蓝天之中，板报和墙壁中也多处出现"小飞龙"的身影。孩子们都认为这个活泼可爱的吉祥物就是他们自己，而这个温馨、舒适的教室则是他们共同的"家"，他们就是家里的小主人。

有了这个想法后，在我的引导下，他们又意识到在自己家中自然要"当家做主"，所以大家又一起划分教室里的责任区，我们把它命名为"小飞龙责任区"，共有四个，分别是"动物角""植物角""图书角"和"休闲区"。我们把这些责任区轮流交给孩子照顾和管理，并且提出了一些最基本的要求。孩子们的干劲特别大，"主人翁"意识也很强，甚至有一些孩子还没轮到他们来管理，他们也会时不时地去管理区做一些他们认为应当做的事。

后来我反思这个过程时，忽然意识到，其实对于二年级的孩子而言，好奇心强，愿意参与，愿意尝试，这应当就是他们的天性。而他们的自信，他们的探索与求知精神，可能也恰恰是在这种天性得以保护与释放的过程中培养起来的。

让孩子们一走进来就喜欢自己的教室，让每一间教室都可以温暖孩子们的心田，让每一间教室都能成为孩子们健康成长的乐园，这是我们每名班主任的追求，更是我们建设"幸福教室"的初衷。或许通过短短一篇文章，我还不能道尽一间教室到底能给孩子们带来什么，但我清楚的是，教室作为学校开展教育活动最基本的空间单位，那里的一花一草、一本书、一幅作品、一个约定、一个微笑，都需要蕴含某种蓬勃向上的力量，因为，它们关乎着每一个孩子的幸福成长。

学校环境文化是一个大概念，学校环境文化的建设与营造更是一项巨大的工程。但我们紧紧抓住"幸福教室"的建设，以它为核心来营造整个学校的环境文化生态，其目的正是要通过环境文化来培育学生的情志和心性，真正将环境育人落实到具体的教育行为之中。

# "特色课程"促"养成"

在学生行为规范手册《好习惯从唤醒自我开始》的前言中有这样两段话：

童年，是人生中最美好的一段时光，它会把你们的记忆点缀得像星空一样灿烂！童年，也是人生中最宝贵的一段时光，它会为你们的成长描绘出最精彩的梦想！而你所要做的，就是不断坚持，养成良好的生活和学习习惯，这样，你就能一点点唤醒你心灵中那些与众不同的"我"，你就能够成功地找到那一个个调皮的小精灵了。

现在开始，祝你成功吧！

这两段话动情地描述了童年的美好与养成良好习惯的重要性。《好习惯从唤醒自我开始》是我校自主开发的校本课程"修身微课程"的实用手册，也是我校在推进养成教育实现课程育人道路上的大胆尝试。

记得 2017 年 7 月，我们有幸参加了海淀区教委德育科组织的"提升中小学生行为习惯养成水平的实验项目"的研究。借助这一契机，我们成立了项目小组，先后聘请朱凌云、冉乃彦等教育专家走进课堂，与我们的师生一起发现问题，寻找解决问题的路径；结合《北京市中小学生养成教育三年行动计划》中的学段目标，从习惯培养入手，设计编写了五一小学"修身微课程"学生行为规范手册《好习惯从唤醒自我开始》。为更好地落实手册内容，提高手册的实用价值，2018 年 2 月和 7 月，我们又在实践基础上利用两个假期分别对手册内容进行了有针对性的调整与完善，从而推动学校"养成教育"在体系化变革中向纵深发展。英国教育家洛克在其《教育漫话》中曾说："儿童不是用规则教育就可以教育好的，规则总是被他们忘掉。你觉得他们有什么必须做的事，你便应该利用一切时机，给他们一种不可缺少的练习，使它们在他们身上固定起来。这就使他们养成一种习惯，这种习惯一旦养成以后，便不用借助记忆，很容易地、很自然地发生作用了。"的确，养成教育的根本就是习惯的培养，我们抓住了行为习惯培养这个根本，也就抓住了德育课程建设与实施最有效的途径。

目前，手册不仅整合了《道德与法治》《品德与社会》《心理健康教育》等相关课程内容，而且将养成教育与自我教育相结合，涵盖"自修、自学、自理"三个领域，每个领域又包括两个养成目标，即每个年级共有六个养成目标。这些目标以学生自我认识为基础，逐步强化他们的自我要求、自我体验、自我践行与自我评价，呈螺旋上升的方式设置，简洁明了（见右图）。

| 教研员 | 养成目标 |
|---|---|
| 一 | 会使用礼貌用语，主动问好 |
| 二 | 公共场合轻声有序 |
| 三 | 会合作，懂分享 |
| 四 | 遵守规则，活动有秩序 |
| 五 | 敢于正确面对错误，勇于担当 |
| 六 | 友善交往，学会尊重 |

从表中不难看出，学生从入学开始"学习使用最基本的礼貌用语，主动问好"，到毕业时最终形成的素养"能够友善交往，学会尊重"（这里的"尊重"既包含尊重他人，也包含尊重自己），各年级养成目标不仅要求明确、指向清楚，而且利于教师有效引导学生行为在梯次递进中不断发生质的变化。

　　另外，近几年，我校一直在实施"百日养成计划"，即在新生入学的前100天里，全面培养学生各方面的习惯，以便为他们后续的学习与生活奠定基础。应当说，这种做法为我们"修身微课程"的实施奠定了很好的基础。

　　2017年11月，我们对刚刚入学百日的新生进行了关于行为习惯方面的家长问卷调查。下面的统计表和统计图中所呈现出来的是问卷中家长认为学生行为习惯变化最突出的三个方面的数据，即自理能力、文明礼貌和规则意识。

### 一年级入学百日以后，学生家长认为学生行为习惯最突出的变化统计表

| 班级 | 自理能力 | 文明礼貌 | 规则意识 |
|------|----------|----------|----------|
| 1班 | 97.20% | 96.80% | 94.22% |
| 2班 | 97.51% | 96.76% | 94.30% |
| 3班 | 97.62% | 96.50% | 94.42% |
| 4班 | 97.76% | 96.07% | 94.87% |
| 5班 | 97.74% | 96.50% | 94.72% |
| 6班 | 97.33% | 96.25% | 94.67% |
| 7班 | 97.63% | 96.97% | 94.79% |
| 8班 | 97.83% | 96.82% | 94.95% |
| 9班 | 97.31% | 96.97% | 94.48% |
| 10班 | 97.41% | 96.72% | 94.21% |
| 11班 | 97.21% | 96.47% | 94.65% |
| 12班 | 97.52% | 96.52% | 94.01% |
| 13班 | 97.46% | 96.28% | 94.51% |
| 14班 | 97.79% | 96.85% | 94.42% |
| 15班 | 97.32% | 96.13% | 94.91% |
| 16班 | 97.64% | 96.72% | 94.75% |
| 17班 | 97.31% | 96.75% | 94.87% |
| 18班 | 97.66% | 96.28% | 94.37% |

从这些数据中我们不难看出，经过短短百日的习惯培养，我们刚入学的孩子们确实发生了巨大的变化，成效是显著的。特别是在自理能力与文明礼貌方面，两方面的数据均高于

96%。这两方面习惯的养成，对学生今后健康成长将有着不可估量的意义，这是不言而喻的。

目前，我们的"修身微课程"已经在各年级全面展开并顺利推进，每个学期都会进行1~2次阶段性汇报，学期期末还会组织多项评选与表彰。

如果说前面所谈"幸福教室"的建设是我校德育工作在环境育人方面所做出的一种尝试，那么这里所说的"修身微课程"的建设，就是我校德育工作在课程育人方面做出的一种积极探索。这一探索使我们原有的德育校本课程结构发生了根本性的改变，初步形成了以"三位一体，互补、互通"为特色的德育校本课程格局。

所谓"三位一体"，指的便是"幼小衔接课程""国学养正课程"和"修身微课程"，三者统一于养成教育，突出自我教育的方式，以培养学生习惯为根本途径和目标。

所谓"互补、互通"，指的是"幼小衔接课程"融于我校的融合性课程"幸福起航"，侧重奠定基础，从最基本的常规、秩序、交往等方面，规范学生言行；"国学养正课程"则站在传统文化的高度，将行为习惯养成与文化传承相结合，使习惯养成具有了文化的温度与厚度。两者都在一、二年级开设，有效促进学生在"知"

与"行"之间建立联系，进而实现"知行合一"。而"修身微课程"与两者不同之处在于它贯穿整个小学阶段，很好地打通了养成教育年级间的壁垒，有效巩固了"幼小衔接课程"和"国学养正课程"

在低年级所取得的养成教育成果。

这些课程都以校本课程的方式排进了课表，专人专时，确保了课程内容的有效落实。说到这里，大家可以再看一组数据。这是我校 2013 年入学的学生从三年级开始连续三年家长会问卷中关于习惯养成方面的一个数据统计。我们学校有一个惯例，每学期都会以家长开放日等形式召开家长会，并围绕学校各方面的工作进行问卷调查。而每一次问卷中都会直接或间接地包括如自觉独立完成作业、主动预习、自觉反思，善于倾听、乐于表达等与学生学习、生活习惯有关的条目内容，以此及时把握学生的习惯养成情况，进而调整学校德育工作的思路、方法等。下面统计表中的 7 项内容及数据，是从这个年级连续三年的问卷当中提取出来的。

### 2013 年入学学生连续三年家长会问卷情况（关于习惯）统计表

| 年级 | A 自觉独立完成作业 | B 主动预习、自觉反思 | C 书写规范、字迹工整 | D 有主动思考问题的习惯，遇到事情主动自己想办法解决 | E 找到了适合自己的学习方法 | F 善于倾听别人的发言，并会表达自己的观点 | G 其他 |
|---|---|---|---|---|---|---|---|
| 三 | 74.30% | 40.60% | 50.20% | 35.20% | 21.30% | 39.10% | 3.40% |
| 四 | 83.90% | 66.40% | 72.70% | 68.70% | 42.18% | 53.20% | 3.20% |
| 五 | 96.10% | 75.10% | 75.90% | 81.60% | 67.10% | 75.50% | 2.80% |

下面的条形统计图反映的就是上面统计表中的数据，我们从中可以清晰地看出，这 7 项内容除最后一项外，前 6 项每一项都在逐年提高。但同时，我们也可

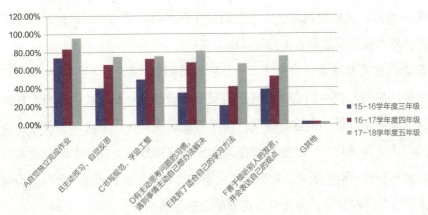

以看出，这其中"找到了适合自己的学习方法"一项数据整体水平最低，充分说明这方面的习惯养成相对更加困难，需要我们格外关注。

再来看这一数据的折线统计图：

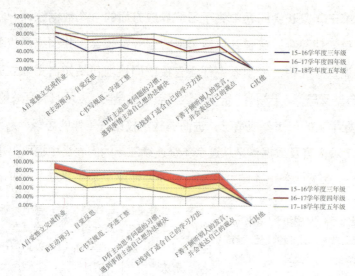

从这两幅折线统计图中我们可以明显地看到，随着年级的升高，学生学习习惯养成整体上呈不断上升趋势。但同时也可以看出，各种习惯在不同学年上升的空间是有着明显差异的。比如"找到了适合自己的学习方法"在三至四和四至五两个学年，每个学年上升的空间都在 10% 以上，而"有主动思考问题的习惯"则随着年级的升高上升空间反而在逐渐缩小，特别是"书写规范、字迹工整"，在进入五年级时上升到了一个瓶颈期，几乎不再有什么上升空间。

显而易见，这些数据对于指导我们如何在不同年级、不同时期对学生不同习惯进行针对性强化，是具有十分现实的意义的。

总之，德育教育是一项系统工程，它既需要有"点"上的创新与突破，更需要有全面的思考与整体的设计，甚至还需要准确的数据和理性的分析。在课程育人方面，无论是"幼小衔接课程""国学养正课程"，还是我在上面介绍得比较详细的"修身微课程"，都是我校在国家德育课程基础上进行多路径德育校本课程的探索与尝试，别无他求，只期望学生能在这样丰富的课程里"明"行为习惯，养成之"理"，辨是非，养正气，更加健康茁壮地成长。

# 升旗仪式在常态中的创新性变革

升旗仪式作为学校活动育人中的一项常规工作，是我们每一所学校都要组织的一项德育活动。然而我个人却始终认为，恰恰因为升旗仪式是常态工作，才更需要我们多花费一些心思和精力——学校德育工作，抑或是养成教育，是流于形式，还是真正落实，在很大程度上都取决于如何在常态中创新。

以升旗仪式为例，我校从 2015 年就开始对其进行改革，从内容到形式，用了近 4 年的时间，终于使其从常态工作中"突围"出来，成为学校德育工作的一大亮点。

从内容上来看，我们从两个方面对升旗仪式进行创新：

## 一、凸显升旗仪式的"平台"性功能

我校倡导养正文化，其内涵是"养心、养德、养行、养正"。这不仅是我们落实"为学生的幸福人生奠基"办学理念的重要依托，更是我们构建学校"魅力德育体系"，推进养成教育活动实践的基础。因此，我们最大限度将学校各项活动实践与升旗仪式进行整合，努力把升旗仪式打造成活动实践的宣传组织平台、指导落实平台、协调联络平台和成果展示平台，使升旗仪式在充分发挥其自身仪式教育和爱国主义教育作用的同时，能像一条线那样，将学校养成教育等方面的各项活动实践串成美丽的项链。

例如在"小种子养正养行"主题系列升旗仪式中，我们先后组织了"养成良好习惯，助力幸福种子苗壮成长""说说我的幸福教室"等主题升旗仪式，引导学生积极参与班级文化建设与管理，充分发挥自我教育作用。又如我们结合妇女节、母亲节、元宵节等节日组织主题升旗仪式，倡导学生在家中开展"做家务""为父母制作小礼品"等活动，并通过"打卡""点赞"，升旗仪式中"五一事，大家说"微访谈等方式进行反馈，有效地促进了养成教育的落实。

下面记录的就是我们利用升旗仪式活动开展假期"'小种子'习惯养成记之文明出行"活动的基本过程和部分内容：

第一阶段是利用升旗仪式公布"活动计划"，整体说明活动要求，动员学生参与活动；

第二阶段是各年级各班级根据各自实际情况布置自己的活动任务，并由学生在假期时间里独立或与家长共同完成；

第三阶段是各班级在新学期里对假期活动进行总结，并评选出典型人物和事例上报学校；

第四阶段是在升旗仪式上进行典型人物的表彰与部分典型事例的汇报。

学生在活动的过程中，每人一本《"小种子"习惯养成记之文明出行》手册，其中包括"知、寻、画、写、做、传、研"7个部分的内容（见右图，根据年级不同会有细微调整）。学生在活动过程中需要根据手册中的内容及要求，最终记录下自己活动的过程与感受。

知：知道一个文明行为；

寻：寻找一个文明出行的榜样；

画：画一幅文明出行的小漫画；

写：写一个文明出行的小游记；

做：做一个文明出行的小举动；

传：传播文明的小行动；

研：写一份文明出行的研究报告。

借助升旗仪式，我们将养成教育活动延伸到学生的假期生活，延伸到家庭和社会，从宣传组织到总结表彰，使活动的开展成了一个有机的整体。同时，围绕学生文明出行习惯的养成，学校、家庭、社会三方面也自然而然地形成了一个协作体，较好地发挥了活动育人在"导行"方面的作用。

## 二、强化了升旗仪式主题的系列性

升旗仪式主题的系列性，其实就是内容的关联性，它直接关系到活动会取得什么样的育人效果。从2017年开始，我们分别组织了"自我教育促良好行为习惯养成""新六大行动"主题系列升旗仪式，都取得了良好效果。

因为设计上有内在联系，开展的活动有延续性，活动持续的时间较长，所以不仅有效地落实了《北京市中小学生日常行为规范》的要求，而且在学生和家长中形成了广泛的影响。特别是其中的

"感恩行动"主题升旗仪式，我们推出"寻找最美妈妈"的活动，并在随后通过微信宣传、班队会讨论和发放"最美妈妈"幸福兑换券等方式，引导全体学生和家长参与其中，使学生由"感恩"到"践行"，实现了养成教育润物无声的良好效果。

2019年是我校建校65周年，为借助校庆契机进一步落实养成教育，我们又以升旗仪式为主线，将与之相关的活动有序贯穿，系统构建了以"校庆"为主题的系列升旗活动，下图是2018—2019学年度第一学期升旗仪式的整体设计。

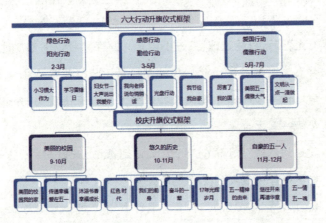

从"美丽的校园"到"悠久的历史"，再到"自豪的五一人"，我们希望通过这一系列主题升旗仪式与相应实践活动的开展，让每一名五一学子都能在65周年校庆来临之际，不仅在言行习惯上有一次新的提升，更在内心情感上得到洗礼与升华。

从形式上来看，升旗仪式活动主要包括三点：

一是增强仪式感。

现在我们逐渐意识到，仪式教育对人的成长具有非凡意义。然而事实上，学生在学习和生活中很少会产生强烈的仪式感，他们缺乏这方面的体验。因此，我们在设计升旗仪式时围绕内容增强仪式感，就是期望能够以此来强化养成教育的效果。

二是增强互动性。

这种互动包括师生间、生生间，还包括学校与家庭、社区之间的互动。互动的形式也在不断创新，包括现场互动、借助信息手段互动等，甚至还会将这种互动延伸到课上和课后。事实证明，学生绝大多数行为习惯的养成，甚至素养的形成，都需要在与他人的沟通与互动中实现。例如在2018—2019学年度第一学期的升旗仪式暨新学期开学典礼上，我们就邀请了祖孙三代人进行了一个现场访谈。这三代人，奶奶、爸爸都毕业于五一小学，孙女正在五一小学读书，可以说祖孙三代人的童年都在五一小学度过，与五一小学有着不解之缘。所以我们访谈的主题就是"五一小学的发展与变化"，下面是访谈实录：

**主持人：**时光荏苒，白驹过隙，五一小学自1954年建校以来已度过了64载春秋，今天，我们共聚于此，庆祝学校第128个开学典礼。首先，我们荣幸地请来了一个平凡而又特殊的家庭，有请段奶奶一家上台！（段奶奶一家上台）

段奶奶您好！时隔64年，您又回到母校，此时此刻，您的心情如何？您觉得母校最大的变化是什么？

**段奶奶：**我的心情非常激动！当年，我怀揣着梦想和希望与五一小学依依惜别时，做梦也没有想到，64 年后，我会以这种方式重回母校。主持人，我先回答你那个关于"变化"的问题吧！我觉得母校最大的变化莫过于软硬件的变化，看吧，操场更大了，教室更宽敞了，孩子们可以读的书更多了，生活、学习的环境比我们那个时候强太多了。还有，五一小学的老师更有学识了，教育的方式和理念更新了！

**主持人：** 看来，五一小学的变化真是非常大！

**段奶奶：** 主持人，我再跟你说说我觉得这么多年来一直没变的东西吧！就像你刚才说的，我觉得，老师们还是那么洒脱、阳光，对待孩子们还是那么温暖、有爱，我们五一人还是那么骄傲、自豪，对教育事业充满活力！对孩子们还是那么认真负责！

**主持人：** 感谢您对我们学校的认可。俗话说得好，金杯银杯不如老百姓的口碑，的确，五一小学能有今天的成就是靠几代人的努力、奋斗和对教育事业的无悔奉献拼出来的！今天，迈入小学生涯的不光是您的孙女，还有现场 600 余名新生，您有什么话想对他们说吗？

**段奶奶：** 孩子们，你们好，我是段奶奶，是咱们学校 72 届的老校友；这是我的儿子，是你们 01 届的校友；这是我的孙女昀岚，是你们现在一年级新来的小伙伴。小朋友们，你们真幸福！一定要珍惜这么好的学习条件，好好学习，长大了不要忘记曾经辛勤哺育过你们的老师，更不要忘记国家对你们的培养和付出！

**主持人：** 昀岚爸爸您好！在五一小学六年的学习生涯中，给您留下印象最深的人和事分别是什么？

**昀岚爸爸：** 主持人好！我是五一小学 01 届毕业生，虽然时间过去了很久，但是在我的小学生涯中，有一个人和一件事我至今记忆犹新。那就是我的班主任刘老师，一位才学渊博、为人师表、认真负责的老师。三年级时，我们班竞选班干部，竞争很激烈，好几位同学都争先恐后地参加竞选。当年的我一度缺乏自信，不敢举手，但是刘老师给了我很大的鼓励。我记得她是这么对我说的："孩子，如果想做就一定要主动争取，记住一句话，很多时候尝试了不见得成功，但是如果连尝试都不敢，那必定会失败！"这句话，影响了我的一生！

**主持人：** 那您觉得小学阶段对于人的一生是否重要？五一小学这六年对您影响最大的是哪些方面？

**昀岚爸爸：** 当然非常重要！小学这六年无论是从性格还是习惯培养上，对我人生的影响都非常大，所以直到现在，我还特别怀念我的小学时光。我想说，感谢五一小学，感谢五一小学的所有老师们，向你们致敬，也希望我的孩子能像我的母亲和我一样，在五一小学幸福成长，成为一名善良、懂感恩、有情义、对社会有用的人。昀岚，加油！

**主持人：** 昀岚同学你好，请问你为什么要把"善良"这个词写到你的美德种子上呢？

**付昀岚：** 因为我觉得，我们全家都很善良，我的奶奶和爸爸从小就教育我要以善待人，所以我把这个善良种子放到许愿池里，希望它能伴我成长。

**主持人：** 感谢你们一家三代一起参加我们隆重的开学典礼，奶奶在小的时候最喜欢上什么课？

**段奶奶：** 应该是音乐课。

**主持人：** 太好了，段奶奶，您看在今天这个特殊的时刻，您想不想跟您的家人以及全体少先队员们再唱一遍您当年学的歌？

**段奶奶：** 好，那我就唱一首《小白船》送给现场的小朋友吧，现场会唱的小朋友一起来！

**主持人：** 好，就让我们全场一起唱响童年的歌曲，共同缅怀曾经的光辉岁月，祝愿我们五一小学的明天更美好！

升旗仪式上进行这样的互动，通过三代人亲身讲述五一小学的发展和变化，容易让参加活动的孩子们产生共鸣，增强对五一小学的热爱，具有很好的教育意义。

三是增强自主性。

以升旗仪式为载体，充分发挥学生的主体作用，培养他们的自主管理能力，进而提高养成教育实效。例如将升旗仪式与微社团相结合。我校在2015年提出"千社千团"理念，并陆续成立了飞翔电视台、红领巾广播站、微电影社团、国旗班、学生会等数十个学生组织。每学期开学初，我们都会以校少先队大队为核心，从这些学生组织中招募一部分学生进行升旗仪式的自主研究和设计，最后再由他们自己实施。也正是因为这种方式，我们的升旗仪式经常是"新老结合"，总能给人以"眼前一亮"又"过目不忘"的感觉。

谈到升旗仪式，我不禁想起学校大队辅导员许老师曾给我讲过的一个故事：

六年级1班的文豪同学是一个非常腼腆而内向的小男孩，他负责后台的音响和放映工作。他技术水平很高，对老师交办的每一项任务都认真负责，因此，深受老师和同学们欣赏和信任。

在一次升旗仪式的彩排中，主持人小A突然对我说："许老师，文豪负责后台工作快两年了，却从来没有上过台，咱们大队部的所有同学几乎都上过台，他却……"小A的话没有说完，其他同学也纷纷附和。其实，我心里明白，我又何尝不想让文豪同学上回台呢！私底下，我没少跟文豪沟通。然而，文豪的态度很坚决："让我在后台服务可以，但我不想上台，我不敢面对那么多的同学。"

看来，性格腼腆、信心不足，是文豪的弱点。于是从那天起，我和同学们都有了这样一个小心愿：携手努力，帮助文豪同学树立自信心，锻炼他的胆量，毕业前，一定要让文豪登一次台，让他展示出最靓丽的风采！

为此，我还带着大队干部们开了一次专题会议，决定选择在庄严而隆重的开学典礼上给文豪一个"惊喜"。记得那次典礼上，队员们把"善良、勤奋、友善、感恩"等美德，写在各种毛绒玩具上，并一致赞同将带有"感恩"的那个毛绒玩具送给一直以来默默奉献的文豪同学，而且，一定要把他请到台上来。

那次典礼上，当大花球的花瓣慢慢张开，写有美德字眼的毛绒玩具展现在大家面前时，"感恩"字眼尤为明显。主持人带领同学们一齐喊出："感恩师长、感恩家长、感恩同伴……此刻，最想感恩的同伴，就是一直在后台默默奉献，从不张扬的文豪同学，大家掌声有请文豪同学。"

在全校同学友好而热情的掌声中，文豪虽略显羞涩，但在伙伴们的簇拥下，还是从后台走向前台，他满怀激动之情对大家说："感谢老师，感谢同学们，有你们这群好伙伴，我真幸运！"之后，深深地鞠了一躬，表达了满满的谢意。顿时，台下响起了雷鸣般的掌声，这掌声，是对文豪同学善良、乐于奉献精神的赞同与欣赏。

这件事使文豪同学发生了很大的变化，他说："没想到，上台并不可怕，看着那么多小伙伴期待与欣赏的目光，感觉还是蛮好的！"再后来，我慢慢发现，文豪不仅后台的工作依然做得有条不紊，走上前台也不再胆怯，变得更加乐观、大方了。

或许，从学校德育工作的全局来看，升旗仪式不过是其中的一个比较普通的"点"，然而这个"点"恰恰又是一扇窗，它折射着学校德育工作中活动育人领域的一角天空，让我们深刻理解活动对于引导学生言行，培养他们良好规范、德行的意义。

# 关于"自我教育"

谈及养成教育，我们自然要谈"自我教育"。苏联教育家苏霍姆林斯基曾对自我教育有过精确论述，他说："没有自我教育就没有真正的教育。这样一个信念在我们的教师集体的创造性劳动中起着重大的作用。"的确，一个人如果没有自我教育，我们很难想象他会有完美的精神生活。而作为教师，如何引导或者教会学生自己教育自己，则需要具有高超的教育技巧和艺术。

## 一、强化自我教育整体规划

我校在多年养成教育实践中一贯重视学生的自我教育，积极倡导教师尊重学生主体地位，发挥学生自主意识，实行学生自我管理，以此来促进"为学生的幸福人生奠基"办学理念的有效落实，并取得了令人满意的效果。下面表格所呈现的，便是我校强化学生自我教育的几个发展阶段：

| 时间 | 推进"自我教育"的主要工作 | 取得的效果 |
|---|---|---|
| 2009年至2012年 | 培养民主精神，学习当家做主：少代会审议大队委员会工作报告，队员发表民主提案366份，各项提案总和近千条。<br>在学生中开展"我的文明承诺"活动，以"语言文明、游戏文明、路队文明、如厕文明、环保文明"等为主题进行讨论，征集校园文明童谣、绘画、提示语等，培养学生文明的行为习惯，夯实学生做人根基。 | 学校大队部为队员们提供更宽广的舞台，展示他们的才能。少先队组建"小钢琴家社团"展示活动，成为我校校园文化一道靓丽的风景线。积极开展"学校发展我成长"活动。在全校学生中开展评选"五一小学十佳学生"活动。 |
| | 德育幸福导航课程的目标为：培养身心健康、品行优良的五一幸福少年。在这个目标的指引下，我们确立了以下几个幸福元素：责任、诚信、爱心、感恩、友善、合作、乐观、自信……<br>开展班级文化建设，打造幸福教室，开展"走进幸福教室""班级文化建设"交流、"五一小学幸福班集体"评选等活动。我们充分挖掘地域资源，努力使德育工作向着"课程化、活动化、综合化、社会化"方向发展。 | 尝试了两种模式，即浸润式德育和体验式德育，充分发挥社会资源的育人功能，完善校外基地建设，拓宽视野，增强社会责任感，提高学生实践创新能力。 |

（续表）

| 时间 | 推进"自我教育"的主要工作 | 取得的效果 |
|---|---|---|
| 2013 年 | 进一步构建与完善"五一小学学生行为习惯培养目标体系"，按六个年级分别用两条主线贯穿，一条是"六个道德好习惯"，即学会自理、遵守规则、团结协作、诚实守信、承担责任、懂得感恩；一条是"六个好行动"，即爱校行动、微笑行动、爱心行动、志愿行动、绿色环保行动、感恩行动。<br>在五一小学 60 华诞之际，我校开展各年级素质教育展示活动，并开展"学校发展我成长"爱校教育活动，创建短信互动平台，以"送给五一小学的祝福"为主题，全校教师、家长、学生利用平台为学校 60 华诞送祝福；开展"快乐嘉年华"活动，"我爱五一"火炬接力跑活动，倡议学生"为学校建设建言、为社区做一件好事"，争当光荣的火炬手。 | 明确各年段学生要达到的具体目标，开展自我教育。学校通过课堂常规评价、每月"常规达标班"的评选、"爱校之星"的评选等，促进学生养成良好行为习惯。 |
| 2014 年 | 以"九大幸福元素"为载体，编辑五一小学《小行动、大美德》行动手册，制定各年级的养成教育目标，实行班级民主化管理，每位学生都承担一份责任，调动、发挥学生的主体性。学生的自我管理具体在人人都有小岗位，让学生体会责任的意义、奉献的伟大。 | 明确提出：自我管理、自我服务、自我教育。 |
| 2015 年 | 在德育管理过程中，我们重视学生的自我教育，经过多次研讨，将"自我教育"作为学校德育工作的主线。"小建议 大发展"主题少代会助孩子们走上自我教育的舞台，参加了海淀区少先队红领巾奖章、星星火炬优秀大队、优秀中队的竞选；表彰了优秀少先队辅导员。 | 少代会上，小代表们讨论报告，交流热点问题，反映了少先队工作中存在的问题，并提出了建议，学生的民主意识、主人意识都有了显著的提高。 |
| 2016 年 | "一月一习惯"，培养儒雅好少年。以社会主义核心价值观为指导，结合九大幸福元素，开展了"一月一习惯"系列养成教育活动，培养学生课间有序、就餐文明、待人有礼、爱护环境的良好习惯。 | 大部分班级在一日常规方面都取得了很大的进步，晨读、卫生、午餐、课间、路队等各个方面，各班都有规范性的要求。 |
| 2017 年 | 开展了"千社千团，我的微社团我做主"主题系列活动，培养了"自我教育"和集体意识，赢得了队员们的好评。<br>在学校提出的"环境美、秩序好、行为雅"的号召下，同学们自主自发组建微社团，协助老师和学校进行学生好习惯养成的管理，如飞翔电视台和红领巾广播站等。<br>学校以《北京市中小学生日常行为规范》为基础，以学校"六大行动"为抓手，开展了"我向习爷爷说句心里话""我与冰雪运动"等系列活动。一年级三军仪仗队入队、去中央广播电视台交流访问、电影兑换券之电影专场等活动中，队员们完全自主地组织和管理，置身其中并乐在其中。 | 少先队员当家做主，培养了同学们自我教育的能力。<br>开设了"修身微课程"，系统梳理了"五一小学自我教育促学生习惯养成目标体系"，全校进行课程研修。 |
| 2018 年 | 五一小学成为海淀区"提升中小学生行为习惯养成水平"实验校。开展"家风家训"系列活动、"六大行动"系列活动、"主题升旗"系列活动，有了不断的发展和创新。组织了以自我教育为主题的系列培训；组织全体老师读书交流、习惯培养经验交流、青年班主任论坛等。 | 学校以"大美德育心育德，小种子养正养行"为主题开展了多种以提升学生综合素养为目的的主题活动。再次修改修身微课程内容，最后确定 36 条好习惯，奠基学生幸福一生。 |

上面的表格基本反映了我校近几年来在强化自我教育方面开展的工作和取得的效果。当然，该表所呈现出的阶段性特征，也为我们后期持续强化学生自我教育提供了一定的规律性参考。

## 二、自我教育中的小烦恼

在强化学生自我教育过程中，经常会有一些教师，乃至家长，有些无奈地向我反映，说班里有某些学生好像天生是"小两面派"，在家里一个样，在学校里又是一个样。后来我意识到，这种现象其实正是学生长期接受"被动"教育的结果，而这，又恰好站在了自我教育的对立面上。试想，当孩子的行为，甚至是思想，总处于一种被监督、被管理的状况的时候，他还能获得足够的尊重和自主吗？而这种情况导致的后果就是"逆反"或者"迎合"。

所以，我告诉他们，这正是我们要不断强化他们自我教育的原因。对如何培养孩子自我教育的能力，我给出了一些建议：

首先，你要对孩子的自我教育能力有信心，并且想办法帮助孩子树立这种自我教育的信心。要抓住时机，甚至创造机会，帮助孩子更多地体验他们自己"能行""有这个能力"，只有这样，他们才会有信心对自己进行自我管理和教育。我始终认为，孩子只有有了自信，他们才会真正拥有自尊，才会产生不断成长的内在动力。

其次，你要想办法帮助孩子了解、认识自己。教育的基础是自我认识，没有自我了解和自我认识，自我教育当然无从谈起。如何才能让孩子不断了解自己，不断认识自己呢？我觉得最好的办法就是引导他们不断为自己的行为确立标准，用他们自己的标准来帮助他们进行自我评价、自我反省。客观地讲，学生的自我评价与自我认识是相辅相成的，他们进行自我评价的过程实质上也是深化自我认识的过程，反过来说，只有他们的自我认识不断加深，他们才能更好地进行自我评价。

最后还要记住的一点是，进行自我教育一定不是放手不管。这其实是显而易见的。小学生毕竟年龄小，自制能力弱，而习惯品行的养成又是一个长期甚至反复的过程。这就必然需要我们及时给予恰当的引导、指导，还有鼓励。只有这样，他们才能在行为与道德的认知和体验中不断提升自我教育的能力。

瑞典儿童文学作家林格伦说："儿童需要管教和指导，这是真的，但是如果他们无时无刻和处处事事都在管教和指导之下，是不大可能学会自制和自我指导的。"可见，我们对学生的教育培养，必须在他们主动进行自我教育和被动接受学校教育、家庭教育之间寻找一个恰当的平衡点，这样，才能更有效地促进他们幸福健康地成长。

## 三、树立责任意识，提升自我教育

我个人始终认为，在学生从"他律"到"自律"的转化过程中，树立责任意识是关键所在。原因很简单，没有责任意识就不会去担当，不去担当自然也就很难产生"自律"的内在需要。无论是习惯培养，还是素养形成，皆是如此。

在这方面，我们一些老师的做法还是有一定的借鉴意义的。下面是一年级的班主任付映晖老师的记录：

新学期伊始，我迎来了新一届一年级的小学生，他们的天真无邪、无忧无虑时刻感染着我，让我有当妈妈的幸福与快乐！

然而，不愉快的事还是会经常发生。瞧瞧吧，小曾很任性，不顺他意就哭个不停；小苏很自我，生活在自己的天地，不能融入集体生活，一个看不住就跑到楼道里搞恶作剧；小郭很天真，总也长不大，像幼儿园里的孩子，听不懂我话里的含义……

学生个性的发展离不开集体，那么怎样才能创设一个宽松、和谐的集体氛围，在集体生活中培养孩子们正直顽强、有责任心、关心他人、努力进取、善于交往的良好个性品质呢？

基于对这个问题的思考，在学校的倡导下，我开始在班级开展"今天我来当班长"活动，采取岗位轮换制，每天一任，每任一天，让每一个孩子都有机会成为管理者，帮助他们在"他律"中体验"自律"。值日班长当天从早读和课前领读开始，到课前准备，再到课间、午间……都要负责提醒同学做好相应的事情。课后，还要通过微信为大家播报记事和诵读课文。在这个过程中，我发现小曾的变化格外大。他平时在课堂上虽然不怎么说话，可是在微信的每日诵读中却做得有声有色，赢得了许多"赞"，自信有了，也不总哭了。经过一段时间后，我又开展了"岗位负责制"活动，4人为一个小组，每个组员都有自己的岗位，学习小组长、生活小组长、纪律小组长、卫生小组长各司其职。就拿小苏来说吧，自从成为卫生小组长后，他有意识地约束自己，总是把自己的位子收拾得干干净净。为此，他还经常获得"干净小白兔"的奖励呢！

作为班主任，我想，我们一定要有一种"人人可做事，人人能做事，人人都做事"的思想，只有这样，我们在班级管理上才能最大限度地为孩子们的成长提供锻炼的机会，搭建展示的舞台。

**另一位班主任肖书霞老师则这样培养孩子的自我教育能力：**

我们班一直在开展"提升保护环境意识，学会垃圾分类"活动，因为我觉得，垃圾分类不仅关乎学生们个人良好习惯的养成，还关乎孩子们社会责任感的培养，更关乎资源的利用、环境的保护及全人类的未来。而我们实施养成教育，就要植根于孩子们的生活，让他们在生活中学习、成长。

平日里，我经常引导学生留心观察身边的垃圾桶，让他们用手机拍下垃圾倾倒和分类的情况，之后在班级进行展示。慢慢地，学生们开始关注垃圾分类问题，他们发现身边的人在垃圾分类方面做得并不好，还意识到垃圾是否分类对环境有极大的影响。我也和孩子们一起查找了大量资料，通过收集数据、图片等形式进一步了解垃圾是否分类到底会给环境带来怎样不同的影响。当孩子们切身感受到有三分之二的城市面临"垃圾围城"的窘境，混合回收垃圾会给环境带来更大的污染时，他们就会意识到：保护环境应该从我做起，从垃圾分类做起。

于是，围绕这一主题，大家制作了有关"提升保护环境意识，学会垃圾分类"的手抄报，开展了"垃圾分类小常识知识竞赛"……通过各种活动来提高对垃圾分类的认识，一边宣传一边实践。记得在一节班会课上，一名刚从日本旅游回来的同学就曾经声情并茂地讲述他的见闻：日本环境整洁，垃圾分类特别细致，垃圾桶上的标志极其清楚；日本人都有垃圾分类意识，就连幼儿园的小朋友丢矿泉水瓶都要分5个步骤——首先把瓶里的水喝光或倒掉，然后将瓶盖扔进指定垃圾桶，瓶身的塑料薄膜撕下放入另一个垃圾桶，最后把瓶子压扁放入专用垃圾桶。

后来，我还带领孩子们制定了在班级、学校、小区、公共场所等不同区域开展活动所应赋予的分值，如制作垃圾分类标志5分，在红领巾广播站向全校宣传垃圾分类的意义5分，雏鹰小队到社区宣讲垃圾分类顺口溜10分，等等。同时设立垃圾分类管理员，对同学们进行垃圾分类的指导、监督和评价。

指导学生主动参与垃圾分类活动，不是我一时兴起，而是我真的认为这是一种十分有效的自我教育方式。目前，我们已经从最初的一次班内活动拓展到了贯穿全学年的活动，不管是在学校还是在孩子们的家里，他们制作垃圾分类自我监督周反馈表，自发成立红领巾广播小队，制作公众号，分发垃圾分类小标贴，并把这件事作为自己的一份责任。

上述两个小案例都是我在学校班主任工作经验交流会上听到的，我因此很受触动，也觉得很有代表性。前者启发我们，学生在各种岗位的轮换中所经历的，其实完全不是单一工作内容的变化，而是不同身份角色与担负责任的体验；而后者则告诉我们，无论何时，团队对于人的自我成长都具有无形的监督、约束和鞭策的作用，它揭示的是人的一种社会属性。

当然，不论是哪个方面，它们所发挥的树立学生责任意识的作用都是极为明显的。而我们的教育工作中，正需要多一些这样的做法，以便更好地促进学生的自我教育，真正把养成教育落在实处。

# 家长，永远的伙伴

在这里，我不想再去理性分析家庭教育的作用和家校共育的价值，因为这不但是显而易见的，更是毋庸置疑的。我只想向亲爱的读者，或者是我们的教育同仁、我们的家长表达这样一种观点：在育人的道路上，家长是我们永远的伙伴！

正是基于这样的认识，五一小学这些年在实施幸福素养教育的历程中，一直在通过各种方式保持与家长的密切沟通与协作，培养孩子们良好的习惯和健康的人格，提升他们的综合素养，为他们的幸福人生奠基。

## 一、在"家校大讲堂"中共同成长

自 2014 年起，为进一步帮助家长树立顺应时代发展的教育观、人才观，帮助他们学习掌握更多科学的家庭教育知识和有效的教育方法，同时也为进一步促进他们与学校教育理念、行为达成高度的共识，我们开始开设"家校大讲堂"活动，每个年级每学期一次，从未间断。

为了不断提高"家校大讲堂"活动的针对性与实效性，我们每年都会认真反思、梳理家校工作中存在的热点问题、焦点问题和家长的需求，并开展相应的调查研究，据此不断调整我们"家校大讲堂"共育课程内容，聘请相应的教育专家。下面便是我们这一课程体系实施最初阶段的一稿：

## 海淀区五一小学家校共育课程体系

| 第 一 学 期 | | | | |
|---|---|---|---|---|
| 年级 | 课程内容 | 主讲人 | 时间 | 形式 |
| 一 | 关注儿童学习能力 | 开发少年儿童潜能科学教育课题组专家 | 8月 | 家校大讲堂 |
| 一二 | 关注儿童良好习惯与意识（一、二年级 二级） | 中科院发展与教育心理学专家 | 10—12月 | 线上直播 |
| 三 | 帮助孩子改进学习方法 | 家庭教育核心组成员 | 10—12月 | 家校大讲堂班级微茶座 |
| 四 | 关注儿童心理健康（三、四年级 二级） | 中国科学院心理教育导师 | 10—12月 | 线上直播 |
| 五 | 关注学生情绪与人际交往 | 北师大教育心理学导师 | 10月 | 家校大讲堂 |
| 六 | 如何让孩子快乐且优秀 | 家庭教育专家、清华大学教授 | 11月 | 家校大讲堂 |
| 第 二 学 期 | | | | |
| 年级 | 课程内容 | 主讲人 | 时间 | 形式 |
| 一 | 解读原生态家庭，构建家校合力 | 教育心理专家 | 3月 | 家校大讲堂 |
| 一 | 如何做好小学生父母的角色（一、二年级 二级） | 开发少年儿童潜能科学教育课题组专家 | 4—6月 | 线上直播 |
| 二 | 做智慧型父母 | 清华大学教授、家庭教育专家 | 4月 | 家校大讲堂 |
| 三 | 如何培养一个兴趣广泛的孩子（三、四年级 二级） | 北师大教师教育研究中心专家 | 4—6月 | 线上直播 |
| 四 | 如何培养一个自信的孩子 | 中国青少年研究中心家庭教育研究所专家 | 5月 | 家校大讲堂班级微茶座 |
| 五 | 培养学生对社会的正确认知（五、六年级） | 北京教育科学研究院心理教育专家 | 4—6月 | 线上直播 |
| 六 | 青春期学生的特点与教育（五、六年级） | 教育心理专家 | 3—6月 | 线上直播家长沙龙 |

《家长是一种职业》《帮孩子养成好习惯》《如何做好幼小衔接》《家庭教育成败的关键是家长的自我教育》《影响孩子学习的情绪因素》《如何培养孩子爱学习》《青春期教育的策略与方法》……这些专题讲座在如及时的雨露般滋润家长的同时，也在无形中形成了一条纽带，把家长的心和我们的心紧紧连在了一起。

下面是我们一位普通家长参与活动后的留言，字里行间让我们感受到的是家长对"家校大讲堂"的肯定：

今天听了冉乃彦教授的讲座，我深有体会。孩子最初了解社会，学的东西都来自家庭。这段时间感觉尤其明显，因为我家有个二宝，正好是牙牙学语的时候，不管大人或是哥哥干了什么，他都会立马学着去做，好的坏的不会分辨。所以我就在想，小孩子初来社会接触最多的是父母，是家庭，因此，一个孩子学得最多的当然也来自家庭教育。冉教授通过短短一个多小时的讲座，非常精辟地讲述了当前孩子教育的问题，告诉我们"在家庭中，只有能够激发孩子进行自我教育的教育，才是真正的家庭教育"，并提出培养孩子的十个策略，通过一些小故事和专业的调查研究结果，告诉我们这些做家长的该如何帮助自己的孩子养成好的学习习惯，怎样配合学校教育好孩子。我听完讲座真的是受益良多。非常感谢学校组织这样的讲座活动，让我们这些迷茫的家长能够重视并找到帮助孩子的方法。

## 二、搭建形式多样的沟通之桥

"家长会"是实现家校间沟通的基本组织形式，是每所学校都会有的传统项目。我校每学期都组织"家长开放日"活动，实质上就是家长会。但不同的是，我们在家长会的组织形式上着实动了不少脑筋，如亲子型家长会，体验型家长会，智慧分享型家长会，等等。这些形式不一、内容丰富的家长会，不但很好地发挥了传统意义上家长会的作用，而且充分提高了家长们的参与热情，有效增强了学校与家长间的互动沟通，促进了育人共识的形成。在反馈中，我们经常能看到家长这样评价我们的"家长开放日"活动：

很喜欢这种家长会的形式，让家长和老师之间、家长们相互之间都能更有效地沟通和互动，既促进大家相互了解，又能在一起讨论各自孩子存在的问题，共同找出行之有效的解决办法。孩子的教育和成长是需要家庭和学校相互配合去完成的，这种开放式的家长会让我们和老师走得更近，交流更通畅！

还有一些风趣幽默的家长偶尔会赋上一首打油诗，这为我们开展家校共育工作增添了不少乐趣：

百家经验百家谈，放手放眼不偷懒。

及时沟通尤重要，笑谈童年无遗憾。

说起家长会的创新工作，我在这里必须要着重介绍一下我们开展的"班级微茶座"活动。"班级微茶座"活动作为家长会的一种组织形式始于 2017 年，是基于对学生进行个性化教育的需要而产生的。我们的班主任老师就班级中存在的共同问题，邀请有共同需求的学生家长，以及学科教师、家庭教育专家等，小范围约坐在一起，以座谈的形式进行深入探讨。这种方式主题集中，灵活性强，氛围轻松，沟通深入，针对性强，受到老师和家长们极大的欢迎。仅 2017 年第一学期，全校各班便累计组织"班级微茶座"活动 195 次，在解决大量实际问题的过程中，丰富了学校养成教育的方式方法，有效提升了家校共育工作的整体水平。下面是我校二年级组织的"班级微茶座"活动：

### 厉害了，我的班级"微茶座"

三月，伴着十里春风，二年级的"班级微茶座"活动也在持续开展中。

二(13)班微茶座的讨论主题是"快乐教育"，围绕着"究竟什么是快乐教育""快乐教育的目的是什么""怎样才能实现快乐教育"几个话题，家长们坦诚交流，畅所欲言，散会后仍意犹未尽。舒老师亦师亦友，在轻松愉悦的氛围中引领家长们分享各自的育儿理念、孩子们的成长历程和每个家庭的快乐教育。

二(16)班微茶座的主题是"二年级学生的兴趣点在哪里？家长在家庭教育中怎样引导孩子养成良好的行为习惯？"由此家长们与班主任一起，进行了热烈的讨论。

二(1)班分别召开了主题为"如何培养女孩"和"如何培养男孩"两次班级微茶座活动。活动中，家长们各抒己见，交流自己在培养孩子方面的心得和困惑，结合实例就如何培养孩子的积极心理品质提供了很多有价值的建议和切实可行的方法。

二（3）班微茶座活动主题为"如何在海量的资讯中有效获得对教育最有帮助的信息"。家长们分析了获得相关资讯的不同渠道及利弊，讲述了自己如何将这些理念、方法运用到对孩子的教育中，同时还就自己在教育孩子过程中的经验与困惑进行了交流。陈老师对家长发言进行的点评更是让家长们感觉受益良多。原定一个小时的微茶座进行到两个小时的时候，家长们仍意犹未尽。

二（12）班则围绕"如何处理同学间的矛盾"的话题展开。学生之间发生矛盾是常有的事，家长的态度决定了孩子解决矛盾的方式。家长们围坐在一起，没有拘谨、异常坦诚。大家冷静、理智地分析孩子之间出现的矛盾，让一些心存芥蒂的家长能互相理解，从培养孩子健康人格的角度认识问题、处理问题。良好的沟通，让孩子们能心向集体，团结友爱，勇于担当。家长们也纷纷表示能够认真分析实情。班主任表示，小小"微茶座"让班级发生矛盾的现象明显减少，同学之间互相理解、互相帮助的现象越来越多，班级发生了大变化，真的是家校共赢！

"班级微茶座"活动让我们更深层次地倾听到了家长的心声，也为他们真正参与到学校教育中来，提供了一条更直接的途径。应当说，这不仅是我们对家长会这种家校沟通模式的创新，更是我们对"家校共育文化"的一种独特理解。

## 三、树典范，家风家训美德传

养成教育与家庭教育二者密不可分，这是毫无疑问的。为此，我们结合习近平总书记关于"重视家庭建设，注重家庭、注重家教、注重家风"的重要讲话精神，积极开展"家风家训美德传"主题系列活动，树立家风家训典范。

2015 年儿童节期间，我们组织学生制作"家风家训"海报，家长和学生们都踊跃参与，受到了社会各界人士的高度关注，短短一周时间，网上的点击量就突破了 5 万余次。此外，我们组织的"儒雅先锋好少年，家风家训美德传"入队仪式，使家长们深受鼓舞，纷纷在"家风家训墙"前合影留念，并给孩子们讲述自己家的家风家训故事，极大地激发了他们履行家庭教育职责的热情。

我们还开展了"寻找最美妈妈""好家长"等评选活动，树立家庭养成教育榜样，用这些身边的典范来影响和带动更多的学生和家长。六 (10) 班边桐正家长在《培养孩子良好习惯，铸就孩子精彩人生》一文中这样写道：

作为家长，我相信只有用自己的言行才能给他树立榜样，自己做得到，孩子才会信服。比如遵守秩序，就体现在生活中的排队、开车时不乱超车、不随地扔垃圾、过马路走斑马线、乘电梯或地铁先下后上等方面。再比如文明礼貌，则体现在向他人寻求帮助要使用礼貌用语、公共场所不大声喧哗、对于餐厅服务人员表示尊重、得到别人的帮助要感恩致谢等方面。

在生活习惯上，我会教育孩子自己的房间自己整理，使用完的物品及时归位，每样物品摆放端正。而且在要求她的同时，我也这样去做。而且我也会告诉她，整洁的环境有益于身心健康。也许有人会认为这样对孩子要求太多太苛刻，但我不这样认为，我觉得良好的教养将会是我能给予孩子的最大财富。

孩子像小树，成长的每一步都需要阳光、养分。作为家长，我会尽到自己的义务，不拔苗助长，也不任其野蛮生长。教育孩子，这是一门学问，其实我们一直是与孩子共同进步的。

边桐正的家长写得太好了，诚如她所说，我们的老师又何尝不是在与孩子们共同成长进步呢？在推动家庭、学校和社会形成养成教育合力的进程中，家校共育必定责无旁贷。而作为一名教育工作者，我更是深深地知道，不管我们是弘扬中华传统美德，还是传播现代文明新风，在家校共育的路上，家长，一定是我们永远的伙伴。

# "小种子"养成记

我校倡导朴素、沉静、创新、本真的种子文化，校徽更是以"5"和"1"为基础元素，设计成一颗正在萌芽的种子。它绚烂多彩，生机蓬勃，仿佛蕴藏着饱满的能量和无限的希望。我们以此来喻指每一名五一学子，希望他们都能像种子那样茁壮成长。

那么，我们又该如何培育这一粒粒可爱的小种子呢？

## 一、小种子和"千社千团"

自少先队以"我的微社团我做主"为主题开展"千社千团"活动以来，我们已经无法统计孩子们总共成立过多少社团了。这些社团成员有多有少，可以同班，也可以跨越班级、年级，甚至可以吸纳老师和家长们参与，只要有意义、有创意、有组织，就可以成立。在这些社团里，他们需要民主选举团长，需要利用零散时间自主策划、组织活动。活动开展得有特色的，学校大队会定期组织展示和评选：

"保护五景三园"微社团、"静默楼道"微社团、"明星领操员"微社团、"宁静午茶"微社团都在三年级。他们每周必开两次例会，交流感受，讨论问题，还要做简单的会议记录，而且每一次例会，团长最后都要进行总结。

四年级以中队为单位组建了以"民族团结，一班一族"为主题的微社团，每个中队都自己选择民族，自制展板，设立"民族讲解员"，组织团员们参加"民族团结"相关主题演讲。学生在活动中学习民族知识，增强民族团结意识，增强社会责任感。

五、六年级以队员喜爱的各种艺术、体育、科技类的小项目为基础，组建了各种展示队员风貌和才艺的"兴趣"微社团。如六（15）中队第五小队的"温馨午茶读书"微社团，共有 7 名成员。他们以"享受宁静，与书相伴"为口号，设定了图书管理员、书法指导员、美术总监、网络资料收集专家、好书推荐员和活动记录员，分工十分明确。他们利用每天午休时间，在午后温暖的阳光和轻柔的室内音乐的陪伴下，与班中所有同学一起读书。

可以说，"千社千团"活动的开展，极大地调动了孩子们主动参与校园生活的热情，营造了健康蓬勃的校园风貌，也提高了他们沟通、组织、协调、合作，以及自我教育的能力。

## 二、小种子和"App"

"种子习惯""21 天养成"等一系列 App 软件，是我们结合学生年龄特点和学校养成目标推出的以 Web2.0 为基础的个人素养培养策略，即"五一学子成就计划"。这种育人方式不仅为学生自我教育提供了灵活的平台，而且可以为老师提供大量可随时查找、统计的准确数据。经过尝试，我们得到了非常好的效果反馈：

一年级李老师：当我向大家推荐"种子习惯"这款 App 时，源源妈妈觉得非常欣喜，马上下载并学会了如何使用。她跟女儿商量并确定了她想养成的做家务的第一个小习惯——洗碗。源源在"打卡制"的提醒下，从不会拿碗开始，直到十几天后基本不用提醒能主动洗碗，甚至还不时地帮妈妈拿碗、摆筷子、盛饭，整理自己的书桌，可谓发生了巨大的变化。我也从这次经历中切身感受到了信息化的力量，同时也体会到教师职业的重要性。看来，在德育教育中融入信息化手段也是这个时代的需要啊！

三年级蔡老师："种子习惯"是国内首款基于时间管理的习惯培养 App，为超过 20000 种生活方式提供智能提醒、数据追踪等帮助，有三大功能非常适合小学生使用，那就是习惯管理、图文记录和闹钟提醒。经过考虑，我决定在班级同学中开展每日练字习惯培养。因为对于马上步入三年级的学生来说，课业负担还不是很重，加强书写练习会使他们受益终身。我在班级群里提出倡议后，得到了家长们的大力支持。毕竟，很多习惯的养成是需要家校间保持密切沟通、配合的。家长们下载了"种子习惯"App后，很快便学会了如何使用，每日练字习惯培养活动也很快在班级中开展起来。这个时候，信息化手段的优势便体现出来。我和家长都能实时监控、搜集数据、阅读图文，非常直观地看到学生练字的过程。而孩子们，也因为能上传照片进行共享，在相互比较中提高了练字的积极性。

这种新型养成教育方式不仅让老师们感到振奋，而且让参与其中的孩子们为之着迷。四（14）班金奕彤这样记录自己的"养成"经历：

在孙老师的推荐下，我参加了"种子习惯培养"打卡活动。初次进入App，发现内容太丰富了，有每天读书一小时、练字、背单词……我最喜欢的要数我们四（14）班体育打卡活动啦！

在我们的班级群中，有的同学选择跑步，有的同学选择做仰卧起坐，有的同学选择跳舞，我选择了跳绳。因为平时我跳绳并不是很好，所以我想挑战一下自己。第一天，我心里有点激动，一口气跳了200多个，我有些得意地想着："这挺容易的嘛！"接着我开始跳第二组。结果，我只觉得手臂越来越酸，腿越来越沉重，呼吸变得越来越急促，脚下的节奏乱了，开始不停地中断。唉，好累啊！停下来休息时，大颗的汗珠顺着我的脸颊流下来，连嘴唇上都是。最后，我第一天的成绩是800个。

第二天锻炼时，我的腿像灌了铅似的，有点儿抬不起来了。妈妈说，这是因为我平时缺乏锻炼，突然剧烈运动，乳酸堆积造成的肌肉酸痛，没关系，坚持下来就会好的。班主任孙老师也每天都点赞鼓励我。

之后，我每天跳绳的数量越来越多，从最初的800个增加到1200个、1500个、1800个。我每天都体会着绳过脚尖的感觉，虽然汗水流过脸颊，流入眼中，流入耳朵里，甚至还会顺着发尖掉落下来，衣服也被汗水打湿贴在身上，但我的心里却特别舒畅！现在，我每天都能跳到 2000 个了，耐力也得到了很大的提高。

在"种子习惯培养"活动中，我们班同学你追我赶，相互促进。虽然我们 21 天打卡很快就要结束了，但我相信自己已经养成了每天锻炼的习惯。未来我一定会继续坚持下去，让我的"小种子"长成参天大树！

二（9）班家长郭嘉明也在"动手做家务"打卡活动中给我们反馈：

一个好习惯，无论大小，都会让人受益一生。有感于学校和老师的良苦用心，每天一个小小的"坚持"，让孩子养成了自己的事情自己做的好习惯，让孩子在内心中，产生了一个"信念"，那就是：我坚持，我可以，我能行。

通过第一阶段的种子习惯"动手做家务"打卡活动，孩子们暑期在学习和娱乐之余，锻炼了劳动技能，培养了责任感，增加了自信心，提高了解决问题的能力，能够初步认识到作为家庭的一员所应担负的责任和义务。

孔子说："少成若天性，习惯如自然。"习惯就像孩子成长过程中最密切的伙伴，让他们在阳光下茁壮成长。21 天的习惯养成，让我们发现，孩子比我们想象中更优秀！

这就是小种子们的收获，这就是他们在自我教育中的成长！

## 三、小种子和"活动"

教育的最高境界是自我教育，而实现自我教育则需要有自我展示的舞台。为此，我们一直努力倡导把学生的舞台还给学生，通过各种活动，为他们尽可能地创造更多锻炼、展示的机会。

我校以北京市 2016 年新颁布的《中小学生日常行为规范》为基础，以"自我教育促良好行为习惯养成项目"为抓手，开展了一系列主题教育活动。特别是在"小种子养正养行"系列活动中，我们陆续开展了"养成良好习惯，助力幸福种子茁壮成长""说说我的幸福教室"等多项活动。我们还在各年级开展主题社会实践活动，一、二年级走进大自然，三、四年级走进农场，五、六年级走进园林博物馆。这些社会实践活动的开展，在帮助学生懂文明、守规则等方面发挥了巨大的作用。此外，我们还组织各种节日庆典活动，如妇女节、母亲节、元宵节庆典活动等，让学生在典礼和仪式中感受文化，养成习惯。

说到这里，我不由得想起2018年5月31日，我校首届"逐梦杯微电影嘉年华暨颁奖典礼"那天的情形。这届微电影节共设立最佳编剧、最佳摄像、最佳音乐、最佳创意、最佳纪录片、最佳宣传片、最佳故事片、最佳短视频和最佳导演、最佳男主角、最佳女主角11个奖项。每个奖项的获得者都是我们的学生，他们在活动中用"抖音""美拍秀"等方式记录下自己在家或在社区中劳动、锻炼的微视频，并由此充分激发了他们养成良好行为习惯的热情和积极性。当他们手捧获奖证书和逐梦金杯走上颁奖台的时候，我们有理由相信，他们的梦想也一定被点燃了。

还记得有一次，我在巡视的时候看到六年级一个名为"心灵之光"的班徽，一时好奇，便驻足细细端详它——那是一个大大的"心"，结果正巧被他们班里的"班级文化小讲解员"看到了。那个小姑娘立刻笑盈盈地跑过来，给我讲解："校长，我们班的班徽是一个大大的心，代表着全班同学心灵的交融，预示着我们班所有同学都对人有爱心、做事有恒心、对自己有信心，我们将在爱的氛围里，互相帮助，和谐进取，一起度过在五一小学最后一年的快乐时光！"稍稍停了停，她又指给我看心形下的一双大手和心形里的几株幼苗，继续对我说："这些创意都来自于班里的宣传员们，图形象征着同学们在老师和家长的呵护下，在温馨和谐的集体里茁壮成长，共同创造美好的未来！"小姑娘正说着，班里一个小男生举着个玩具也走过来，告诉我说，这是他们班的吉祥物，象征着大家和谐相处、团结互助、心心相连、共同进步，时刻准备着书写班级新的华丽篇章！

听着两个孩子充满感情地向我介绍他们的班级，从那娓娓的诉说中，我不仅感受到了他们对班级、对老师、对学校的真挚的情感，更打心底里明白了，孩子们其实是在活动中长大的。

### 四、小种子和自我教育

关于自我教育，我校高年级班主任姬老师有着特别深刻的体会。她是一位工作十分认真的老师，诸如班会、活动课，从设计到实施，总是亲力亲为。为调动学生的兴趣，让他们主动参与，她常常绞尽脑汁。可结果呢，往往事与愿违，课上经常是姬老师一个人自导自演，短短一节课，总让她感觉如此漫长。

"凡是学生自己可以干得来的事情，要让他们自己去干，决不越俎代庖，从小就要养成他们的自立精神。"一次"自我教育"工作经验交流分享会上的这句话算是一语惊醒梦中人，从那天起，姬老师真的就把"课堂"还给了学生，没想到果然事半功倍：

在学生自主设计的班会上，班长成了节目主持人。她在调动同学积极性方面很有自己的一套，把本来冷清的气氛推向高潮。学习委员更是神笔飞扬，记录下了一个个精彩的镜头，并把它们张贴在"展示栏"中，让同学们可以重新回味自己的精彩表现。最让姬老师吃惊的是，许多平时不爱发言的学生竟然也表现得特别出色，常常来个小幽默，整堂课上欢声笑语连成一片……

不过后来姬老师也和我说："其实孩子们的表现也不一定总是特别优秀，只是从来没有让我失望过而已。而我在这个过程中最大的收获也不是活动开展得如何，倒是我跟孩子们的关系越来越亲近，跟之前相比，现在他们有什么事，都特别愿意来找我商量，听我的建议……"

是啊，教育的目的到底是什么？我想，真正的教育一定是唤醒、激励学生进行自我教育，因为只有这样，我们的教育才算是真正被他们接受了。所以，用姬老师现在常说的话来提醒我们每一位老师，那就是"你敢给学生一个舞台，学生就会送你一个惊喜"。

# 构建课堂样态，推进教学变革

## 课堂教学范式"出炉记"

2014 年，《关于全面深化课程改革落实立德树人根本任务的意见》中明确指出，教育部将组织研究，提出各学段学生发展核心素养体系，明确学生应具备的适应终身发展和社会发展需要的必备品格和关键能力。2016 年 9 月 13 日，几经修改，研究成果《中国学生发展核心素养》终于正式发布，一时间，"核心素养"成了教育领域的焦点和热点。

此时，五一小学实施课程改革和"教与学"方式变革正值第四个年头，我们借改革深入推进之机正在系统梳理学校办学经验，尝试构建学校"幸福素养教育体系"。在这种强烈的育人理念的冲击下，我们的研究工作陷入了对"立什么德，树什么人"这一教育根本问题的思考之中，我们不得不站在培养学生必备品格和关键能力的高度，重新审视我们的课程和我们的课堂。

### 一、"争红了脸"

教学从来都是容不得半点马虎的。为了对我们的教学改革有一个更加全面而深入的了解，我们组织全体干部进行大讨论。讨论的议题有两个，一是分析目前我们在教学方面的优势与不足，二是提出在现有基础上有效推进教学改革的建议。

然而研讨之初并不顺利。试想，花费整整四年时间所取得的改革成果，就如同我们亲自哺育渐渐长大的孩子一般，我们倾注了全部的心血，怎容得有人对其指指点点？时至今日，我仍然特别理解我们干部当时的那种心情，在他们眼中，我们的改革几乎就是完美且卓有成效的。不过随着研讨的深入，大家的思想渐渐统一起来，开始沉下心来回顾改革历程，对照《中国学生发展核心素养》内容进行自我审视。于是，我们欣喜地听到了不同的声音：

虽然各学科在教学改革中都取得了很大的成绩，但改革还是显得缺乏整体性，需要在《中国学生发展核心素养》下重新进行建构；

"全息式"教育是否更加适合我们的教学发展；

"学科融合"未来必定会成为教学发展的一个重要方面，如何使之真正得到落实，还需要细致谋划；

…………

在谈及是否有必要构建一个能够统领各学科发展的纲领性结构的时候，大家的意见出现了分歧。虽然大家并不反对这种想法，但是各学科属性各不相同，如何最大限度地体现自己学科的特点，又能使之融入统一的框架当中，便成为摆在大家面前最现实的难题，也成为争论的焦点。

面对大家的争论，我却由衷地感到慰藉——争论说明什么？说明我们干部的思想是活跃的，说明他们对教学改革是有深入思考的。所以，我们不怕干部们"争红了脸"，因为，这恰恰是我们继续推动教学改革的关键所在。当争论声渐渐平息下来以后，我们惊喜地发现，大家已经能跳出学科，从教学的普遍性与五一小学的独特性来看待这一问题了。他们纷纷挖掘梳理本学科核心元素，并与其他学科进行碰撞，研讨也随之进入一个"求同存异"的新阶段。

## 二、"急红了眼"

思想上有了统一的认识，研究工作便随之展开。最初，研究小组提出的是"115课堂教学框架"，即一个体系，以体现课堂教学的信息化、跨界化、社会化；一个核心，以体现课堂教学的灵动相生、民主多元、和谐快乐；五个支柱：大气、和气、有底气的教师，想学、乐学、会学的学生，自主、合作、重探究的教学方式，丰富、互联、有效的课堂媒介，有广度、有深度、有效度的课堂评价。应当说，这一课堂教学框架关注了教学的方方面面，比较准确地反映了我校课堂教学的现状。但同时我们也发现其过于求全，从而缺乏独特性和明确的引领性。最后，我们没有办法，只能忍痛推翻重来。

紧接着，我们又拿出第二稿——"三色课堂教学模式"。"红、黄、蓝"三原色是我校校园文化建设的主色调，意在为学生的发展打好底色。同时，三原色又可演绎更加丰富的色彩，寓意我们将通过扎实而灵动的课堂教学和实践活动，让孩子们充分感受当下的快乐，促进他们多元发展、个性发展，为他们的未来幸福奠定素养基础。"三色课堂"更加聚焦了我们所追求的课堂目标，即强调课堂的互动性、对话性、研讨性，黄色课堂意为温暖，红色课堂意为热烈，蓝色课堂意为幽深。一时间，大家眼里都不由得生出一种兴奋。然而，没过多久，这种兴奋还是被我们再次深入的思考泼了冷水——教学形态比较单一，综合性体现不够。

的确，还是那句老话，教学是来不得半点马虎的，我们只能再来。令人感动的是，研究小组成员们因着急而熬红的眼里并没有透出丝毫疲惫与失落，反而充满了期待。研究的历程是艰辛的，在这一过程中，我们不知道推翻过多少想法；研究的过程又是让人兴奋的，因为随着认识上的不断深入，我们心底里每时每刻都会生出一种即将实现目标的成就感。

现在想来，这会不会就是"改革"给人带来的力量？

## 三、"笑开了颜"

当研究小组最终把我们的研究成果——"北京市海淀区五一小学智慧教学范式"拿出来的时候，我看到了洋溢在每个人脸上灿烂的微笑。说心里话，那时我心里充满了幸福与自豪。

我们的"智慧教学范式"以智慧课堂建设为基础，把发展学生的智慧作为教育的终极目标，体现了我们从教育研究视角对教学的基本理解。在范式中，我们把教师、学生、媒介三个教学中的关键要素，作为实现智慧教学的三个重要维度。

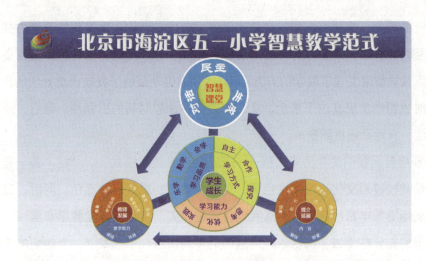

其中，"学生成长"属于目标主体维度，是智慧教学的原点，将带动教师和媒介两个维度不断优化和发展；"教师发展"属于实施主体维度，教师作为智慧教学的推动者，不仅发挥着积极的能动作用，同时又隐藏于学习的背后起到支撑作用；媒介是智慧教学的载体，因此，"媒介延展"属于实施手段维度，它会在不断更新中支持学生、教师发展的需求。这三个要素（维度）关联互动，相互促进，在优化发展中形成了"对话、民主、生成"的智慧课堂，并以此推动整个教学范式的不断优化，实现智慧教学发展智慧的目标，有效提升学生的幸福素养。

五一小学智慧教学范式体现了我们对于"建设怎样的教学"的一种理性思考，目的是促进学生的智慧生成与全面成长。它以学生为中心，把学生放在课堂中央，立足培养学习品质，改变学习方式，提升学习能力。同时，以教师发展和媒介延伸作为基点，共同构建的"对话、民主、生成"的智慧课堂，又是一种动态的课堂，其自身会在三个维度上不断自主优化，既丰富了智慧教学的内涵，更推动了它的持续发展。

在这一范式得到全体干部一致认可后，我们又在教师群体中进行广泛研讨，并邀请部分相关领域的专家给予指导，吸纳了很多有价值的建议，进而对"范式"进行了完善。至此，"海淀区五一小学智慧教学范式"正式出炉，开始引领我们的课堂教学改革，为我们后期开展各学科"课堂教学样态"的研究定了调子，明了方向。

　　2017 年教师节前夕，也就是我们的"智慧教学范式"推出仅半年多，教育部陈宝生部长就在《人民日报》上撰文："把质量作为教育的生命线，坚持回归常识、回归本分、回归初心、回归梦想。深化基础教育人才培养模式改革，掀起'课堂革命'，努力培养学生的创新精神和实践能力。" 这段文字言简意赅，却让无数教育人为之热血沸腾，一个根本的原因就是大家从中听到了"课堂革命"的号角。

　　这振聋发聩的声音尤其让我们五一小学的教师感到激动。我们从 2012 年开始进行课程改革和"教与学"方式变革，五年多的实践探索，五年多的风雨兼程，虽然我们深深体会到改革不易，但我们更深深品味到了改革的势在必行与利好。"课堂革命"不正是我们心底的声音吗？"为学生的幸福人生奠基"，为五一小学的发展绸缪，就让我们继续这场"课堂革命"吧！

　　虽然我们还不能准确描述再经过若干年的"革命"，课堂会发生怎样的改变，课堂又会是什么样子，甚至有时候，我们在行进的路上可能还会突然觉得不知道该怎么进行"革命"，但我们仍毅然决然地再次迈开了脚步，因为我们知道，没有这样的"革命"，我们就永远无法逾越过去；没有这样的"革命"，我们就永远无法挑战未来；没有这样的"革命"，我们的课堂就永远无法真正实现质的蜕变。

# 构建"样态"，探寻学科本质

有了课堂教学范式，我们进行"课堂革命"就有了目标。但如何才能让"课堂革命"真实发生，发生在每一个学科、每一节课，我们似乎还面临着许多新的挑战。为此，我们又开启了新一轮教学研究，那就是在"智慧教学范式"的引领下，构建各学科课堂教学样态，以此指导各学科的课堂革命，打造"民主、对话、生成"的课堂。具体内容就是：聚焦学科核心素养，回归学科本质，落实学科目标，培养学科能力。

下面，我便以语文、英语、科学三个学科为例，介绍其"课堂教学样态"构建的历程，期望敬爱的读者能管中窥豹，从我们的研究探索中获得点滴启示。

## 一、大语文观下"阅读教学"的变身之旅

长期以来，提升学生阅读能力是语文教学一项核心的任务。我校从 2012 年进行"教与学"方式变革之初，就在阅读教学领域进行"三读"教学的实验与探索：整合并重组单元内容，通过"预读""导读""自读"三种课型，围绕单元主题，从整体出发到聚焦具体课文，从有指导性的阅读学习到强化自读自悟，层层递进，层层深入，确实改变了原有阅读教学的面貌，取得了十分显著的效果。

但在落实"智慧教学范式"，构建学科课堂样态的过程中，我们也清醒地认识到，过去的变革，说到底仍然是一种基于单文本阅读的变革。面对日益为人们所提倡的大语文观，如何在有限的时间与空间内扩大学生的阅读量，使学生在大量阅读中，在文本的比对中学习语文，提升阅读能力，必然会成为阅读教学改革

的一个新挑战。为此，我们把阅读教学的深度变革聚焦到对"群文阅读"和"整本书阅读"两个领域的研究，并期望通过这两方面的研究，丰富原有"三读"教学的内涵，促进语文学科课堂样态的整体构建。

**1. 在"群文阅读"中品味语文的味道**

进行"群文阅读"教学的尝试有点像我们喝第一口咖啡，虽然闻着香气浓郁，但入口却立刻感到一种焦苦，让人不免产生放弃的想法。只有你肯细细品味，坚持把它喝完，你才会感受到它的醇厚与力量。下面这篇文章，简单记叙了我校语文骨干教师陈萍进行"群文阅读"教学实践的切身经历与体悟：

从事语文教学20年，教材意识、教参意识、以纲为纲、以本为本已经在我脑中根深蒂固。虽然我也知道，新课程理念下强调"一切为了学生的发展"，要从学生经验出发，教学要向儿童的生活世界回归，但真正要让自己站在"课程"高度，成为课程的建构者、践行者，甚至是创造者，这对我而言确实是极大的挑战。

不过难归难，总得去尝试才行。于是，我们把目光聚焦到了"群文阅读"上面。正如语文特级教师于永正所说："语文教学应当充满情趣，只有情趣盎然的课堂才能激发学生的学习兴趣，只有情趣盎然的氛围才能引领学生进入语文的自由王国。"在进行"群文阅读"尝试之初，我真的是怀着满心的忐忑在期待着一种改变。

为了更好地推进"群文阅读"教学的研究工作，我不仅重温了语文核心素养，而且与学校领导和身边的老师一起研究教材，琢磨教材的编写思想和体系架构。在此基础上，我和团队老师又一起对单元教材内容进行梳理重组，并查找相关资料予以补充完善。实践证明，当一个有意义的主题能够被深入探究，当学生能够围绕这一主题从不同文章、不同视角进行阅读、研讨、反思、建构，进而在认知上达成共识，学生单文本的"线性"学习就转化为多文本的"网状"学习。而这，恰恰是"群文阅读"的意义所在。应当说，我们把阅读教学由单篇引向群文，这种形式上的变化，背后所体现的是我们的教学理念发生的巨大变革。

下面表格所呈现的，就是我在教学"路"这个单元时，整体设计的学习任务群：

| 学习任务 | 学习活动 | 教学目标 |
|---|---|---|
| 赏古今名路，探寻文化内涵 | 初读课文，整体感知 | 独立识字学词，正确、流利、有感情地朗读课文，初步感知文章的主要内容。 |
| | 理解内容，体会情感（人文线） | 整合《天路》和《丝绸之路》，初步感受天路的建设者和丝绸之路的开辟者所具有的民族精神。 |
| | 对比阅读，领悟表达（工具线） | 对比《青藏铁路简介》和《丝绸之路》，体会两篇文章结构上的异同，学习《青藏铁路简介》和《丝绸之路》运用环境描写和细节描写刻画人物的方法，进一步体会天路和丝绸之路的意义和作用，深入感受天路的建设者和丝绸之路的开辟者所具有的民族精神。 |
| | 介绍名路，学以致用 | 查阅关于古今名路的资料，学习《天路》和《丝绸之路》的写法及结构特点，写一篇古今名路介绍，深刻感悟"路"的背后所蕴含的丰富的文化内涵。 |
| 品人生之路，感受民族精神 | 初读课文，整体感知 | 独立识字学词，正确、流利、有感情地朗读课文，初步感知文章的主要内容。 |
| | 理解内容，体会情感（人文线） | 学习《邓稼先的人生之路》，初步感受邓稼先无私奉献、热爱祖国的伟大情怀。 |
| | 深入阅读，领悟表达（工具线） | 体会传记的结构和语言特点，深入体会邓稼先的伟大精神。 |
| | 试写小传，学以致用 | 阅读《世界大人物丛书》，选择自己喜欢的人物，或是回顾自己的成长之路，借鉴《邓稼先的人生之路》的结构和语言特点，写一篇人物小传，树立文化自信。 |

由于学习任务的设计是在师生共同参与下完成的，因此学生在进行"群文"对比学习之前，就已经查阅了大量国内"名路"的资料，并优选出了自己心目中的"名路"，准备推荐给大家。在学习过程中，孩子们有充足的阅读时间，有集中的研究方向，他们尝试运用略读、浏览、跳读等多种方式进行阅读，实现了真实的生活化的阅读，并在提取信息、分辨信息、整合信息的过程中不断产生新的发现，从而提高了思考力、辨别力和欣赏力。

"老师们要两条腿走路，既做教科书学习的引路人，又做群文阅读的点灯人，在造福子孙后代的同时幸福自己。"这是崔峦老师曾经给我们的建议，一语道破了阅读教学变革的方向，我特别赞同。其实，我校还有许多如陈萍老师一样在阅读教学变革之路上进行探索的老师。多年来持续推进的"教与学"方式的变革已经在潜移默化中深入到每位教师的心中，一旦找到正确的方向，他们就会爆发出让人无法想象的强大力量。

### 2. 让"整本书阅读"提升师生生命境界

著名特级教师薛法根曾经说："理想的教育，能激活生命的潜能；而教育的理想，则能提升生命的意义。"我们该如何来提升师生的生命意义呢？

我们想到了"整本书阅读"。

2017年9月，以我校语文骨干教师金旭为核心的"整本书阅读"研究团队组建成立，"整本书阅读"研究工作正式启动。当时金老师正执教四年级，按学校"幸福阅读"课程计划，学生应当阅读的是曹文轩先生的《青铜葵花》。金老师率先垂范，与团队老师共同开启了"整本书阅读"教学实践之旅，也带着她的学生和青铜、葵花一起度过了一段美好的时光。她这样记录：

#### 镜头一：阅读推荐课——置换童年

手里拿着已经读过七八遍的《青铜葵花》，我轻轻推开教室的门：一如往常的"幸福阅读"课，一如往常的四十张稚嫩的小脸，一如往常的渴求的目光。"同学们，今天我们来说说自己的童年。你能用一两个关键词语概括一下自己的童年吗？"我问孩子们。

"累！"第一个声音来自小泽，"课外班太多了，奥数那么难做，弹吉他也很辛苦，我的手指肚都让琴弦磨出血口子了。""是啊是啊，我也是好几个课外班，我们素描老师真凶，从来都不表扬我们。""我上的课外班里还有一个讨厌鬼，自己不好好学，净给我们捣乱。"孩子们似乎抓到了一个"倾诉衷肠"的好机会，说得情真意切，简直是一发不可收。

我扬了扬手中的书，"既然大家这么不满意自己的童年，那我们就和曹文轩老师写的这本书中的人物换换童年吧。"我故意稍作停顿，"书中的主人公青铜，不仅没上过课外班，连上学的机会都让给了领养的妹妹，你们想看看吗？"于是，在我的指导下，孩子们迫不及待地打开书，阅读起相关的章节。十几分钟悄然流逝，我又问："谁愿意和青铜换换童年？"瞬间的沉默后，大家纷纷摇头。小泽若有所思地举起了手："我觉得青铜生活的年代不上学其实也是不行的，只是因为家里穷，供不起两个人上学，才放弃了上学的机会。我们现在这个时代，没有文化知识就会和社会脱节。"另一位同学也起身说道："所以我们不仅要学，还要多学、学好，这样才能在社会立足，这也是家长对我们的良苦用心。"

"是啊，不同的时代，让我们有了不同的童年。"我迅速环顾全班的孩子，然后郑重而又动情地对他们说，"青铜、葵花在那个特殊的年代，经历了自己人生中一段难忘的岁月，值得生活在当下的我们认真读一读，好好想一想，对故事情节、人物形象、背景环境都要有所思考。所以今天，我真心向大家推荐《青铜葵花》这本书。"

**镜头二：阅读指导课——体验苦难**

从那一天开始，每周的两节"幸福阅读"课，大家的话题就再也离不开青铜、葵花、嘎鱼，再也离不开葵花田、大麦地，离不开茅草鞋、冰项链，我和全班的孩子一下便融入了《青铜葵花》的世界。

一次，我们一起交流自己最喜书中哪位少年时，孩子们一致说他们喜欢葵花，理由是葵花善良，有感恩之心。他们还津津有味地向我讲述葵花的经历：她选择大麦地最穷的一家，和一家人共同经历种种苦难，尽自己所能帮助家里，还去江南摘银杏给奶奶治病……而与此相反，他们竟然一致不喜欢嘎鱼，认为嘎鱼太淘气，惹人讨厌，他家又太势利，把钱看得太重。面对孩子们这种淳朴的理解和体会，我问他们："你们想过嘎鱼那样做的原因吗？"孩子们先是一愣，明显没有想到我会有此一问。但随后他们便明白了我的意图，开始结合书中的内容展开讨论。最终，在我的引导下，他们终于体会到，其实嘎鱼的内心是朴实的，只是表达的方式不太能让人接受。为了能让孩子们有更深的认识，我又补充了很多背景资料，帮助他们设身处地地替嘎鱼着想，进而使他们懂得，在那个特殊的年代，物质极度匮乏，必须先解决吃饭问题，所以，嘎鱼的所作所为其实是烙印着时代印迹的。于是，孩子们开始接受这个少年伙伴，甚至还有人说，后来嘎鱼给奶奶送鸭子其实是挺让人感动的。

在探讨这个话题的过程中，争议最大的要数青铜。大家既喜欢他的朴实宽厚，处处为家人着想，可又不接受他的表达方式，认为他太固执，很倔。的确，青铜的生理缺陷使他的行为异于常人，甚至有时候连最能理解他的奶奶都束手无策。然而，当孩子们和我一起站在青铜的角度去想问题时，他们忽然发现，这其实恰恰说明了作家刻画的人物是有血有肉的。

是啊，孩子们的阅读不正是要经历这样有血有肉的精神之旅吗？就像小瞳说的那样："大麦地人们的生活是艰难的，经历的灾难太多了，每一次都是生死考验。可是青铜这一家人每一次面对灾难，都不离不弃，全家人齐心协力战胜灾难，这样的一家人是令人敬佩的。他们虽然穷，但是他们幸福。"

### 镜头三：阅读分享课——感受幸福

2017 年 9 月底，我们长达一个月的《青铜葵花》的阅读之旅即将结束，我和孩子们同来自北京其他区县的近百名教师一起上了一堂阅读分享课。课堂上，我布置了这样一个任务："请你们在设计好的工作纸上，以学习小组为单位，为青铜这个人物贴标签。标签要使用关键词，用小标题概括相应的事件。"

一阵热烈有序的讨论后，扎板上异彩纷呈。我和学生们都惊奇地发现，在各组的标签中竟然都不约而同地出现了"爱妹妹"这个关键词，只不过事例不同而已。我问孩子们，在"爱妹妹"的背后，你们又能感受到青铜什么样的内心世界呢？短暂的思考之后，小涵发表了见解："我觉得青铜认为自己是哥哥，应该照顾好失去父母的葵花，让她感受到家的温暖。而青铜让出上学的机会，还有做冰项链，做南瓜灯，包括让葵花骑在自己脖子上看马戏，都没有觉得自己有什么可委屈、可抱怨的，因为这在他看来就是应该做的。所以我想，他在做这些事情的时候，心里一定是幸福的。"

"我也这样认为。不过我给小涵补充一下。"小同接过话茬儿，"我觉得青铜不仅仅在对待葵花的时候是这样的，对家里其他人也是这样。下那么大雪，他一个小孩子去卖茅草鞋，在雪中站了那么长时间，这不应该是大人做的事吗？可他还是勇敢地承担了这个重任，想着能照一张全家福，心里就会很幸福。""还有还有，"小歌没来得及站起来就抢着说，"屋顶刮跑了，青铜和爸爸一起去割茅草，任劳任怨，简直就是家里的顶梁柱。最后一家人住进了有金屋顶的茅草房，这是多么幸福的事啊！""我觉得这就是责任，青铜尽了自己作为家里一员的责任，给家人带来了幸福，自己也是幸福的。"……

此时此刻，面对孩子们的阅读分享，我忽然觉得，我的这节"整本书阅读"课似乎已经不那么重要了，重要的是，整本书的阅读已经为孩子们的心灵觅得了一片可以栖居的幸福乐园！

上述"群文阅读"和"整本书阅读"仅是我们语文教学研究历程中阅读教学领域的一个缩影。"群文阅读"也好，"整本书阅读"也罢，在这种大语文观的影响下，我们的阅读教学就是这样一步步发生着深层次的蜕变。实践探索是一个长期的过程，我们不仅有理由坚信，而且始终坚持前行。也正因如此，在有效落实"智慧教学范式"，深化"三读"教学内涵，打造智慧课堂的旅途中，我们终于成功构建了表达我们自己对语文教学独特理解的"语文课堂教学样态"。

## 二、"主题化"教学策略开启英语学习新天地

英语学科在课堂教学样态研究过程中，聚焦英语学科学生核心素养，采用"主题化"教学策略，通过"主题—话题—交际"等教学步骤，引导学生通过"自主、协作、探究"等学习方式，在主题活动过程中形成语言能力，深化对主题的认识，实现语言意义学习与语言形式学习的统一。基于这样的思路，我们把主题单元教学分成"主题理解、主题实践、主题拓展、主题分享"四种课型。

下面以乔菲老师执教六年级下册第六单元的教学研究为例，简要描述我们的思考与实践。

这一单元原话题为 Summer Vacation，内容由五个课时组成。因为学生当时正面临小学生涯的结束与中学生涯的开始，而教材中所涉及的旅行计划、旅行经历、购物等方面的内容又相对单一，所以乔老师便依据学生认知水平和实际需求，将原单元主题改为 A Great Summer Vacation。这样调整，有三个根本性的目的：一是期望在各课时小主题支撑下，能引导学生综合使用语言进行表达练习；二是希望能用一个更有意义的学习话题，帮助学生在实现知识结构化关联的基础上，

进一步巩固各知识点；三是希望在复习过程中培养学生合理规划生活的能力，为他们上中学前能度过一个有意义且丰富多彩的暑假做好相应的准备。

例如乔老师执教第二课，即主题拓展课"A Plan For Summer Vacation Trip"时，就是通过给 Linda 提旅行建议，来引发学生深层次思考，探讨如何合理制订自己的暑假旅行计划。主题拓展课是针对单元主题的学习内容进行有针对性拓展的一类课型，其目的是帮助学生在语言的运用中，更加牢固地掌握所学知识。

课上，乔老师设计的 Odd one out 游戏，充分体现了学生思维的敏捷性与多样性，而有关旅游文本的输入则展现了学生在阅读中进行分析、思辨、判断的过程，还有班级分享给 Linda 的建议，对培养学生的批判性思维确实发挥了巨大的作用。所有这些活动都关注了学生思维品质的发展，学生通过参与学习活动，在有机整合并内化所学内容，构建知识网络，进行迁移和创新的同时，培养了高阶思维能力，提升了学习效能。

纵观这节课的教学设计和实施效果，我们清晰地看到了英语学科"主题化"教学策略支持下所呈现出来的课堂教学样态，同时也明显感受到了这种样态背后所体现的教学理念：以主题意义探究为目的，以语篇为载体，在理解和表达等语言实践活动中，融合知识学习与技能发展，注重英语学科核心素养的落地生根，倡导通过深度学习提升学习效能，通过感知、预测、获取、分析、概括、比较、评价、创新等思维活动，建构结构化知识，在分析问题和解决问题的过程中，发展思维品质。"主题化"英语教学模式强调对于语言所表达的意义的学习，但并不忽视对于语言形式的学习。通过主题与话题的建构，学生不仅学习有关社会生活的知识，而且学习词、短语、句型和语法的知识，使意义与形式在学习过程中有机地结合起来。

英语的学习同语文的学习从一定意义上讲是有一致性的，毕竟都是语言的学习。所不同的是，英语的学习对我们而言，既没有母语基础，更没有母语环境。为此，我们在研究构建英语学科课堂教学样态的过程中，充分考虑英语学习的特殊性，借鉴布鲁姆的认知规律，从"使用"语言的角度思考我们的课堂。实践证明，我们英语学科的课堂教学样态是能够体现学校"智慧教学范式"理念的，是能够体现我校英语课堂新特点、新面貌的，是对学生英语学习有实际效益的。

## 三、在探究活动中埋藏科学的种子

《小学科学课程标准》指出，小学科学课程是一门基础性课程、实践性课程、综合性课程，并强调探究活动是学生学习科学的重要方式，强调要通过学生亲身经历动手动脑等实践活动，了解科学探究的具体方法和技能，理解基本的科学知识。

我们对科学课堂教学样态的研究，是围绕《小学科学课程标准》展开的。结合"智慧教学范式"中教师、学生、媒介等相关维度要求，也基于我们对学科本质的认识，我们将"探究活动"确定为科学课堂教学样态的研究核心，设计了"观察探究""实验探究"等多种课型。以"观察探究"为例，这类课型主要以观察为主要手段和内容来组织教学过程，教师要指导学生有目的、有计划地利用各种感官对自然现象、物体特征及属性、动植物生长及其他习性等进行系统的观察、感知，以获得知识、经验，培养观察、分析、比较和概括等诸多能力。而"实验探究"则更多基于问题出发，通过实验手段去研究并解决问题，进而达到对原理、现象的认知和对各种能力的培养。

在进行科学学科课堂教学样态的研究过程中，我校王洁老师上过《种子的萌发》一课，不但给科学组的老师带来很多启示，她自己也在这个过程中加深了对科学课堂应有面貌的认识。下面就是她对自己的思考和授课过程的一个简单描述：

为体现科学学科核心素养中的"结构与功能观"，在执教《种子的萌发》一课之初，我就在思考：到底怎样才能更好地让学生感受到种子的结构与功能之间的关联。为此，我放弃了传统教学中为学生提供多种双子叶植物种子，进行多次解剖、观察的教学方式，而转为选择一种植物种子，并在对它的研究过程中加强学生对种子各部分结构与植物生长发育之间的关联的认识，进而赋予这节课更深层的意义。

课前，我每隔一段时间便会分批次种下一些蚕豆种子，在种子萌发之后，又将其移植在透明塑料杯中，而且保持它们方向的一致，标好号做好记录，以便观察胚根、胚芽和子叶的变化。结果我发现，同组的蚕豆在不同的阶段各结构的变化非常明显，能够真切地观察到种子吸水膨胀、胚根突破种皮、胚根继续向下生长、胚芽从子叶中长出且有向上生长的趋势、胚芽向上生长、胚根长出须根等阶段，特征都十分明显。

课上，我首先组织学生对蚕豆种子进行解剖和观察，引导他们在实践中了解蚕豆种子由胚根、胚芽及子叶三个部分组成；随后，请他们分组探讨"植物的根、茎、叶分别是由种子的哪个部分发育而来的"这个问题，引发学生的深度思考。在大家各持己见且都具有"充分"的理由时，我将之前种下的不同阶段的蚕豆提供给他们，请他们再次通过观察、比较去寻找答案。结果，他们在探究中发现了不同阶段种子各个结构的形态、生长方向等方面的不同，并从中得到自己的结论："我发现胚根在萌发的最初阶段原本是向上的，后来它逐渐拐弯儿又向下了，而且到后来，我还看到它长出了很多的须根，所以我认为是胚根发育成了植物的根。""我发现胚芽本来就是圆圆的，不像胚根那样尖，所以我本来猜想它会变成植物的叶子，后来我们看这几个不同阶段的植物时，发现它从子叶里长出来后就不断向上生长，确实长出了叶子，并且还有茎，所以这跟我们的猜想并不完全一致，因为茎和叶都是由胚芽长成的。"……

通过王老师的描述，我们可以清楚地看到，学生在观察、比较与推想中将种子的各部分与其生长建立关联的过程，实质上就是他们进行科学探究的过程。这种探究带有明显的自主性、实践性与问题指向性特征，而这也恰恰是我们科学学科对课堂教学样态进行研究的核心所在。

"聚焦学科核心素养，回归学科本质，落实学科本分，培养学科能力。"课堂革命永远不会有终点，我们在"智慧教学范式"引领下开展各学科课堂教学样态的研究，只是我们在"课堂革命"道路上的一种阶段性尝试与探索，我们乐于为此付出更多的努力，因为我们清楚，只有变革才能发展，只有发展才能适应。

# 寻求"教与学"方式的变革

　　面对新的世纪，面向未来的教育，我们深刻意识到，在推进"课堂革命"的道路上，不仅要从学科内容入手，不断探寻学科本质，还需要在"教与学"方式的变革上做出更多努力，只有这样，我们进行"课堂革命"才会有更大的突破。我校自 2012 年进行课程改革开始，就在"教与学"方式的变革方面展开了研究。一路风风雨雨，至今已经走过了五六个年头。从最初强化能力的培养，到后来关注学生的发展，再到现在关注学科融合与信息技术的课堂应用，都真实记录着我们在通向未来学校发展道路上的思考与实践，也体现着五一人与时俱进的教育追求与情怀。

　　下面，便与大家分享几个我们进行"教与学"方式变革的小案例：

## 一、倾听学生争论的声音

【执教教师】田桂梅

【案例描述】

开课伊始，田老师出示自学提纲：

　　1.什么是相交？什么是垂直？画一画或折一折，并说说相交和垂直有什么相同点和不同点。

　　2.在同一平面内，两条直线有什么样的关系？

　　3.你还有什么疑问？

明确学习要求后，学生开始自学，并把自己的收获写在作业纸上。

随后，田老师组织学生进行互学。她把学生按4~5人分成若干小组，并为小组内同学编号，要求他们每个人都要在组内发言，特别是平时发言少的，以便给更多同学展示的机会。同时，田老师还要求大家认真倾听组内其他同学的发言，并帮助他们修正自己的想法。

分组互学后，田老师又组织学生进行汇报交流。汇报交流中，孩子们对前两个问题解答得都很好，但在交流第三个问题时却出现了分歧。

其中一个孩子提出这样的两条线（见右图）是什么关系。问题刚一提出，很多同学便高高举起了小手。田老师请一名学生在黑板上边画边说明：直线是可以向两端无限延长的，所以它们应当是相交关系（见右图）。

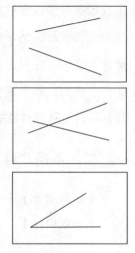

紧接着，有学生在说相交与垂直的不同点时关注到了角，并强调垂直是相交成4个直角，而相交却形成两个钝角、两个锐角。结果没想到的是，平时特别爱思考的同学小德立刻站起来说他有疑问，然后到黑板上画了一个角（见右图），并解释说："这是一个角，它们也相交了，并且还有一个交点，但是我们只看到一个角。"

一石激起千层浪，小德的想法立刻引发了大家的议论，有几个孩子迫不及待地冲到黑板前，用刚刚学到的知识把角的两条边延长，以此来证明"四个角"的结论。可听了同学的解释，小德却急了，他红着脸反驳："角的这两条边是不能延长的。"其他几个孩子则异口同声地反对："能延长。"再加上一旁还有几名小德的支持者，双方随即陷入争论之中。

见孩子们只强调结论，却不谈原因，田老师便把话茬儿接过去，请小德来说说他的理由。小德马上来了自信，边比画边讲解："角的两条边都是射线，所以是不能延长的。""是啊，"田老师又适时接过小德的话，对全班孩子说，"我们判断两条线的关系是垂直还是平行，都是在直线的基础上研究的，而角的两条边是两条射线，虽然从表面上看有密切关系，但实际上却有本质的区别。"看到孩子们频频点头表示认同，田老师又接着说："那我们应该感谢小德同学什么呢？"

有的同学说："他提了一个很好的问题，引起了我们的思考。"

也有的同学说："老师，这个问题让我们明白了角和直线相交的区别。"

…………

【评价反思】

苏霍姆林斯基说："孩子提出的问题越多，那么他在童年早期认识周围的东西也就愈多，在学校中越聪明，眼睛愈明，记忆力愈敏锐。"田老师这节数学课是我校在数学课堂样态研究工作中开发的一节"自学互学"课课例，在这类数学课中，教师要围绕学生的"自学互学"来设计学习活动，以此为学生提供质疑、辩论的空间。应当说，这种学习方式的转变不仅培养了学生质疑的意识和能力，提升了他们的数学素养，而且使我们的老师在课堂上能够真正倾听来自学生的声音，进行更有针对性的点拨指导。

## 二、不用"讲"的数学课

【执教教师】宋有青

【案例描述】

…………

小组汇报结束后，宋老师气定神闲地问大家："还有补充吗？"

学生们都摇着头说："没有了。"

"真的没有了？"宋老师神秘一笑，站在门边继续说，"那长方体、正方体和圆柱体的表面积之间有什么关系呢？这三个公式有可能合并一下吗？"听了宋老师的提示，各小组同学立刻会意，大家纷纷应和："老师，您别着急讲，先让我们研究研究！"本来已经安静下来的班级瞬间又热闹起来。

没过一会儿，便有一个小组兴奋地跑到讲台上，大声宣布："大家停一下，我们有新发现了！"其他同学的目光都投向了他们。一个男孩带着点儿得意地代表他们小组接着说："正方体和圆柱体的表面积公式可以合并成一个，都可以用侧面积加两个底面积表示！正方体的外侧四个面加起来就是它的侧面积！"他一边说，还一边在黑板上画起图来。"哦，对啊！"同学们忍不住给这个小组鼓起掌来。

这时，一个学生忽然站起来说："宋老师，我想用一下您的教具，行吗？""当然可以啊，你自己到讲台上挑吧！"宋老师一如既往地微笑，看着这个孩子走到讲台前，拿起长方体和圆柱体模型教具，左看看，右看看。起初，大家还有些困惑，但随后有几个机灵的孩子不约而同地喊起来："我知道了！我知道了！"见还有同学仍旧一头雾水，宋老师马上示意这些有想法的同学稍等等，再让其他同学想想。

几分钟后，当看到孩子们的手陆续举起来时，宋老师才让之前的那名同学说说他的想法。结果那名同学一语中的，指出长方体的前后左右四个面的面积也是长方体的侧面积。看着满脸兴奋的孩子们，宋老师继续引导："道理是一样的，可公式还是很不同啊！"

是啊，怎么才能把公式统一起来呢？大家又陷入新的思考，而且有的小组之间还交流讨论起来。又过了一会儿，终于有个孩子跑到讲台上，在黑板上写下了："$S_{长、正、圆柱}=底面周长 × 高 +2S_底$"，并且用调侃的语气问大家："谁能看懂我们的想法？"

…………

【评价反思】

"提出问题—解决问题—产生新问题"，这既是一个思维逐步深入的过程，更是学生实现自主学习的一种基本方式。在这种学习方式营造的学习"场"中，哪怕那些平时学习有一定困难的学生也会变得聚精会神，学得津津有味。叶圣陶先生说"教是为了不教"。宋老师面对学生的"不用讲"，没有反对，而是真的站在了一边，不断帮助学生自己去研究，去探讨，巧妙地达到了"不用教"的目的。而这样的课堂，才能真正成为学生的课堂。事实证明，只要我们敢于给学生一个成长的空间，他们往往就会给我们一份意外的惊喜。

### 三、我的学习我做主

【执教教师】王新

【案例描述】

六年级是小学阶段学生对所学知识技能全面运用的重要阶段，放开手脚，给他们属于自己的学习时间与空间，在实践中促进他们良好习惯的形成和自学能力的提高，是这一阶段教学工作的一项重点内容。为此，王新老师在开学后的第二周就开展了古诗自主学习周的活动。

活动前，王老师先向学生做了一番宣传员与要求说明，学生都显得极为兴奋，受惯了"约束"的他们忽然能够选择自己喜欢的方式来学习，能够为自己的学习做主，可想而知，他们内心会怎样的向往之情！

然而兴奋归兴奋，语文书中的古诗文内容到底怎么学，用什么样的形式学，又学到什么程度，还有小组内如何协作等这些问题不是单凭高兴就能解决的。不过既然是自主学习，老师自然不会过于干涉。王老师把这些问题全部抛给了学生，并告诉他们自学周后还将安排古诗词的专项测试。这无疑给正在兴头上的学生泼了一盆冷水，让他们马上冷静下来。

随后，王老师留给学生一节课的时间用于商讨并制订古诗自主学习周的学习计划。各小组汇报交流时，王老师意外地发现，孩子们竟然把每天的学习内容、主讲人员、分工、学习古诗的方式、带哪些参考书都考虑到了。甚至他们还想到在老师测试前，先自己出题进行自测。结果，王老师本来为学生准备好的"学习建议"（PPT）竟然没了用武之地。

自主学习周中，虽然偶尔会有小组带着有争议的问题去寻求王老师的帮助，但大部分时间，各小组同学都在自己开展学习活动，而王老师却实实在在"闲"了下来。课堂上，学生们分小组学习，小声交流的有，大声争论的也有，甚至还有开怀大笑的。王老师则不时走到某个小组旁边，听听他们是怎么学的。当然，这其中不放心的心思还是居多。

…………

【评价反思】

自主学习周结束后，我们看到学生这样来表达自己的学习体验：

通过这次自主学习，我们对自己多了了解，会做计划安排，会交流分享。这次体验对我们以后的学习会有很大的帮助。

我们每一节课分工都很明确，先复习，再新授，再检测。老师不在场，我们组却十分和谐，我觉得，我们自学的学习效率比跟随老师学习还高呢！

实际上，自己学习要比老师带着还要有用，因为自学是自己想学，愿意学，得到的成果也多。我想，如果以后的课都自学，那该多好啊！

…………

看着孩子们的总结和课堂测试的成果，回想他们学习的历程，我们不禁感叹，什么才是学习？知识吗？能力吗？还是学习经历本身？在进行"教与学"方式变革的道路上，我们不就是要让学生成为学习的主人吗？

## 四、在学习技法中丰富情感体验

【执教教师】巩咏晖

【案例描述】

一节美术课上，同学们专注地看着"绘本故事"中那呆萌可爱的小猫头鹰，巩老师则在讲台上绘声绘色地给他们讲述小猫头鹰的故事。孩子们都被故事中勇敢的小猫头鹰所感动，不由得喜欢上了小猫头鹰……

可能你们很难想象，这其实是巩老师上的一节国画课。学生对于猫头鹰这种昼伏夜出的大鸟虽然知道，却不甚了解，为增强学生的情感体验，巩老师大胆创设问题和情境：

1. 猫头鹰也和人类一样，它们也会不高兴，也需要朋友，也会害怕，并且也有责任感……

2. 你们想创编一个关于猫头鹰的故事吗？请你也画一个故事中的场景，并把你的想法讲给大家。

巩老师边讲述边通过课件演示猫头鹰的各种动态和神情，深深地打动了孩子们稚嫩纯洁的心。随后，巩老师又引导学生带着这种情感学习绘画技法。因为对小猫头鹰产生了喜爱的情感，所以在技法学习的过程中，学生丝毫没有觉得枯燥。巩老师告诉孩子们，中国画特别讲究浓淡干湿的变化和对比，哪里用干笔比较好，什么地方的水分则要多一些，哪里需要浓一点的墨，什么地方的墨则需要淡一点，这些，其实都在表达着绘画者内心的情感。她还细致地指导学生怎样通过浓淡干湿不同的用笔来表现猫头鹰漂亮的羽毛，画出那种毛茸茸的可爱的感觉。

学生虽然在尝试绘画的过程中并不总是十分成功，但却丝毫没有影响他们对小猫头鹰的喜爱和对国画的兴趣。而正是这份积极的情感促使他们不断用笔墨来表达自己的想法。他们的笔墨或许还不娴熟，他们笔下的猫头鹰或许并不够好，但在他们的眼里，那一只只小猫头鹰却无比的漂亮、威风、呆萌、可爱……

【评价反思】

长期以来，儿童对于国画的学习，不论是内容还是技法，都沿袭着传统临摹的方式，要通过形象技法的分析与演示，按一定的程式来学习。这样的学习虽然能较好地掌握中国画传统技法，但过于成人化，约束了学生的童真童趣和创造性。学生对所学内容缺少真实的情感体验，学习兴趣不高，同时受传统审美理念制约，学生对艺术表现的拓展和艺术风格的多样性也受到一定限制。为改变美术课堂的这种面貌，我们在美术教学中积极倡导从关注学生情感体验入手，以此激发学生的审美需求，引导他们用绘画等艺术手段来表达自己内心的情感。这种学习方式的改变，彻底改变了我校美术课堂的学习生态，使美术课堂不仅更符合儿童特点，而且更具生活气息。

## 五、带着"课题"进课堂

【执教教师】孟宪堃

【案例描述】

"品味民族"研究主题布置下去的第二天早晨，静静——孟老师班里10个研究小组长中的一个，就等在了孟老师办公室的门口。

一见到孟老师，她就迫不及待地拿出他们小组准备开展研究的表格，上面记录着组员分工、想要研究的具体内容和呈现的形式，看起来还真挺像样的。接着，她又饶有兴趣地翻着搜集到的一些资料说："老师您看啊，主题是品味民族，所以我们想了解一下满族，满族有很多风俗习惯和汉族不一样。而且我们组有一个组员就是满族的。"

"那你们准备了解些什么？准备怎么了解呢？"孟老师问静静。

听孟老师这么一问，静静似乎早有准备，立刻提高了嗓门，边掰着手指边兴奋地汇报："首先是美食呀，然后还有服饰，还有他们的传统习俗，比如一些传统的节日呀、活动呀什么的。"

孟老师看着她们在网上下载的文字和图片，想了想，便提示她："你们想了解满族没问题，你们想了解这些内容也没问题，但是你们找到的这些都是网上的文字和图片，任何一个人只要上网都能找到，这个就谈不上什么深入了解，只是复制粘贴而已，而且因为这些资料来源于网络，很多内容的真实性也有待考察。所以我建议你们规划一下，既然组里有一个满族同学，你们可以向他的家人了解一下满族的习俗，你们还可以去图书馆查阅相关资料，看看在中国历史上的满族著名人物、重大事件，等等。另外，我还觉得如果可以，你们可以利用周末或者小长假让满族同学回老家的时候问问在老家生活的人，这样你们的调查内容就更丰富，而且更准确了。"

…………

一个月后，静静再次拿着一沓资料和一个U盘找到孟老师。这一次，她带来的资料极其丰富，不仅详细描述了满族生活地区的自然环境、服饰等方面和中原地区的差异，而且还记录了满族的许多重大历史事件，尤其是清朝满族统一全国，满汉同殿为臣等内容。U盘里的PPT更是图文并茂，甚至还有一些视频资料……

周五下午，静静和自己的组员面向全班同学进行研究成果汇报，引发了同学们极大的兴趣。

——看到清朝满族士兵的盔甲图片时，很多同学边笑边说："这是什么头盔呀？跟红缨枪似的。"也有同学觉得特别威武，不禁感叹道："这个真帅，而且满身的铆钉扣，还挺潮。"

——当听到著名文学家老舍也是满族人的时候，有的同学感到十分惊讶："啊，老舍也是满族人？还是正红旗？"还有同学很疑惑："正红旗是什么？什么是八旗子弟？"

……直到下课，班里的同学依然意犹未尽。

【评价反思】

什么是学习？学习从来都不是只在课堂中才能发生的。作为一位年轻教师，孟老师在班级中带领学生开展小课题研究，不仅丰富了学生的学习生活，更是在课堂与学生的生活之间架起了一座桥梁。有了这座桥梁，学生将再不是课堂中孤立的学习者，而是生活的研究者。带着"课题"进课堂，这正是我们的课堂越来越综合化的一种呈现方式，也是学生学习越来越开放的一种实践方式，而我们也特别期待能以这样的方式，为孩子们呈现一个更加丰富多彩的世界。

## 六、规划我自己的旅行

【执教教师】王倩

【案例描述】

课上，王老师首先展示了一幅中国地图，并将课前调查的学生寒假想外出旅行的地点标注在了地图上，然后请学生观察后谈自己的发现。结果学生在交流中发现，同学们大多数都倾向于去南方。紧接着，王老师又利用柱状统计图的形式呈现出想去每个地点的具体人数，请孩子们用数据说话。这个过程不仅需要孩子们能够读懂统计图，还需要他们结合之前的发现分析数据背后的结论。

通过上述两个环节的教学，学生的学习兴趣被充分调动起来，视野被打开，思维也得到了拓展。从观察到分析，他们在不断地发现与交流中逐渐从外显的现象走向了理性的认知。

随后，王老师提出了这节课的学习任务：制订自己的旅行计划，并组织学生采用小组分工、合作的方式，让他们亲自经历整个旅行方案制订的过程。在这一过程中，王老师不仅指导学生们利用互联网现场搜索相关资料，培养他们信息检索的意识和能力，而且还指导他们进行资料的阅读与筛选，提升他们的文本阅读能力与资料整理能力。整节课下来，孩子们在设计旅行方案的过程中，很好地了解和运用了各学科的知识、技能，培养了他们的沟通、协调、交流能力，提升了综合应用能力，同时也使他们初步体验了做事情要经历整体规划—细致设计—调整反思的过程。

【评价反思】

为学生提供真实的旅行情境，帮助他们在制订旅行方案的过程中学习知识，提升能力，规划自己的旅行，并鼓励他们按照自己的"旅行方案"在假期去旅行——学以致用，把学习与生活紧密联系，致力于解决生活中的实际问题，这既是我们的初衷，更是我们做教育工作要达成的终极目标。

或许上述几个关于"教与学"方式变革的小案例，还不足以说明我们在改革之路上所做出的全部探索与努力，但无论如何，面对新的时代，我们必须不断在变革中寻求突破，因为这既是教育者的责任，更是教育者不可推卸的历史使命。

# 邂逅成长中的自己

所谓"课堂革命"，首先"革"的其实是教师的"命"。无论是教学内容的变化，还是学习方式的改变，都决定了教师再也不能像以往那样按部就班地开展教学工作。相反，他们必须不断更新自己的教学理念，不断提升自己的专业水平，不断在这种变革中有所创新，只有这样，他们才能不断适应今天的课堂，适应未来的教育。而从这一意义出发，"课堂革命"的过程就是教师成长的过程，我们的老师总能在这种成长中邂逅更完美的自己。

吴建欣老师是我校一名语文骨干教师，在学校长期担任教研组长工作。2017年6月，我们牵头成立"北京市教育学会幸福素养教育研究会"。在研究会成立大会上，吴老师代表学校语文团队做了一节以"群文阅读"为主题的展示课，在与会代表中产生了广泛的影响。事实上，吴老师虽然已经从事语文教学工作多年，但她对"群文阅读"的研究也是刚刚起步。在此之前，我校一直在开展"三读"课型的研究，从单篇文本阅读到"三读"课型的大单元主题教学，应当说对老师们而言已经是一个全新的挑战。但作为学科骨干，吴老师没有仅仅满足于此。从2016年起，她与其他几位志同道合的老师便在张育红副校长的带领下，开始了"群文阅读"和"整本书阅读"的研究工作。她曾经这样回顾自己最初接触"群文阅读"研究时的感受：

还记得学校第一次要上"群文阅读"的研究课，当时领导把任务交给了我，我是既兴奋又忐忑。群文课虽然听说过，不算一无所知，但是这样的"课"到底该怎么上，我还真是一头雾水。不过多亏我不是一个人在努力，在我的背后有领导的支持，更有语文智囊团的出谋划策。

那一次，吴老师的"群文阅读"课讲的是《美丽的小兴安岭》和《富饶的西沙群岛》两篇课文。这是两篇十分传统的课文，我们很多老师都听过，甚至自己也讲过。但我相信，恐怕还没有哪位老师尝试过把这样两篇文章放在一起来教。然而吴老师这样做了，她把教学定位在通过两篇文章的对比阅读、探究文本差异与共性的基础上，体会并学习文章的表达方法。后来，吴老师在反思中描述了她上这节课的经历，让我们体会到上这样一节课确实不容易，同时更体会到了这样的课所具有的价值与意义：

备课过程中，从选课到磨课，迎接我的是一次次挑战，一次次锤炼。最先让我煞费心思的就是组文，到底把什么样的文章放在一起进行教学才能达到我们预期的效果，着实是一件让人头疼的事。大家翻阅各个版本的三年级教材，甚至到课外寻找文章，目的就是期望能找到最经典的同体裁、有特点的课文。功夫不负有心人，在大家的共同努力下，我们最终从北师版和北京版教材中选中了这两篇文章。随后，新的问题又摆在了我们面前——一堂课时间有限，课文数量却增加了，而教学又肯定不是两篇文章简单叠加的问题，我该怎么办？我便反复细读文本。读着读着，我发现两篇文章都在描写祖国河山之美，表达热爱之情，同时，两篇文章在结构与表达方式方面也有着许多共通之处，而且两篇文章均语言优美，益于学生在朗读中感悟、积累……

课后，我忍不住问班里的孩子："这样的课你们喜欢吗？"……其实可能也无须多问，我从孩子们明亮的眼睛里和灿烂的笑容中早已经得到了答案。大家也都认识到，这样的课堂，摆脱了以往单文本教学的桎梏，以更加开阔的视野促进了学生语言的运用和思维的发展，又怎能不给孩子们带来全新的学习感受呢？

的确，一节研究课的呈现就是如此，不仅需要执教老师付出更多的努力，更需要有一个强大的团队在背后来支撑。也正是一节又一节这样的研究课，在无形中推动着学校课堂教学变革不断走向深入。

与吴老师的语文课相比，陈小燕老师的音乐课则带给我们另一番启示。陈老师是音乐学科的骨干教师，她在执教四年级《龙里格龙》一课时，充分运用信息技术和数字教育资源来辅助教学，不仅改变了传统音乐课堂的面貌，而且转变了她个人对音乐课堂的理解。

《龙里格龙》是一首戏歌，里面融入了京剧的元素。为了上好这节课，陈老师在业余时间查找了大量有关京剧的知识，并倾听或模仿学习一些京剧著名唱段，其中包括《都有一颗红亮的心》《苏三起解》《贵妃醉酒》等。而为了指导学生使用 Ipad 谱曲软件，她自己先学习使用这个谱曲软件，进行谱曲的尝试。所有这些，不仅极大地提升了她个人的音乐综合素养，而且实实在在地提高了她在信息技术应用方面的能力。

课后，陈老师在教研活动中对这节课进行回顾总结时，特别诚恳地向组内其他老师介绍，在这节课上，学生之所以能顺利地使用 Ipad 查找相关资料，并运用 Ipad 键盘软件弹奏歌曲高低声部等，一个根本的原因就是自己在课前进行了充分的学习，提高了驾驭课堂的能力。

如果说吴老师和陈老师的转变与成长是个人努力的因素居多的话，那么高红梅老师的改变则提示我们，我们每位老师的转变与成长，都有可能从学生那里获得启示。

高老师是我校一位比较资深的数学骨干教师，也是一位数学教研组长。她本人一向风趣、幽默，总带给人一种轻松随意的感觉，但在数学教学方面，她向来扎实而投入，从来都是一丝不苟。要说高老师从学生那里获得的成长，还得从她的一次教学"分数"的经历谈起。

可能我们很多数学教师都有过这样一种感受，教材中分数的内容既重要又比较枯燥，往往不管教师如何精心制作课件，如何精选练习题，孩子们都提不起学习的劲头，以至于总会有数学老师无奈地埋怨："这么重要的课却不好好听，真不知道这些孩子在想什么！"

是啊，孩子们到底在想些什么呢？

解铃还须系铃人，高老师百思不得其解，只好去找学生。她到班里随便找来几个孩子，什么也没说，便给他们出了一道分数题目。孩子们先是一愣，然后都陷入沉思。下面是高老师和孩子们的对话：

高老师刚要开口。

一个孩子马上说："您先别说话，让我们想想。"

高老师几次想张嘴，都被几名同学制止。

"老师，给我们点时间，我们再想想。"

高老师无奈："好，我不说了，今天我就好好听听你们怎么说。"

最终，几个孩子通过共同努力边画图边举例，终于解决了问题。

高老师问他们："在解决问题的过程中，你们都想了些什么呀？"

一个孩子："我们开始时不会，后来想到您教给我们的办法，就画画图，想想以前的知识。"

另一个孩子："您多给我们点时间，我们就能想出来，您得相信我们！"

第三个孩子："我觉得同学给我讲的我全听明白了，他说的话我全听懂了。"

高老师接着问："如果明天学习类似的内容，你们能给老师点建议吗？"

又一个孩子："老师，我想自己尝试着做这些题目，我只要努力想，一定能想出来！"

旁边的孩子："您讲可以，但一定要等我们绞尽脑汁想不出来时再讲，我们不希望您马上告诉我们答案！"

…………

孩子们的话让高老师顿悟。我们常说学生是学习的主人，我们也曾努力倡导把学生放在课堂中央，然而事实是，我们真的了解孩子们的学习需求吗？到底有多少老师能经常在教学之前先去问问孩子们："遇到这样的问题，你们是怎么想的？"由此看来，孩子们确实能够促进教师们的转变与成长。

从知识的传递者到学习的引领者，从课堂的实践者到教学的研究者，从教案设计到课程创新，从课内走向课外，从学科走向融合……这些年，我们教师的角色在不断发生变化，而在这种变化中，我们的教师也在不断地成长。没有人能准确地告诉你，未来的你一定会是一个什么样子，在教育改革的旅途中，只有我们自己才能发现自身的潜能，只有我们自己才能随时告诉自己：我又成长了！

# 在变革中落实"核心素养"

《中国学生发展核心素养》的提出，不仅促进了学校课程的多元重构，更促进了学生学习方式与课堂教学模式的变革。为了更好地迎接"核心素养"时代的来临，为了更好地培养五一学子的综合素养，帮助他们在适应终身发展和社会发展所需的必备品格与关键能力两个方面打下坚实的基础，我校自 2016 年开始，在课程与课堂变革中不断强化教师"核心素养"意识，引导他们积极关注学生"核心素养"的形成与提升，极为有效地促进了"核心素养"在教育教学实践中的落实。

## 故事 1：等一等，育人路上总有更美的风景

这个故事的主人公是教数学的张咏梅老师，她朴实而平凡，却不乏对教育的独特思考。

一次，张老师在课上刚刚提出问题："同学们，这里有一个特别有挑战性的问题，你们能解决吗？"话音未落，便有几只小手高高举了起来，一副跃跃欲试的样子。

见到有孩子思维如此敏捷，通常情况下老师都会比较兴奋，然后马上点名让他们回答问题。然而张老师并没有这么做，她环顾了一下班里的同学，特别是那些一眼就能从表情中看出来连问题可能还都没有弄明白的同学，随后笑着说："孩子们，不着急，我们再多想一想，或许你们还会有一些新的想法！咱们再给大家5 分钟的思考时间，等你们想好了可以在纸上写一写，也可以和同桌讲一讲。"

教室里立刻安静下来，既而陆续响起交流的声音……

5分钟后，张老师开始组织全班同学进行交流：

一个女生手举得特别高，满脸自信，第一个被叫起来发言："老师，我是用转化的思想来做这道题的，我们可以这样想……"

第二个被叫起来的是急性子的小李同学，因为他已经急得开始喊老师了："我是用代数的思想做的，我觉得这个方法很好，咱们可以这么算……"

…………

发言的孩子侃侃而谈，座位上的学生听得津津有味，教室里还不时响起孩子们自发的掌声和赞叹声，当然，偶尔也会出现"某种方法是不是更好"的争论声。最终，借助集体的智慧，孩子们先后找到了5种解决问题的方法。事后，张老师每每谈及这节课都会万分感慨，说孩子们的表现远远超出了她的预想。

其实这个故事最有魅力的便是那"等一等"的5分钟，没有这5分钟的等待，也就没有了这个故事，更没有了张老师课上所见到的孩子们的精彩表现。我们常常会不自觉地问自己：什么样的课才算是好课？我想，像张老师那样恰到好处地"等一等"的课一定是一节好课。一节课如此，我们教书育人又何尝不是如此呢？当我们也产生了父母般"望子成龙"的急切心理，甚至是功利心的时候，我们的双眼还能够看到多少美丽的风景呢？

### 故事2：王小胖儿的"心电图"

这个故事我是听肖书霞老师讲述的，故事的主人公是一个名叫王小胖儿的孩子。

那一天，她带着班里的孩子继续学习《田忌赛马》这篇课文。因为经过前一天的学习，孩子们已经基本了解了课文的内容，并且掌握了课文中的生字、词语，所以肖老师便让孩子们把书翻到第34页，完成上面的第二道思考题：找出课文中描写人物心理变化的词语。

布置完学习任务，学生都进入到默读批画的状态，而肖老师则静静地在班里巡视，并轻声提示孩子们在找描写人物心理变化的词语时，要关注故事的整个过程，争取做到不遗漏。结果刚刚提示完，肖老师便一眼看到正在向她招手的王小胖儿，圆嘟嘟的小脸，一双笑眼眯成了一条缝，那双高高举起的胖乎乎的小手儿则透着几分急切。肖老师以为他遇到了什么困难，便赶快走了过去，俯下身子凑到他跟前。可还没等她开口，王小胖儿却有点神秘又有点儿兴奋地说："老师，我找到了描写齐威王心理变化的词语，不过——我想用心电图来表示，行吗？"

后来肖老师对我说，她当时感到特别意外，甚至直到今天都还在感慨：真不知像王小胖儿这样的孩子小脑袋瓜儿里到底装了什么。不过不管怎样，肖老师并没有反对他的想法，反而夸奖他有创意。

再后来，汇报交流的时候，脑洞大开的王小胖儿也确实用一张"心电图"震慑了全班：

"大家请看，比赛开始时，齐威王的心跳次数处于正常平稳的状态，我把它画在了低点。第一局、第二局齐威王都赢了田忌，他的心跳次数是急剧上升的状态。当他三局完胜，就更加得意扬扬，我把他的心跳次数画到了高点。他轻蔑地讥讽大将田忌，觉得自己是天下第一时，那种骄傲自负、自高自大的心态已经爆棚，我把他的心跳次数画在了最高点。"

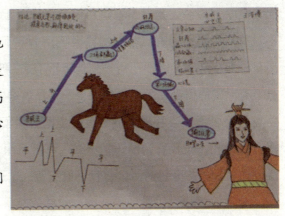

王小胖儿的解释不仅赢得了同学热烈的掌声，而且收获了知己，没等他讲完，班里另一个孩子便三步并作两步冲上讲台：

"我看懂了你的心电图。当齐威王第二场比赛输了，结果出乎意料，他心慌了，心跳次数直线下降。当他输了最后一局，以1:2彻底输掉了第二场比赛时，齐威王目瞪口呆，你把他的心跳次数画到了最低点！"

"你的理解完全正确！齐威王的三匹马都比田忌的马跑得快，却以失败告终。

他从自信满满到心如死灰，心电图最终只能变成一条直线喽！"王小胖儿又不失时机地做补充。

…………

故事讲到这里，似乎已经结束了。然而故事所能带给我们的思考却是历久弥新的。我们不好说王小胖儿那张别出心裁的"心电图"能否代表他具备怎样的素养，但我们却知道，孩子的素养一定要以孩子的方式来表达。我们在课程与课堂的变革过程中若想真正落实"核心素养"，就一定要给孩子们留出足够的空间，让他们在自己的世界里自由飞翔！

### 故事3：少年拳 中国梦

第一次看到小宇站在领操台上带领全体同学练习新编少年拳的时候，我的内心不由得升起一种莫名的激动。

对于小宇这个孩子，我还是比较了解的，他是个比较乖巧也很懂事的小男孩，无论是学习成绩还是日常在班级里的表现，都很优异，老师们也都特别喜欢他。不过可能也是因为有点儿胖的原因吧，小宇不是那种很爱动的孩子，不会像其他男孩子那样又跑又跳恨不得一刻也闲不下来，所以小宇看起来总是显得有些安静，甚至有时安静得都让人觉得他缺少一种精气神儿。

可是今天，当我看到他昂首阔步地走到领操台中间，当我看到他自信地向大家行抱拳礼，当我看到他一招一式、有板有眼地将整套新编少年拳打完，微红的脸上透着平静与坚毅的时候，我不禁哑然，这还是那个小宇吗？

事后，我找到了教他们新编少年拳的胡子钰老师了解情况。听胡老师说，他早就关注到了小宇这个孩子，并且在恰当的时机多次与小宇有过比较深入的沟通。其实小宇这个孩子的内心并不像他的外表那样安静，他很喜欢武术，特别是剑术，因为他觉得剑术柔中带刚，男孩子练起来一定非常帅，并且他还说其实他一点都不怕苦不怕累。他还经常看武术比赛，尤其是剑术比赛。后来，胡老师便和他约定，先从练拳开始，因为这是习武的基础，打好基础才能学剑术。

从那以后，小宇便像换了个人似的，体育课上不仅主动、用心，而且特别肯下功夫，不知不觉中，他眉宇间的那股书生气里便多了几分武者的英姿。

再接着，就是我们看到的故事开头的那一幕……

后来，我反思这件事的时候意识到：是不是每个男孩的心里都会藏着一个武侠梦呢？当然，女孩也可以有武侠梦，甚至其他的"梦"，只不过很多时候，他们的梦或者被我们的家长和老师忽视，或者被他们自己隐藏了。所以我真的特别感谢胡老师，甚至感谢小宇，是他们让我又一次明晰了心底里的教育追求：点燃孩子的梦想！是的，不论何时，教育的真正意义不就是点燃孩子们的梦想吗？我们说要实现中国梦，我们每个人心中的梦想加在一起不就是中国梦吗？

## 故事4："图"说科学

这个故事发生在科学学科，不过严格来说，这可能还算不上是一个故事，更像是一个教学方面的案例。不过每次说到这件事，我还是愿意像讲故事那样把它说给别人听。

陈颖老师是我校科学学科教研组长，也是骨干教师。多年来，她在教学上有个习惯，那就是每个单元教学的最后都会留出一节课的时间，用来对整个单元的教学内容进行全面梳理总结，同时，还要以单元内容为基础，进行相关领域前沿科技知识的拓展。乍一听，这种做法似乎并没有什么特别的地方，不过，故事恰恰就是从这里开始的。

本来，陈老师从来没觉得多年形成的教学方式有什么不妥之处，但今时不同往日，"核心素养"时代的学科教学迫使陈老师不得不去进行新的思考。经过一番研究与反思，包括与学生沟通，陈老师终于发现了这节单元总结、拓展课的问题：教师讲得多，学生缺乏整体认知。作为复习课，其实这在过去听起来好像也算不上什么大的问题，然而现在想来却不再那么简单，一个根本的原因就是，这种方式将会影响学生思维能力的发展。而这一点从落实"核心素养"的角度来看，则是绝对不允许的。

况且，陈老师本就是那种在教学上容不得半点马虎的人。

两个月后，问题得到了解决，下面呈现的，就是学生在单元总结、拓展课上的学习成果：

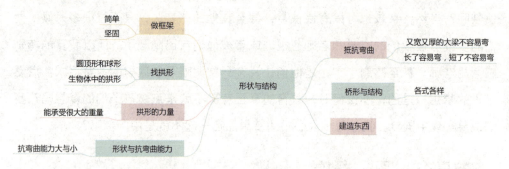

说起想到用画"思维导图"的方法来解决教学中的问题，陈老师总会露出一种特别幸福的笑容。她总说，就是那么巧，完全是朋友圈中一条有关"思维导图"介绍的分享给了她灵感，而这之前，她自己其实也早就知道"思维导图"一说，不过是没有想到要用在自己的课堂上。

尽管陈老师每次都说得轻松，但我心里清楚，要真的改变一种习惯的教学方式，要真的将一种学习手段——我们暂且将"思维导图"的绘制称作学生学习的手段——实际转化为学生的学习行为，甚至是思维方式，这背后是一定要付出巨大的努力的。事实上我们知道，可能许多老师在科学课上都用过"气泡图"来帮助学生统合概念，只是他们更多的仅是把图展示在黑板上，让学生依照老师的提示"填空"，他们所做的仅是"用图去教"。而陈老师则是在帮助学生学会"用图去学"，借此来培养学生的聚合性思维、类比思维……发展他们的思维能力。其间的跨越，我想，恐怕就不是一句两句能说得清楚的了。

## 故事5："校本研修"如登山

很多人都喜欢登山，喜欢登山途中变换的风景，喜欢挑战新高度后精神上的满足与释放。在我校数学教师刘莹老师眼里，"校本研修"就像登山，给她的专业成长与"核心素养"的落实带来了不一样的体验。下文讲述的，就是她教学"两位数减一位数退位减法"一课参与校本研修的经历，她总是戏称其为"香山之旅"。

一、山脚下——抬头望山，低头寻路

一节常规计算课要怎么上？从低年级到高年级，从青年教师到经验丰富的老教师，各种取经后，我得到如下结论：

1. 出示情景图，提出数学问题，理解减法含义。

2. 采用多种方法自主解决问题——小棒、计数器、条形图……

3. 集体反馈，建立各种方法之间的联系，理解借位点。

4. 错例分析。

这样的课堂以学生为主体，培养了学生自主解决问题和表达的能力，通过对比联系明晰算理，似乎没问题。然而我却驻足良久，怀疑这其中并没有那样简单。可计算课还能怎么上呢？

一筹莫展之际，我们决定先看看孩子们的情况，期望能从他们那里找到灵感。没想到，学情调研后我们果然发现，大多数学生都能自己解决这个问题，得到正确的结论，而且有近50%的学生都会写竖式，这可真是峰回路转。我们立刻顺藤摸瓜，对一些孩子进行访谈，最后终于找到了学生学习的一个易错点——"联系竖式与各种方法之间的联系"还普遍存在问题——一时间我们如获至宝。

带着这个惊喜的发现，我们着手进行了第一次教学设计。在理解算理的这一环节，设计由具体（多种模型）到抽象竖式聚焦退位点，然后再由抽象回到具体中，找到竖式中各部分在各种方法中的位置，突出"借位点"干了一件什么事儿，借以帮助学生充分理解借位的过程以及为什么要把一个10变成十个1。

看着新鲜出炉的教学设计，我心里有些得意，自认为我们这个教学环节的设计肯定是个大亮点，一定能顺利突破难点。那种心情真的就好像是爬香山，爬着爬着就眼前一亮，哎呀，竟是满眼的红叶！

第二天，我信心十足地按研修计划把教学设计思路和团队全体老师细说了一遍，不想他们却给了我这样的评价：教学设计具有实操性，但"站位"却不够高。我一下子被说蒙了："站位？啥站位？"数学教学主管李校长大概是看出了我的尴尬，赶紧帮忙解释——这些学习任务承载的数学核心素养是什么？有没有可渗透的思想方法？

"这个……"我立时被问住了。我忽然有种感觉，貌似一节简单的计算课，怎么就让人感觉越来越神秘了呢？

二、登山时——满山云雾，慢慢摸索

正是晴天爬山，却雾锁山头。是不是这节课只要抓住一个数学核心概念或者思想方法就站位高了呢？这节课的定位到底可以落在哪里呢？总不能刻意找一个思想方法安插到教学设计中吧？无奈，我们只能再次回到学情研究中。

"调研题目：40-3=（　　），用竖式进行计算"……

我们在竖式书写不准确的学情中终于有了新的发现，一部分学生没有关注到"相同数位要对齐"这件事，有几个孩子甚至将个位上的3和十位上的4对齐。可为什么会出现这样的情况呢？我一追到底，继续访谈学生。一些孩子说："因为0不够减3，4可以减3。"是啊，这就是孩子的想法。大家据此各抒己见，讨论了几个小时：

"我们知道做运算的时候要在计数单位相同的情况下才能相加减。这里面，相同单位是一个核心，而发生运算的只是单位的个数。"

"这个学习与思考的过程不仅会使学生对十进位制有更为深入的认识，同时也可以借助对计数单位的认识，向他们初步渗透单位化的思想！"

"我们可以设计活动，让学生能够在数的运算领域感受一下单位化思想！"

"其实不仅仅是计算，其他知识点的学习，比如长度、面积、体积、质量、时间等，不是都有确定单位、计量个数的事吗？"

…………

越来越深入的讨论逐渐帮助我们突破了思维的壁垒，让我们突然有一种拨云见日的感觉。我们甚至第一次觉得，原来一节课中的某个"点"所能牵出的很可能不仅是一条线，甚至可能是一个面，这实在是太有意思了！我们都知道学情分析很重要，但学情分析给我带来如此喜悦的体验，以前还真的从未有过。

要说爬香山能爬出泰山的感觉来，这还是从未有过的事！抬头一看表，已经晚上9点多了。大家不得不带着满心的亢奋离开安静的校园。我回到家已过10点，却仍然困意全无。我能清楚地感觉到，脑海中那张数学大网上有一些点在闪闪发光。我知道那些闪闪发光的点就是我们想要的数学的思想方法！

三、半山腰——初见霞光，喜上眉梢

次日，我们趁热打铁，根据之前的思考对教学设计进行修改，针对"40-3=（　）"这个问题设计了错例分析，追问学生"为什么3不能对齐4呢？4-3可以吗？"意图在这一教学环节中，让学生在思考计数单位的过程中初步感受单位化的思想。

当然，这节课如果只解决一个"40-3=（　）"的问题似乎又显得有点单薄。尽管教材中同一课时还安排了"28-5"，但后面我们还需要学习两位数减两位数的计算，怎么呈现呢？当时我的理解是，通过对"40-3"的学习，学生已经明白了算理，理解了退位点的含义，"28-5"这个问题是可以继续放手让孩子们自主解决的，之后再让他们找一找与"40-3"有什么不同就可以了。

然而我们的数学研究团队一贯追求精益求精，要抓住每一个可以对学生的能力进行培养的点。于是，我们提出一个大胆的设想：把教材中直接出现的"28-5"这个拓展性练习任务变为一个培养学生"举一反三"学习能力的任务，使之具有开放性和挑战性。课堂上，我们用这样的问题来引导学生从"特殊"走向"一般"："刚才大家用这么多种方法解决了'40-3'这个问题，那么这样的思考方法还能帮助咱们解决哪些类似的问题呢？"然后追问："这两个算式真的'完全'不同吗？"从而指导学生跳出个性，发现共性特征——"不够减时，向前一位退一当十"。这一连串的问题，给学生带来的已经不仅仅是知识的收获，更是能力的提升。

站在半山腰什么感觉？能爬到山顶吗？或许研修之路又不完全像登山，登香山也好，登其他山也好，总会有险峰的无限风光。但校本研修却不同，在这条路上我们始终在前行，有困惑，有喜悦，更有无限的期待！

的确，正如刘老师所说，登山总有到达山顶的时候，教学设计也总有完成的那一刻，然而我们的校本研修道路却没有尽头。在落实"核心素养"，培养学生适应未来生活必备综合素质的征程中，我们永远满怀期待，不断前行。

### 故事6：向生活学习，为生活学习

建构主义理论认为："知识不是通过教师传授得到，而是学习者在一定的情境即社会文化背景下，借助其他人（包括教师和学习伙伴）的帮助，利用必要的学习资料，通过意义建构的方式而获得的。"在深入推进课程与课堂教学变革的过程中，我们一直在努力运用建构主义理论指导我们的工作，期望能引导我们的老师和学生"向生活学习，为生活学习"。

齐文彦老师是我校一名年轻的美术教师，有年轻人的热情，也有青年人特有的敏锐的悟性，她在这方面的尝试与探索给我们身边很多老师带来许多启示。下面要给大家讲述的就是她教学"急救包设计"这节课时的一些经历。

一、在"灾难"中唤醒

为了帮助学生切身感受急救包的重要性，齐老师截取《唐山大地震》《后天》《2012》等灾难电影中的场景，自己剪辑了一组视频播放给学生观看。震撼人心的场面很快便让学生有了身临其境之感，安全意识油然而生。随后，齐老师又给学生提供了一组数据资料，其中显示了对中国、日本、美国地震伤亡人数的分析，使学生认识到，除了因为我国人口基数大而导致伤亡人数远超其他两国以外，更重要的原因是我国急救包的配备率几乎为零，说明人们在日常生活中还非常缺乏居安思危的意识与急救知识。没有理论说教，但短短几分钟，学生在对安全的认识上却发生了巨大的转变。原因只有一个，那就是他们所学与他们的生活息息相关。

二、做"有备无患"的设计

在进行急救包设计的过程中，齐老师并没有让学生任意发挥，而是把主题聚焦到"地震"上，并提出了两个任务：一是要挑选地震急救包的必备用品；二是要从类型、大小、材质三个方面考虑如何设计地震急救包。然后以小组合作学习的方式，组织学生开展学习活动，并给每个小组发放学习卡，引导他们在学习卡上注明选择这种物品的理由、要求等。这种学习方式极大地调动了学生学习的积极性，巧妙地把学生的学习与他们既有的生活经验和生存需求联系了一起。可以说，学生的设计完全是基于他们头脑中呈现出的在他们看来可能会真实发生的生活场景。而这样的学习，事实上已经不是单纯意义的学习了。

三、推销"我的产品"

"产品发布会"是这节课上十分重要的一环。我始终觉得，无论何时，学生的学习总要找到一个恰当的"出口"，而这个"出口"，很可能就决定了孩子们之前学习的意义与价值。所以，对于齐老师提出以"产品发布会"的形式来进行成果性的汇报，我由衷地赞同。虽然这只是个称呼的变化，但实质上给学生传递的却是一种"实用价值"的导向，指向的是如何为他们的生活服务。其实这个时候，学生设计的地震急救包是好是坏，是否科学，可能就不是最重要的了。

向生活学习，为生活学习，我们的生活本离不开学习，我们的学习又怎能离开生活呢？我想人的成长不就是这样，在生活中不断构建自己的学习意义，不断创造自己的生活吗？从这一点上讲，齐老师的这些做法就不仅仅是教学中的小故事那么简单了。

一口气讲了6个小故事，可能也算不上是什么故事，都是我们的老师和学生在课堂教学变革过程中的一些尝试或经历，而这样的尝试或经历可能每天都在我们的课堂上发生着。教育部部长陈宝生说："课堂革命不可能一帆风顺，一蹴而就，课改是一场心灵的革命，课改是一场教育观念的革命，课改是一场课堂技术的革命，课改更是一场行为的革命。"而我们正在这场轰轰烈烈的"革命"中，用我们的智慧与汗水努力落实着学生的"核心素养"——为孩子的一生幸福铺就亮丽的底色，我坚信，这就是我们每个教育人永恒的人生哲学。

# 改革评价模式，促进学生成长

题记：

她获得的绝不仅仅是一座奖杯，而是一种幸福，一种学校教育带给她的幸福。她会从这种幸福里体会到自己的价值。我相信在五一小学发生的每一件事，每一点进步，都会成为孩子成长过程中宝贵的经验。

——孙晨曦妈妈

## 从关注结果到注重过程——星光评价1D版

2012年，正值学校开启幸福素养课程研究的重要时期。为全面助推课程的高质量落实，我们开始了针对学生综合素质评价的探索与研究，设计了以学校幸福素养课程体系内容为基本载体的综合评价，打破以往学科评价中注重测试成绩的单一性，加强了对各学科基本素养的关注与落实。例如数学学科，在保留对学生学习水平的关注的同时，增加了"大胆质疑""主动探究"等关注维度；体育学科关注"自觉锻炼""体魄强健"等维度；音美学科关注"探究""创新"等维度……

我们不难发现，各学科的关注点更加突出了对学生学习过程的关注，这些维度的评价很难通过简单的纸笔进行测试，而这些维度的确立也成功地将师生的关注点从终结性、冰冷的学业成绩转向了鲜活、生动的日常学习过程，转到对学习习惯、学习方法乃至学科素养的成长情况上来。为引导学生养成良好的行为及学习习惯，我们还在进行学科评价的同时，加入了基础习惯维度，如"诚信有礼""遵守规则"等。这些改变源于学校的育人目标和幸福素养课程的价值追求，因此可以说是以学生评价倒逼教师理念的更新和教育教学行为的转变，在实施中取得了良好的效果。

在研究初期，我们以三年级为试点，取得初步成功后，第二年尝试在一至三年级推行。此时的星光评价结构虽然不够完善，但是它的出台和实施不仅填补了学校学生评价方面的空白，而且有效地发挥了评价的导向、激励、调节、监督和教育作用，在实施过程中得到了师生及家长的广泛好评，孩子们也在新的评价体系引导下，展现出生机勃勃的成长状态，为他们的童年留下了许多美好的回忆，给老师以及家长们带来了满满的感动。时任学校星光评价工作负责人的李志芳老师曾记录过这样一个故事：

那是 2013 年 7 月，学校第一届幸福星光奖落下帷幕。经过一个学期的努力和严格评选，三年级 14 个班近 600 名学生中，有一百多名同学分别获得了一、二等奖，并有 16 名学生获得了幸福星光特等奖的殊荣。在这些获得特等奖的学生中，有一个孩子叫李彧涛，他是三年级 13 班的学生，也是全班唯一的特等奖获得者。9 月初，学校要隆重召开首届星光奖颁奖典礼，我挑选了三名学生现场发表获奖感言，而李彧涛作为特等奖获得者中唯一的男生入选发言代表团。

在典礼开始前一周，我特意把三位小发言人叫到跟前。看着他们既兴奋又略带紧张的小脸，我笑着说："别紧张，每个人说两三句话就可以，用你们自己的话说说你们自己的真实感受。"三个孩子见我这么说，先是松了口气，接着又有点儿迷茫地皱起了眉头："老师，我有好多好多话……可是，说什么好呢？"

"你最想说什么？"我问。

一个小姑娘抢着说："我觉得自己特别特别幸福，我得了幸福星光特等奖！"

另一个小姑娘接过话茬儿："我虽然得了一等奖，没得到特等奖，但我特别想感谢老师和同学们！我以后会继续努力，下次拿特等奖！"

我又看了看唯一没有出声的李彧涛，他知道我在等他说话，于是腼腆地一笑："老师……我还没想好……"

我也笑着回应他："没关系，回去再想想，如果需要的话你就来找我，我都你出出主意，好吗？"李彧涛红着脸，轻轻地点了点头。看他那腼腆的样子，我又忍不住笑着补了一句："男孩子说话要痛快点，大点声，充满自信，能做到吗？"李彧涛又使劲地点了点头。

不过临出门，他还是停下了脚步，回头对我说："老师，我也能感谢老师和同学们吗？因为大家真的对我帮助很大呢！"

"当然可以啦！"

我的话音还没落，李彧涛已经满脸笑容，一身轻松地跑出了我的办公室。

颁奖典礼当天，礼堂里座无虚席，偌大的礼堂充满了隆重而热烈的气氛。在欢快优美的音乐声中，孩子们一批批从老师的手中接过奖杯、奖牌，脸上都洋溢着幸福的笑容。到了发表获奖感言的环节了，我将话筒递给三名代表。先是两个女孩发言，她们分别表达了自己获奖的喜悦之情以及继续努力的决心。当话筒传到李彧涛手中时，我明显感觉他有点紧张，或许是激动。李彧涛紧紧握着话筒，大声说："我今天获得这个奖，感到特别地激动。在这里，我特别想感谢老师和同学们对我的帮助……"不想，他忽然话锋一转，"此外，我今天其实还特别想把这个奖杯送给我的奶奶！"这让我心头不禁莫名一动。李彧涛顿了顿，声音稍有点儿颤抖，继续说道："我奶奶最近病了，一直躺在医院里，我想，她如果知道我获得了这个奖一定会特别高兴。我希望这样她的病能快点儿好起来！"

这是一个多么有孝心的孩子啊！在他小小的心坎里，装着的是亲人，是师长，是他人！他不就是一个幸福的小种子吗？——自己努力生长的同时，还主动把幸福与关爱散播给身边的所有人！这不就是真正的幸福吗？我走到台上把他揽到怀里，轻声告诉他，也告诉在场的所有同学："放心吧，奶奶听到这个消息，一定会马上好起来的。孩子们，让我们一起把祝福送给小彧涛的奶奶，祝老人家早日康复，好吗？"或许是受到了李彧涛和我这番话的感染，在场的同学和老师都热烈地鼓起掌来！看着满脸幸福的李彧涛，看着台下那一张张纯真的笑脸，那一刻我知道，爱与幸福已经悄然间走进了每个孩子的心灵。

…………

这个小故事虽然只是我们"星光评价"实施之初的一个很普通的事例，但它却让我们真实地感受到了幸福的力量。其实每一个孩子不都是一颗充满力量的小种子吗？我们用幸福去精心浇灌他们，他们就会长出幸福的小芽儿，就会把幸福传递到他们生活的每一个角落！

随着学校课程研究的逐步深入，特别是对全面育人的不断思索与研究，我们又在幸福星光评价原有基础上加入了第二个支撑——"学有所长"，以此来鼓励每个孩子在完成好学业学习的同时，积极发展自己的特长，进一步拓展自己的发展空间。这一维度的确立，为学生发展增添了重要的一翼。

应当说，在幸福星光评价实施的过程中，我们的老师都能深刻而清晰地感受到这种评价给孩子们带来的变化与成长。美术教师李海燕曾与我们分享过这样一个孩子的故事：

"李老师，我来啦！"不用抬头，就知道她是风一般的女孩——小睿。这个小姑娘刚上二年级，是个极其活泼开朗的孩子。她有一双漂亮的像月牙一样的小笑眼，还有一对可爱的小虎牙。每次上美术课，她都会早早地来到美术教室，帮我收拾教室、发作业……而且每次都叽叽喳喳地说个不停。不过我并不会因此而厌烦她，相反，我倒是特别喜欢和她聊天。她呢，也特别喜欢看我画的画，总是在教室后面的展示区看看这张，瞧瞧那幅，时不时还会神神秘秘地问我一句："老师，你说我要是特别努力，能画得跟您一样好吗？"

其实，小睿在一年级第一学期的时候，完全不是这样的。那时她比较安静，画画也很不出众，以至于很长时间里我都没有注意过她。直到有一天，她拿着一张画来找我，奶声奶气又有点儿胆怯地跟我说："老师，这是上次的作业，课上我没画好，回家又画了一张，妈妈说画得有进步，让我给您看看。"然后她似乎鼓起了很大的勇气似的又接着对我说，"老师，我画得好吗？我能得美术星吗？我……我还没得过美术星呢！"看着依旧普通的作业，看着她那充满了期待却又透着紧张的小脸儿，我仿佛看到了小睿妈妈期盼的目光，也感受到了她母亲那良苦的用心。我又认真地看了看她的作业，然后十分郑重地对她说："妈妈说得很对，你确实进步很大，能获得美术星！"接着，我便拿起一颗美术星，非常认真地贴在了她的额头上。小睿立刻兴奋得红了小脸儿，她用手小心翼翼地摸了摸额头上的美术星，脸上的笑容瞬间便像花朵一样绽放。我从来没见过她那一双小笑眼弯出那样的弧度。不知为什么，那一刻，我的内心竟然也生出一种幸福的满足。我笑着对小睿说："认真画，老师相信你会得到更多的美术星，到期末的时候你一定能得到'美术学科之星'的称号。"

从那以后，小睿像变了个人似的，美术课上，她总是很努力地画画，课下还总是有意无意地在我周围转来转去，看我画的画，看我各种各样的绘画用具……之后，我又发现她会买跟我一样的水彩笔，也会带来跟我一样的儿童画参考书。而因为努力，她的绘画水平确实提高得很快，不仅真的得了很多颗美术星，还得到了我更多的表扬，并在期末时，如愿以偿得到了"美术学科之星"的称号。

…………

"老师，老师，您在想什么呢？"小睿歪着头盯着我瞧，把我从回忆中拉了回来。

"没想什么啊！就是在想要不要什么时候请你这个小画家给我签个名呢？"我开玩笑似的和她说。

她"嘿嘿"一笑，然后特别神秘地告诉我："老师，你知道吗？妈妈终于给我报了一个美术班。"

"为什么报美术班？"

"我要学画画呀，我想长大了当美术老师，跟您一样，教小朋友画画。"

"那你为什么要当美术老师呀？"

"我想给那些认真画画的小朋友发美术星，那样他们就会特别高兴，就会更努力地画画啦！"

小睿既幼稚又纯真的话语使我的内心久久不能平静，我从来没有想过，在我看来只是一种激励手段的美术星，竟然会成为孩子心中最执着的信念！

应当说，这种对"过程"的关注，是我们在实施幸福星光评价的实践道路上一次重要的观念性的转变，它打破了我们原有的"终结性评价"的思维模式，为我们进一步进行学生评价模式的研究与探索，打开了一个全新的视野。

# 从聚焦个体到重视团队——星光评价 2D 版

让我们感到欣喜的是，幸福星光评价实施到第三年的时候，得到了师生和家长的广泛好评，大家都呼吁我们应当在四至六年级也全面铺开。不过，我们对此却有着新的思考：如果说幸福星光评价在一至三年级更加侧重学生个人的评价，那么四至六年级是否也要这样同理推进？事实上，和低年级的学生相比，高年级学生目前比较薄弱的问题在哪里？他们的个性化发展需求又是什么？这些问题我们是否都考虑清楚、周全了呢？

为此，我带领行政团队展开了教师调研及家长访谈。在调研和访谈的过程中，我们惊喜地发现，"合作能力""团队意识""责任担当"几个词逐渐显现并聚焦，这使我们意识到，随着身心发展水平的全面提升，高年级学生在评价中的角色也悄悄发生着细微的变化，渐渐从相对被动走向自主与客观。经过几番研讨，我们决定在四至六年级尝试开展小组评价，并在延续和微调各学科课程关注维度的同时，建立小组评价机制，将学生的表现及荣誉的获得与小组奖励捆绑在一起，让每个个体都融入集体之中。

此次改革首次从评价的角度强化了对学生团队精神、沟通合作能力和集体责任感的培养，得到了教师和家长的一致支持。随后，四至六年级各班学生在教师的带领下，纷纷建小组，起组名，定组规，孩子们不知不觉间第一次感受到如此清晰的归属感与责任感。他们第一次如此强烈地认识到，大家必须团结在一起，有困难共同克服，有责任共同分担，有荣誉共同分享……评价的导向作用得到初步发挥，幸福星光评价也就此在全校范围内正式铺开。

不同学科有不同的关注点，不同年级有不同的评价倾向，全体学生、全体教师共同参与，在不同的评价维度发挥评价作用，一时间，学生的学习生活面貌因为星光评价而焕然一新！我校韩老师曾和大家讲述过发生在她班里的一件事：

我班有位同学小A，平时比较调皮捣蛋，上课开小差，还经常迟到，是班上的"困难户"。四年级开始要按照小组评星光奖了，结果在开学调座位的时候，大家都不愿意让小A来自己组，怕小A不遵守纪律而给组里扣分。小A尴尬地低着头站在那里，眼泪都快掉下来了。这时候，小H站起来说："让他来我们六组吧！我们一起努力，一定能拿星光奖！"小A终于绽开了笑容，一屁股坐到了六组的座位上。从此，我发现小A像换了个人似的，为了不给组里拖后腿，每天都早早到学校，上课也开始积极参与学习活动了。看到他的变化，全组同学更加团结起来，都不甘落后，想方设法为组里争荣誉。因为这不是一个人的事，而是代表小组7个人的荣誉。慢慢地，小A在课上的"悄悄话"越来越少了，回答问题次数越来越多了，成绩也明显提高了。

期末评选星光奖时，我看到六组的同学们围着那本密密麻麻贴满了星星的手册，激动地数了一遍又一遍。他们拿到了星光特等奖！我看到在星光团队评价中，孩子们的手拉在了一起，心连在了一起，他们懂得了团队合作的可贵，懂得了交流与协作的重要性。

实施幸福星光评价后，我们确实感到，这种评价机制对高年级的学生和家长产生的影响是巨大而深远的。

在四至六年级全面铺开幸福星光评价后的那个学期的期末，星光奖评选结束后，四年级的杜可同学在班里向老师和同学表态：

"今后，我会用更积极的态度带动我身边的同学，用实际行动回馈每一位给我帮助、给我感动的人。"

三年级罗景涵的爸爸则在学校《品味成长的幸福》一书中这样记录他看到女儿得到"幸福星光奖"的经历和感受：

当女儿自豪地拿出一块闪闪发亮的奖牌在我眼前摆动时，我立刻睁大了眼睛，高兴地对她说："乖女儿，你又得奖了？可真棒！来，给爸爸看看！"

那是我第一次看到"幸福星光奖"的奖牌，而且是自己女儿得到的，上面端端正正地印着"北京市海淀区五一小学幸福星光二等奖"的字样。虽然是"二等奖"，但我却和女儿一样兴奋。

听女儿后来和我说，要得到这个奖其实特别不容易，因为一方面评比的内容很多，大大小小包括十来项，另一方面还要能通过最后的综合评定才行。她说，最开始她看到这么多评价的项目时，自己也没有多少信心。倒是妈妈知道后，给了她很大的鼓励，让她放松心态，不要太在意最终的结果，更重要的是积极参与，只有这样才能知道自己哪里存在不足。再加上在学校，老师和同学也没少鼓励和帮助她，特别是他们小组的同学，给予她的帮助最多最大，使她不但有了自信，而且觉得"星光评价"好像给了她一个追求的目标。

结果比她预想的还要好，她获得了"二等奖"。说这些时，我这个做父亲的能感受到，这件事确实让女儿有了更多的自信。因为我知道，其实从小到大，女儿并不是那种极其自信的孩子。

那天，看着我一脸的惊喜和赞许，女儿还和我说，这是她得到的第一块奖牌，她一定会好好地珍藏，而且她将来还要得许多许多的奖牌……看着女儿满足的笑容，想着她在我怀里撒娇时的样子，不知为什么，我突然之间有种孩子不知不觉间长大了的感受。说真的，我说不清这种变化或者说进步到底是从什么时候开始的，不过那天感觉格外强烈。

而且我那天还油然产生一种强烈的自责感，因为工作的关系，我平时对女儿确实关注得少，"我很忙"这样的借口甚至让我在很多时候都忘记了父亲本应承担的那份责任……虽然仅是二等奖，但那天我毫不吝惜自己能想到的溢美之词，给了女儿最大、最充分的肯定和鼓励。这样的评价对她来说，必定会成为一个充满振奋力量的新起点，并永远激励她不断进步！

给孩子们成长的空间，给孩子们发展的目标，给孩子们前行的动力，我想，这就是我们实施幸福星光评价的初心吧！

# 从学科能力到综合素养——星光评价3D版

　　2016年，随着《中国学生发展核心素养》的正式出台，我校开展了核心素养校本化实施的深入研究。借此契机，学校也从幸福星光评价的角度对"什么是全面育人"进行了再思考。我们逐步认识到，我们每天面对的这些孩子们，不仅仅是"学生"，更是一个个发展中的"人"，因此，教师不能将学生的学习与成长空间单一地局限在学校，而应该拓展到更广阔的领域，有助于他们进行更广泛的学习，提升他们的综合素养。为此，学校将原有星光评价的关注领域、实施维度进行了全面拓展与丰富，进一步调整具体关注项目，全面构架了我校的星光评价体系。同时我们也注意到，评价人员的设置，使评价成为多主体共同参与的活动，形成了多方育人合力的良好局面。至此，包含师生、家长、社会三个评价群体的

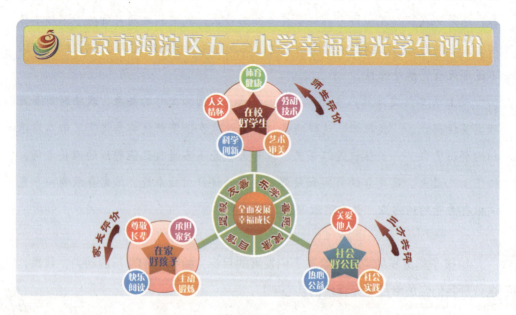

幸福星光学生评价体系正式建构完成。

完善后的幸福星光评价包括三个维度，分别设计为"红、黄、蓝"三原色，意在表明教育要扎扎实实为每个孩子多彩的未来铺就最基础的颜色，同时也代表我们追求教育回归本源的初心。红色星是"在校表现"维度，评价导向为"在校好学生"，由师生共同实施。此项评价依托学校课程展开，全面评价学生学习情况：国家课程重在引导学生夯实根基、提升能力、均衡发展，拓展课程重在鼓励学生广泛涉猎、大胆尝试、发展特长，融合性课程则重在全面提升学生综合能力水平。黄色星是"在家表现"维度，评价导向为"在家好孩子"，由家长负责实施。此项评价以"尊敬长辈""承担家务""快乐阅读""主动锻炼"为评价内容，家校携手，共同关注孩子的持续成长。蓝色星是"社会实践"维度，评价导向为"社会好公民"，由教师、家长、社会人员共同实施。此项评价倡导学生关爱他人，热心参与公益活动，积极参加社会实践，不断提升综合素养。学校、家庭和社会三方参与的星光评价，使学生的发展性评价成为一个更加客观、立体、全面的评价。

每学期星光评选结束后，我们都会请一部分孩子来谈一谈他们自己的收获与感言。在这个过程中，姚婧涵同学曾说：

"一个人做好一天不难，做好一年也不难，难的是始终如一地做好，难的是那份坚持。我要树立信心，这样坚持下去……做一个有理想、有思想的好学生。"

是的，孩子的话语虽然稚嫩，但道出了一个成长的真谛，那就是坚持！做事如此，做人亦如此，我们实施星光评价一路前行，不也是如此吗？

四年级韩若熹同学在谈起自己的"幸福之旅"时说：

"在今后的日子里，我将更加严格地要求自己，刻苦学习，用优异的学习成绩、优秀的思想道德品质、健康的体魄回报父母，回报老师，回报社会！"

或许会有人质疑，一个年仅十岁的小姑娘能够主动谈到回报社会？但为什么不能？信息时代成长起来的她们，"风声、雨声、读书声，声声入耳；家事、国事、天下事，事事关心"对她们来说还困难吗？在她们这一代人的视野中，就应当不仅有自己生活的小圈子，更要有他人，有社会，有家国，甚至有世界，有这样的大胸怀，未来才能真正属于她们！

当然，在星光评价实施的过程中，我们家长的积极参与也是少不了的。杨卓然爸爸在《我与女儿共成长》一文中就写道：

"透过学校星光评价这件事，我明白了教育中很重要的一点，那就是我们做家长的要与老师一起，共同引导孩子重视每一件事情，认认真真地做每一件事情。这就如同在他们的心田里埋下一颗颗种子一般，只要我们共同用心呵护，耐心期待，终有一天，这些种子会开出娇艳的花朵，结出甜美的果实。"

而刘悦盈同学的家长也反思自己的教育行为，他说：

"其实每个孩子都不是完美的，不过每个孩子的成长和潜力却是无限的。作为家长，我们有责任全力配合学校和老师，共同培养，即使无法让孩子成为那种有为的栋梁，但至少可以让他们成长为善良、正直，并且幸福的人！"

的确，教育，特别是基础教育，根本的任务就是帮助孩子成长，帮助孩子成人，为他们的成长、成人打下坚实的基础。我们进行幸福星光评价的改革与实践，一路走来，不就是期望培养孩子们的综合素养，不就是在为他们的成长、成人打基础吗？

最后，让我们一起来读一读薛幼朵同学家长写下的一首小诗，共同感受那份在"幸福星光"陪伴下，期待孩子慢慢成长的幸福吧：

我们的女儿薛幼朵

正如她的名字一样

像一朵含苞待放的小花

她的笑容如阳光一般灿烂

她坚强、勇敢，不畏艰难

她善良、诚恳，尊敬师长

她有爱、互助，团结同学

她勤奋、好学，独立思考

她自信、坚韧，很有担当

孩子从小家走向了"大家"

今后会从"大家"走向社会

初衷不变，信念永恒

弘道养正，日新其德

我们会陪着女儿慢慢地走

让这朵小花儿慢慢地开

# 从当下到一生——老师眼中的星光评价

转眼间，我们探索并实施"幸福星光学生评价"已经有近五年的时间。五年来，从关注学生的"当下"到关注他们的"一生"，我们每名在实践"幸福星光学生评价"道路上努力前行的老师，都在不断地自我审视、思考，都在用自己的实际行动不断完善评价的内容和方法。应当说，"幸福星光学生评价"凝聚着全体五一人的智慧与心血，见证着每名五一学子的幸福成长，也折射着我们对"让每个学生幸福成长"的深切关注与执着追求。正如音乐教师周秀娟说的那样：

"幸福星光学生评价"是学校课程改革中的一颗璀璨的明星。那些在孩子们学习成长过程中随时颁发的学科星，不但给了他们持续成长的动力，而且时刻激励着他们充满自信，超越自己。他们闪亮的目光就像一颗颗小星一样，时刻闪烁着幸福的光芒！

五一小学的办学理念是"为学生的幸福人生奠基"，这一理念就决定了我们的教育评价不仅要关注学生当下的快乐，更要关注他们未来的发展和一生的幸福。孩子们在争取获得幸福星光奖的过程中，不仅会收获优异的学业成绩，还会惊喜地发现自己的优势特长，在不知不觉中养成良好的习惯和品格。更为难能可贵的是，作为学校幸福素养教育体系的重要组成部分，"幸福星光学生评价"不仅从评价层面凸显了学校的办学理念和育人目标，而且还在无形中引领了学校教育教学方式的变革，影响着教师们，特别是年轻教师们的成长。

体育教师刘小溪在执教三年级的时候跟一名学生发生的故事给她留下了深刻

的印象，使她对体育学科的育人作用有了更深入的理解。回忆起这件事，她至今难忘：

有一名学生，很有个性，由于身体原因，他是"免体生"。不过因为家长与班主任沟通过，希望每次体育课让他做一做简单的活动，但是不做剧烈运动，所以每次课前我都会给他布置适量的任务，让他在规定时间内完成即可。

一次课上，他气呼呼地跟在队尾，嘴里一直在念叨着什么。同学们告诉我，他是因为上一节课表现不好，被老师批评了。结果，在同学们集体跑步的时候，本来在旁边休息的他忽然"个性发作"，一会儿躺在地上大吼大叫，一会儿把头扭到一旁不理人……

后来，他竟突然冲所有人大喊："我和你们不一样！我身体不好，所以我特殊！"全班同学都看着他，也看着我。这时候，我反而冷静下来，让学生排好队，同时也让他站在队伍里，然后对他们说："咱们班一共41人，每名学生都是五一小学的学生，在我眼里，你们都是我的学生，你们上课一起锻炼，下课一起玩，有困难互相帮助，对不对？""对！"我继续说下去，"现在我们一起锻炼，在我心里你们都是一样的，没有特殊的学生。"这时候我望向他，他也看着我，我问他："听到你的同学们说的话了吗？他们并没有把你当作特殊的人，你在他们眼中也和别人是一样的，所以你也不要认为自己特殊，他们能做到的，你一样能做到，甚至可能会做得更好！"

这时他小声说道："可是我就是跳不高，跑不快……""没有呀，你画画特别好看！""对呀，你画的小火车可像了！而且体育课你得锻炼才能跑得快呀！"这时候旁边的学生开始鼓励他。他望着大家，神情有点惊讶，可能没有想到原来大家一直都有关注到他的优点。我见机又轻轻说道："看到了吗？大家一直都很认可你。还有，你什么时候也能给刘老师画一个小火车？刘老师还没见过你画的呢！"我一边调侃着，一边观察着他的表情。他用力地点点头，"行！我下次上课就带给您！"

"好！那咱们一起上课！"

后半节课，我悄悄关注着他的状态，看到他好像前所未有的开心，而且对待身边的同伴也不再用敌意的眼光。在活动的时候，有些学生还专门跑来对我讲他们一起玩耍时的趣事。下课小结时，我说："今天的课刘老师非常难忘，首先我要表扬两名同学，他们有一双善于发现别人优点的眼睛。"这时我把体育星发给两名鼓励他画画好的学生，继续说："善于发现别人优点是一件幸福的事，会让自己进步，同时还可以收获友谊。其次，还要表扬他，他得到了咱们全班同学的肯定，树立了信心，并且在后半节课上有很大的进步，相信同学们都看到了，那么老师当然要表扬他的进步！"他特别开心地走到我面前说："谢谢老师，我下回还要跟大家一起玩，我觉得特别快乐！"我冲他点点头，"最后，刘老师要表扬咱们全体同学，你们特别团结，班里每一个人的进步都是你们共同努力的结果。咱们班是个特别有爱的班集体，刘老师为你们感到高兴，所以今天的课堂评价，给你们优星！"话音未落，响起一片欢呼声，看着他们的笑脸，我也跟着开心。

我想，所谓"幸福"正是如此吧！你的进步与我息息相关，你的快乐与我萦绕牵连，因为我们是幸福的一家人。

刚刚参加工作不足一年的张硕老师在日记中深情地写道：

稚嫩的声音，自信的眼神，此刻都化作了前进的动力。一颗小小的数学星，对于孩子来说却如此珍贵，竟能够激励他们朝着更加优秀的方向不断前行。是啊，这不能不让我为之深思。虽然我刚刚从事教师这个职业，虽然对于做教师我还没有什么实际的经验，但从这一颗颗普通的小星中，我却分明能够感受到一份做教师的义务和责任。我相信，我一定会在今后的工作中多给予孩子们肯定和鼓励，多给他们提供展示交流的平台，从而让班里每一个孩子都能体会到更多的学习乐趣。我真心愿意和这些孩子一起快乐地成长。

我们再来看看年轻的语文教师刘颖楠又从评价中找到了什么：

班里的小 L 在上小学前没有上过学前班，也没有参加过文化课培训，用当下流行的说法就是"输在了起跑线上"。她识字量少，拼音不熟，课文读不利索，书写也比较潦草，课上总是不敢发言，课下也不怎么和小伙伴交流玩耍，常常一个人孤零零地坐在座位上。别的孩子都和我聊天，而她却总是睁着一双水汪汪的大眼睛静静地望着我们。

如此"安静"的她很快引起了我的注意。我开始捕捉她身上的优点，希望通过"放大"她的优点来提升她的自信心，然后再和家长协力帮助她"补全"短板。我渐渐地发现，其实她不但性格乖巧，而且画画好、爱劳动，上课也很遵守纪律。于是，每当她主动做值日，并且打扫得很认真、很干净的时候，我都会在班中表扬她爱劳动，能为大家服务，并奖励她一颗"美德小星"。如果她能连续坚持几次，我还会再给她盖上一颗珍贵的"美德种子"，在班中夸赞她能持之以恒。

过了一段时间后，我又开始在写字和朗读方面给她单独辅导，还不时给个小奖励，并且和她的妈妈商定，如果她在家中每天都努力坚持练习写字和识字，每周我都会奖励给她一颗"语文小星"。渐渐地，我发现她有了变化：脸上多了笑容，课下不再形单影只，而且书写更规范，课上也开始举手发言了。

要说看到孩子的进步最高兴的，除了老师，自然是妈妈。每次放学见到我或者打电话给我，小 L 的妈妈都会兴奋地给我讲孩子又得了哪些星，孩子为什么得星，孩子在家又有什么变化。每次我都耐心听她把关于小 L 的那些"小星故事"讲完，然后再告诉她还应当怎样在学习上帮助孩子……

还有班里的小 M，她现在已经连续两次获得星光奖了。她的妈妈曾经真挚地给我留言："虽然成长好像在一瞬间发生，但我却深深知道，这是一点一滴日积月累的结果。孩子的成长离不开那本有魔力的小册子——星光手册，更离不开老师耐心的引导。真心感谢会施魔法的刘老师，让我们一起陪孩子们成长。"

不论是小 L，还是小 M，虽然在他们改变和成长的过程中我付出了很多的努力，但我都要发自心底地感谢他们。正是因为有了他们的进步，我才一点点明白了"评价"对于孩子们成长的意义。薄薄的星光评价手册，小小的评价星，让我这个年轻的老师用最短的时间学会了如何肯定与鼓励学生，学会了如何帮助学生寻找前进目标和动力，同时也懂得了如何与家长一起携起手来，共同担负育人的责任……

刘老师说得多好啊！一颗颗小星，一本本小手册，它们不仅是孩子们眼里的"宝贝"，而且也在潜移默化中影响着我们老师的教育观念和育人行为。

或许伴随"核心素养"时代的到来，伴随时代的进步与学生发展的需求，我们在实施"幸福星光学生评价"的道路上还会遇到这样或那样的新问题，甚至是挑战。但我始终坚信，只要我们坚守"为每个孩子的幸福人生奠基"的教育追求不动摇，我们的"幸福星光学生评价"就一定会在不断蜕变中，在为学生一生幸福奠基的道路上熠熠闪光！

# 第4章

## 坚持"开放融通"，追求外延发展

　　"十二五"时期是五一小学获得快速发展的重要时期：整体改建全部竣工，办学条件得到进一步优化；幸福素养教育体系初步成型，文化建设从理论研究走向工作实践；名师工作室、志勤学院的建设与发展，有力地推动着学校教师队伍专业化水平的整体提升……但与此同时，随着《关于深化考试招生制度改革的实施意见》及北京市中、高考改革方案的出台，我们也面临着一系列问题和挑战——如何拓宽办学思路？如何加强领军人物培养，持续推动队伍建设？如何将课程改革由尝试探索引向深入研究？等等。"义务教育优质均衡化发展"的时代号角比以往任何时候都迫切召唤着我们这样的传统大校，走出一条创新发展之路。

　　在这种教育大势之下，为与时俱进，进一步提升五一小学的办学品质，实现学校的优质特色发展，更好地发挥优质教育资源的辐射作用，"十三五"期间，我们审慎思考，反复研究，最终明确了"开放融通"的发展思路。

# 牵手友谊学校，在交流中协同发展

近年来，教育均衡化是基础教育关注的热点问题，《国家中长期教育改革和发展规划纲要(2010—2020)》指出，到2020年我国教育要实现的战略目标为："提供更加丰富的优质教育。教育质量整体提升，教育现代化水平明显提高。优质教育资源总量不断扩大，更好满足人民群众接受高质量教育的需求。"党的十九大报告提出要"努力让每个孩子都能享有公平而有质量的教育"。围绕此战略目标，国家和政府采取了许多措施以扩大优质基础教育资源供给，积极推进基础教育优质均衡发展，努力办人民满意的教育。

那么，作为一所小学，能在多大程度上推动教育均衡发展呢？

我常想，五一小学之所以能发展到今天，成为一所学生喜欢、教师热爱、家长满意的素质教育品牌优质校，除了一代代干部教师的励精图治，还有一个重要的因素，那就是五一小学在一定历史阶段获得了难得的优先发展机遇。如果说2002年的三校合并使五一小学走上了规模发展之路，那么2005年的整体改建和2014年的二期改建工程无疑为学校办学水平的整体提升打下了坚实基础，而2014年中共海淀区委教育工委、海淀区教育委员会主办的五一小学教育家办学实践研讨会则为学校内涵发展再添引擎……在呼唤教育均衡发展的今天，对于五一小学来说，作为一所在关怀与支持中发展起来的优质校，理应用开放与担当的情怀来回应时代的呼唤，将优质的办学理念、办学经验、办学成果最大限度地与他人共享，扩大优质教育的受益面，我想这就是一所学校对推动教育均衡发展应尽的绵薄之力和最大的担当吧！

# 手拉手联谊学校：对口帮扶，带动区域教育发展

在各级教育主管部门的关怀指导下，我校于 2008 年首批入选海淀区素质教育优质校，尤其近几年来，我校在学校文化、课程改革、队伍建设、特色打造方面取得了一些成绩，得到了上级领导及老百姓的广泛认可。随着社会的发展，我们也深刻感受到社会对教育的期望值越来越高，老百姓让子女享受优质教育的愿望越来越强烈。因此多年来，在谋求自身发展的同时，我们把发挥示范辐射作用，推动兄弟校的均衡发展作为我们应尽的职责。

## 一、爱心温暖剑门关

我们最早帮扶的学校是四川省剑阁县剑门关小学。剑门关小学位于红军长征血战剑门关的主战场——剑门雄关之内，是中国人民解放军在四川省援建的唯一一所"八一爱民学校"。2006 年 4 月，中国人民解放军总参谋部为落实中央军委"庆祝红军长征胜利 70 周年，中国人民解放军要在红军长征走过的或战斗过的地方修建希望小学"的指示精神，经总参谋部领导认真慎重反复考证、核实，将剑门关小学正式定为总参谋部在四川省援建的希望小学。2006 年 6 月，总参谋部与剑阁县人民政府签订了援建剑门关小学协议书，为剑门关小学捐资 100 万元，修建 2400 平方米的"八一爱民学校"教学楼。2006 年 7 月 2 日，教学楼开始动工，2006 年 10 月 18 日，贺江波少将为"八一爱民学校"教学楼揭牌。2007 年 2 月，该楼投入使用。2008 年 4 月，在总参谋部的联谊下，剑门关"八一爱民学校"与我校结为联谊学校。

2008 年 4 月，剑门关小学派出 6 名教师代表赴我校参加学习培训 15 天，为提高学校教师能力起到了带头作用。

2008 年 "5·12" 地震后，我校师生为剑门关小学捐款 36 万余元，用于修建女生宿舍楼——爱心楼。2008 年 11 月 20 日，爱心楼开始动工，2009 年 5 月 8 日，金一明少将为爱心楼剪彩。

2009 年 4 月，我校邀请剑门关小学师生代表参加我校 55 周年校庆。活动现场，他们用诗歌表达了深深的感谢之情。

……

之后，我们每年都会选派优秀教师支教，开展教学研讨，传播先进教育理念；剑门关小学也会派出教师来我校学习研讨。同时我们与当地田家小学、龙江小学等也逐渐开始合作……从 2008 年汶川地震的援建工作开始，至今已十个春秋。现在，十载风雨所缔结的教育情谊，已经发酵为校际联盟间的交流合作，对两地多校都产生了越来越广泛而深远的影响。

2018 年 3 月 26 日，正值春暖花开、万物复苏之际，应四川省广元市剑阁县教育局的邀请，我校干部教师一行 6 人再次远赴广元剑阁开展为期三天的 "手拉手学校教学研讨交流活动"。我们分别走进剑门关小学、龙江小学、剑门关实验学校、香江国际实验学校等几所小学，参观校园，了解学校在文化、课程等方面发展建设的情况，交流彼此在学校发展建设方面的思考，感受变化；开展听课、评课、专题讲座。几天的研讨交流活动，剑阁县各联盟学校先后有近 300 名领导和教师参与其中。大家在研讨交流中碰撞思想，收获智慧，激发对教育的热情与憧憬，相约继续携手同行，研讨交流活动取得了预期的效果。

在剑门关小学，我与李玉富校长还特意来到五一小学当年援建的 "爱心楼" 前，驻足攀谈，回顾过往，共话友谊……

## 二、牵手河北、内蒙古等多所联谊校

为促进京津冀教育一体化建设，在海淀区万寿路学区的联姻下，2017 年 6 月 23 日，我校派出干部教师 13 人前往张家口市蔚县第一实验小学考察，了解情况，初步确立合作关系；2017 年 7 月 4 日，蔚县教育局、海淀区万寿路学区教育联盟学校举行签约仪式，蔚县教育局局长贾巍宣布了"蔚县第一实验小学成为北京市海淀区五一小学联盟学校、五一小学青年教师培训基地"的决定，我校与蔚县第一实验小学正式签订对接合作协议，蔚县人民政府副县长任伟讲话。他指出，此次与北京海淀区万寿路学区建立学校教育联盟，不仅是蔚县教育系统的一件喜事，也是蔚县深入实施"文绿兴蔚"发展战略的一件大事。他要求县教育局和各学校要借助这次东风，依托海淀区优质的教育资源，在干部教师培训、教育交流、资源共享等方面主动作为，采取有效措施，在提高办学效益上实现新突破。自与蔚县第一实验小学建立合作关系以来，我们双方已经先后开展了五次活动，都收获满满。蔚县第一实验小学的老师们每一次都被我们不同的帮扶方式与内容所感动：

无论是课堂教学还是教研指导，五一小学干部教师每一次务实、有针对性的帮扶，都给我们的老师和孩子带来了切切实实的收获。这种帮扶，带来的不只是理念和实践层面的指导，更重要的是给我们打开了思路，这才是改变的基础。

而我们前去送课的骨干教师和年轻教师们也有不少的收获。前去送课的英语教师张智斌说：

每个班级都不少于 80 名学生，但是学生们的行为习惯是那么规范，可见老师们付出了更多心血去培养。这种敬业精神让我们肃然起敬，他们是我们学习的榜样！

语文教师史秀燕说：

从来没有一下子给80个孩子上过课，面对着一双双求知的大眼睛，除了感动还是感动……在交流中提升自己，同时也找到自己还有许多有待提高的地方……

这些教育反思的花絮，不仅体现了老师们的成长，同时也体现了联谊的另一重要意义——共同进步，共同发展，而这也正是均衡发展的旨归。如果说我们在教育教学观念和教学实践上给予了蔚县第一实验小学一定的启示与帮助，那么蔚县的教师和孩子们则在人生观、价值观等方面给我们上了最真实、最生动的一课，这将成为我们，尤其是青年教师成长历程中珍贵的财富。而这也恰恰是我们结对"手拉手"联谊校的初衷：一方面通过发挥自身引领辐射作用，实现对薄弱学校的帮助和扶持；另一方面通过零距离交流中的切身体验，不断审视和改进自身工作，从而实现优势互补、共同发展。

回顾从2017年开始，我们相继与多所学校牵手的历程，在发挥优质校作用方面，我们始终在做着自己的努力。

2017年5月，辽宁沈阳于洪区杨士中心校……
2017年5月，辽宁沈阳大东区辽沈二校……
2017年7月，河北张家口蔚县第一实验小学……
2018年9月，河北保定易县第三小学……

在这一过程中，我们始终坚持根据不同学校的实际，采取不同的措施，力争使对手拉手学校的帮扶工作落到实处。结对伊始，我们就积极开展调研活动，介绍自己学校的发展现状、教师队伍、办学特色及成果，了解各校的信息及其教育教学情况，听取对方需求；根据实际情况，两校领导共同交流学校的发展规划，就学校的教育管理、教学研究、教育科研等进行深入探讨，共同制定帮扶实施方案；每学期都与结对学校负责人协商结对工作，并派骨干教师、青年教师到学校送教，开展同课异构或专题指导活动；凡我校举办的大型活动，都邀请对方干部教师参加；除了双方短期互访学习以外，还会安排手拉手学校教师来我校跟岗学习……无论对于哪一所学校，我们都认认真真做到"三请进"和"四上门"：对于手拉手学校的领导和老师，在教学观摩课时优先请进来、学校教研科研培训活动主动请进来、需要培训的教学管理骨干及时请进来；对于手拉手学校的相应需求，我们坚持做到送教上门、指导上门、培训上门、设备资料上门。明年，我们还将举办大型学术研讨会，届时将邀请手拉手学校干部教师来我校和学科教研组的老师一道进行集体备课、磨课、观摩，共同就课堂教与学方式的变革进行研讨交流。

"相知无远近，万里尚为邻"，与不同学校的牵手，是对美丽教育理想的相知，更是对美好教育情怀的相守，而这一点，我想联谊校老师的心语最能表达：

## 追随幸福

沈阳市于洪区杨士中心校

**窦爱军：**一所学校一种文明。作为沈阳市城乡接合部的一所小学，能有幸和北京五一小学合作是我们杨士人的幸运，在合作过程中，我们每次学习都学有所获，无论是听课、听报告、问询问题都自由惬意，让人感觉舒服从容。2017年5月，陈校长带领她的团队一行10人到我校了解情况，与我校教师进行了深度交流。陈校长的睿智平和及对教育教学深远的思考给我们每一个人留下了深刻印象，五一小学也为我们的老师提供了非常好的展示平台，我校方芳、黄晓露两位老师，通过五一小学的平台在全国老师面前上了公开课，得到与会者的好评。两位老师也通过这次活动获得成长。

**黄晓露：**这次去五一小学展示课的过程给了我很大的触动。学校领导和老师们亲切的待客之礼，让我一路忐忑的心渐渐平静下来；上课时，孩子们的发散性思维和回答问题时的有理有据，给我留下了深刻的印象，让我意识到在培养孩子的方向上还存在着很大的差距；评课老师的专业和高度让我信服、崇拜，我不禁感叹：原来，这就是老师的专业；原来，这就是教学本来该有的样子！

**方　芳：**我的授课对象是一年级活泼可爱的小朋友们，我由衷地感受到，真正的课堂是学生在快乐中学习，在学习中感受快乐；在幸福中成长，在成长中收获幸福。两年来，无论是两校的现场交流，还是通过媒体平台给予的关注，五一小学都让我们每一位杨士中心校的老师觉得这所学校的密码是无权限wifi，是用包容、自由、尊重、欣赏、厚重凝聚起来的文明。孩子们的爱思考、喜辩论，老师们的朴素得体、专业精湛都让我们欢喜。我们开阔了视野，教育需要大格局成了我们的共识，充满温暖而生动的教育是我们努力的方向。我们愿意追随幸福教育，让我们的教育也这样简单而真实地发生——白云匆匆忙布善，蓝天默默任人参。

## 幸福素养教育研究会：
## 找寻一条以学校内涵发展为主要特征的推动区域学校
## 共同发展之路

自 2014 年五一小学教育家办学实践研讨会召开后，五一小学的办学思想和实践成果得到了全国教育界同人的广泛关注。基于对幸福素养教育多年的研究成果，也结合当前教育改革现状和《中国学生发展核心素养》的出台，在北京市教育学会会长罗洁、副会长杨志成（现任首都师范大学副校长）的大力支持下，经北京市教育学会副会长杨志成提议，2017 年 3 月，由我们倡导发起，由 28 所会员学校、62 名个人会员组成的北京市教育学会幸福素养教育研究会（以下简称"研究会"）正式成立。研究会以"为学生的幸福人生奠基"为共同价值追求，以"校际联盟"为组织形式和实施手段，以推动基础教育课程改革、宣传并扩大改革优秀成果与典型经验的影响与辐射作用、促进联盟学校及区域内兄弟学校共同发展为宗旨，致力于通过开展各种学术研究和教育教学实践活动，相互沟通，相互借鉴，整合资源，推广幸福素养教育的价值理念，发挥示范与引领作用。我们把研究会定位于学校学习共同体，以"幸福素养教育"为核心，其成立意义有四点：

1. 本着"平等、互助、共享、提升"的原则，借助北京市教育学会、中国教育科学研究院基础教育研究所、北京教育科学研究院基础教育研究中心、北京教育学院、海淀区教育科学研究院等各级教育科研部门专家的帮助和指导，以研究会的名义推动学校发展，提升会员学校的办学品质和社会影响力。

2. 以"让学生获得当下快乐、一生幸福必备的素养"为共同育人目标和价值追求，着力培养学生的核心素养，逐步丰富、完善科学的幸福素养教育体系，促进教师的专业发展。

3. 围绕"幸福素养教育"定期开展学术交流、办学经验分享、课堂教学展示、专著出版等活动，为会员学校师生提供广阔的学习、交流平台，让师生共享教育幸福。

4. 创设学校市内外、国内外联动发展平台，促进会员学校资源共享、优势互补、均衡发展、共同提高，打造学生喜欢、教师幸福、家长满意、社会认可的幸福素养教育。

本着这一成立目的，幸福素养教育研究会举行了三场学术盛宴：

## 一、实施幸福素养教育，探索小学教育文化

2017 年 6 月 21 日，以"'中国学生发展核心素养'的校本化实践"为主题，幸福素养教育研究会成立以来的第一次大会——"北京市教育学会幸福素养教育研究会成立大会暨首届学术研讨会"，在我校隆重召开。来自北京及全国各地的教育教学专家、校长与教师代表 400 余人共同参加了本次活动。大会以"'中国学生发展核心素养'的校本化实践"为主题，由"幸福素养教育研究会的成立大会"及其"首届学术研讨会"两部分组成。会上，北京市教育学会副秘书长程舟宣读了成立幸福素养教育研究会的批复文件及首批 28 所会员学校名单，北京市教育学会副会长唐亦勤和北京市教育学会副院长杨志成为 28 所会员学校颁发了理事单位牌匾。唐亦勤副会长代表北京市教育学会宣读了罗洁会长的"贺信"，并指出了研究会成立的意义，围绕"核心素养"的校本化实践定位了研究会未来一段时间发展的目标。海淀区教委陆云泉主任在会上做了重要讲话，从海淀教育"十三五"发展与北京市基础教育区域间协同发展的高度，对研究会的成立给予充分肯定，同时，也对研究会的发展及其应当发挥的作用提出了殷切的期望。海淀区教科院吴颖惠院长代表主办方致辞，称赞五一小学对于幸福素养教育的研究已经站在了对小学教育文化进行探索的高度，这需要有大情怀，更需要有大担当。今天，由五一小学牵头成立幸福素养教育研究会，这本身就是这份情怀与担当的体现。中

国教科院基础教育研究所陈如平所长、芬中教育协会李栋秘书长分别以"核心素养"为话题为与会代表做了微讲座。北京市教育学会杨志成副院长为大会做了总结发言，祝贺幸福素养教育研究会的成立，指出幸福教育超越知识学习，小学教育一定要关注幸福素养，着眼学生一生幸福，为学生一生的幸福奠基。

我作为首任幸福素养教育研究会会长，在大会上做了题为"实施幸福素养教育探索小学教育文化"的主题发言，从探索小学教育文化的视角，系统阐述学校实施幸福素养教育的实践与思考，以及进行"核心素养"校本化实践研究的意义，并表达了愿携手志同道合的兄弟学校，一起循着小学教育文化的芬芳做"草根式"的前行的美好愿望。

在研讨会上，多所学校进行了"核心素养"校本化实践的经验分享。我们还邀请了陈如平、杨志成、李栋等专家进行现场点评或专题发言。此次会议主题鲜明、内容充实、富有内涵、卓有成效，得到了各级领导与新闻媒体的高度关注和评价。会上，与会代表不仅有幸聆听了杨志成、陈如平、李栋等国内外知名专家的报告、讲座，得到理论认识上的升华，而且聆听了来自幸福素养教育研究会中四所学校具有借鉴意义的主题发言、交流，得到实践经验上的启迪。会议中，大家还观看了五一小学原创的校园微电影《向着幸福出发》和话剧《与梦飞翔》，从艺术与审美的视角来感受学校教育的智慧与魅力，使人眼前一亮。

此外，大会还举行了10节涵盖小学各学科，包括融合性课程在内的展示交流课，向与会代表全面而直观地呈现了五一小学在进行"中国学生核心素养"校本化实践历程中，在课堂教学方面所做出的诸多大胆尝试与创新。"课堂永远是儿童的课堂，是他们幸福成长的舞台！"这样的课堂面貌，其实才应是"核心素养"引领下课堂最本质的样态。

北京市教育学会幸福素养教育研究会的成立，以及首届学术研讨会的成功召开，在《中国学生发展核心素养》发布即将迎来一周年的前夕，为其校本化实践注入崭新的动力，为海淀区基础教育、北京市基础教育，甚至中国的基础教育改革，都带来较为深远的影响。

## 二、倾听课堂幸福的声音

2017 年 12 月 15 日,由北京市教育学会幸福素养教育研究会主办,丰台区教育委员会、北京教育学院丰台分院、丰台区教育科学研究院、知子花教育协办,丰台五小教育集团承办的"倾听课堂幸福的声音——幸福自主课堂"教学研讨会在丰台五小本校区隆重召开。

丰台五小向大家呈现了 22 节"幸福自主课堂"的新样态研讨课。研讨课共分为三大类:基础类课程,如语文、数学、英语等,充分呈现了课堂中倾听与小组合作培养氛围;拓展类课程,如机器人、综合实践等,注重学科融合与学生生活化体验;个性课程,如知子花教育的心智课和幸福教师沙龙等,从满足师生的个性需要与健康自我发展出发。课程充分展示了丰台五小自主课堂改革 3.0 版的教学成果。

所有课程结束后,与会人员在报告厅观看了丰台五小原创心理剧《幸福的小胖》。孩子们用发自内心、充满真情实感的表演,从关注自我身心健康出发,在对话中引导同学们辨析、思考,生动地演绎了理解、帮助、欣赏的方法,为幸福学习和生活续航。剧目深入浅出,发人深省,受到与会者们的一致好评。丰台五小李磊校长进行了"倾听课堂幸福的声音"的主题发言。

李磊校长在发言中讲到了基于五小多年办学实践探索课程、课堂改革的历程,课堂学习必须聚焦学科的本质,通过突破挑战性问题和相互倾听的协同学习这两个关键,从而实现我们追求的自主课堂,让自主课堂既有幸福的温度,又有学习的深度、思维的力度以及触及心灵深处的精神愉悦,给出了课堂教学等问题的经验方略,为与会代表提供了幸福教育创新的五小新思路,进一步说明教育的最终目的是为了人的幸福。

本次由丰台五小承办的"倾听课堂幸福的声音"的课堂教学研讨会旨在探索和实践"幸福课堂"的真谛,让我们在对小学教育的自主探索中,继续保有大情怀、大担当,为每个孩子的幸福人生奠好基,引好路!

### 三、营造绿色教育生态，传递教育幸福

2018年4月24日，由海淀区教科院、北京市教育学会幸福素养教育研究会主办，北京市学习科学学会心理专业委员会协办，万泉小学承办的"营造绿色教育生态，传递教育幸福——幸福理念教育实践"研讨会在万泉小学隆重召开。来自全国各地的教育专家、校长和教师近300人参加了本次研讨活动。

"营造绿色教育生态，传递教育幸福"是万泉小学的办学理念。学校经历了"环境教育—生态教育—教育生态—绿色教育生态"四个发展阶段。在这一过程中，营造绿色教育生态成为学校推进素质教育、建设美好学校的主要抓手，"为孩子幸福人生奠基"成为营造绿色教育生态的最终目标。

本次活动紧紧抓住"营造绿色教育生态，传递教育幸福"这一主题，分为主会场研讨和分会场展示两个部分。在主会场活动中，以景小霞校长、李伟书记为核心的管理团队从办学的思考、教师队伍建设、学科实践、家校合作等四个方面做了精彩的汇报。李伟书记全面介绍了学校党政工团"四维一体"促进学校队伍建设整体情况，金毅副校长介绍了学科实践活动课程建设的框架和事例，德育王珅主任分享了对家校合作的认识以及开展心育课程的工作思路和基本做法。

从景小霞校长、李伟书记带领的管理团队汇报中，大家深刻地感受到：万泉小学绿色教育生态建设，不是挂在嘴上的口号，也不是宏观地阐述观点，更不是几次轰轰烈烈的活动，而是"功在日常""贵在坚持""贴地而行"，"日常高水平才是好教育"！

分会场的展示活动也异彩纷呈。在队伍建设分会场，绿色教育生态党建、教师专业发展、团队建设、后勤服务保障工作等诸多亮点展示了队伍建设党政工团"四维一体"的发展战略；在学科实践语、数、英三个分会场，以提升学科素养为着力点，改变原有的教学方式，尝试跨学科综合实践，展示了别样的课堂精彩；在家校合作分会场，用小课题研究、家长会微变革、解读家校合作密码等形式，展示了学校全新的家校合作模式和幸福教育全体验。

在活动中，我代表北京市教育学会幸福素养教育研究会为大会致贺词，海淀

区教科院吴颖惠院长代表主办方讲话，首都师范大学杨志成副院长做专题讲座，海淀区教育工会刘文英主席也代表两委一室和教育工会在大会上做了讲话。几位领导对近年来万泉小学推进素质教育、开展幸福理念实践活动取得的成果以及海淀区万泉小学、十九中学、五一小学等学校通过民间学术团体开展幸福教育的举措给予了肯定。

参加本次活动的领导和专家还有海淀教科院宋官雅副院长、海淀教工委组织科胡剑光科长、海淀教委德育科燕海霞科长、北京市学习科学学会心理专业委员会高新桥理事长、海淀学区管理中心彭欣主任、中关村学区管理中心王振惠主任、八里庄学区管理中心赵畅主任、北京联合大学刘视湘教授、首都师范大学苏尚峰教授、北师大课程中心数学工作室王明明副研究员、海淀教师进修学校闫赤兵教研员等。

三场学术盛宴，尽管每所学校都有自己的特色，展示的角度也不同，或从小学教育文化的角度，或从课程课堂、队伍建设的角度，或阐述办学理念与策略，或展示学校管理实践经验与成果，但是共同的主题都是围绕孩子的幸福成长，分享他们各自的思考与实践，共享思想与实践硕果，这也正是成立研究会的初衷：在北京市区域内，为校长之间、学校之间搭建一个交流沟通与对接协作的平台，加强学习与交流、合作与互动，阐述办学理念，展示教育思想，共同研究解决教育改革发展中的热点、难点问题，交流成功的管理经验，共叙学校的发展成果，从而共同提升学校的品质内涵，不断适应基础教育改革和发展的需要，进而推进教育事业的均衡发展。

研究会自成立以来，我们每学期都会组织这种学术研讨活动，会员学校也都会派出干部教师前往学习观摩。这种开放的学习心态，有效地促进了教师的专业发展和学校在办学理念、课堂教学、学生发展方式等方面的不断变革完善。除此之外，研究会还组织幸福素养教育课例、论文交流分享活动，为教师搭建专业发展的平台；组织不同形式的培训，有专家团队的持续深入指导，会员学校基于共同的价值追求，也都努力保持着各自的个性与特色，努力找到自身的发展变化、同伴之间的发展差异和不同路径。几年来，会员学校在研究会的研究中开阔了视野，深化了对教育的理解与实践，促进了学校文化的交融和管理的变革，提升了学校的办学水平。

当然，幸福素养教育研究会的会员学校既有走在前列的优质校，也有发展相对薄弱的学校，但无论处于哪个发展阶段的学校，我们都希望他们能借助研究会的学术交流平台，有所收获，有所发展。薄弱学校可以借助优质学校之力，通过融合、借力、共享等方式推动学校从普通走向优质。而优质校虽然往往会面临再发展的瓶颈，但通过这样的活动，每一所优质校都会发现可供借鉴的"优质所在"，这些"优质所在"或许恰恰是自己的短板，学习、借鉴、吸收他人的成功经验，推动学校从优质走向更优，也不失为一种智慧选择。总之，任何学校的发展仅仅依靠自身的努力是不够的，从这个意义上来说，成立这个研究会，其实是建立了一个学校学习共同体，是成立了一个为了自身发展主动和一批志同道合的学校实现共同发展的学习型组织。学习型组织理论的奠基人彼得·圣吉说："学习型组织的战略目标是提高学习的速度、能力和才能，通过建立愿景并能够发现、尝试和改进组织的思维模式并因此而改变他们的行为，这才是最成功的学习型组织。"我也期望在会员学校共同努力下，我带领的幸福素养教育研究会能成为这样的一个组织，在均衡发展背景下，承担起龙头学校的引领担当，为成员带来思维、行为的改变，走出一条适合本地区不同层次学校共同发展的道路。

回顾几年来我们走过的开门办学的道路，最大的收获在于，作为一所优质学校，在开放与合作中吸收借鉴他校的先进做法，推动学校自身不断前进，更重要的是在携手帮助他人发展的过程中完善了自我，在帮扶对象学校的折射、反光中看到自身亦有不足，从而加速了我校的自我完善过程，让自己变得更加强大。在师生交流、资源共享等一系列合作中，我们都深深感受到了校级合作对于学校发展、师生成长的重要性。特别是当前在积极推动教育均衡发展，倡导教育发展联盟的大环境下，我们也将不忘初心，牵手行动！

# 争取对外项目，通过合作深化变革

在不断加强与国内各区域兄弟学校间开展交流合作的同时，我们也把目光投向了国际教育。实际上，"十三五"期间，"建设国际一流基础教育高地"被列为海淀区教育发展规划的总目标，"教育国际化提升工程"已经成为海淀区"十三五"时期的十大重点工程之一。这对五一小学而言，不仅是机遇，更是挑战。

为此，我们在"十三五"的开局之年，便以"海淀教育与世界对话"系列活动和"国际教育交流与合作能力提升"项目为政策平台，积极谋求与国际教育开展交流合作的途径和资源，全力加大"国际化"力度。目前，我们已经陆续与芬兰、加拿大、美国、日本等国家，以及中国台湾、香港等地区建立了对话交流机制或渠道，并开展了不同程度、不同领域、不同方式的研讨交流活动，在队伍培养、课程建设、课堂变革、数字化教学等方面都取得了比较显著的进展，有效地拓展了师生的国际视野，增强了他们跨文化交流的意识与能力。

下文将以"中芬教育交流与培训合作项目"的实施历程为核心，细致讲述我们在寻求国际教育合作道路上，与芬兰教育、芬中教育协会间的那些事。

# 初识李栋

　　李栋，FICEA（芬中教育协会）执行副主席兼秘书长、教育质量与评估专家、高级教育顾问，拥有近 20 年的国内外高校研究与工作经历，主要研究领域为高校领导力、教育质量保证和芬兰基础教育。目前担任芬兰国家技术创新局资助的有关芬兰基础教育与中国合作科研项目主研人，与中芬两国的教育机构有着广泛的合作，并致力于把芬兰的优质教育理念及资源引入中国。

　　2016 年 12 月 10 日，我们邀请重庆谢家湾小学刘希娅校长来访，就学校课程改革与文化建设等方面的情况进行交流学习。交流过程中，我们得知近几年谢家湾小学一直在与芬中教育协会合作，学校的课程改革，特别是课堂教学改革，取得了令人欣喜的成绩。详询之下，我们了解到，原来合作方芬中教育协会由李栋秘书长牵头，每年都会定期组建专家团队走进谢家湾小学，走进他们的课堂，与老师们一起进行课程与教学方面的研究与探索。

　　这是我第一次听闻李栋其人，并且从刘希娅校长的介绍中也真切地感受到，李栋应当是一位既有学术指导高度和指导力，同时又十分踏实很接地气的学者。当时，我们学校"十三五"发展规划研制工作已经基本完成，其中"开放化办学"正是未来发展的一项重点工作。于是，我和我们的团队不禁对芬中教育协会和李栋秘书长，更对芬兰教育产生了一种十分强烈的期待。

　　经过多次沟通与积极协调，12 月 29 日，也就是当月的月底，我们终于促成了芬中教育协会李栋秘书长一行对五一小学的首次来访。在学校门口第一眼见到李栋时，虽然他的那种学者特有的气质与想象中并没有太大差异，但一米八几的身高，魁梧的身形和方方正正的国字脸，还是与我之前所想大相径庭。不过因为之前有刘希娅校长的穿针引线和我们彼此间的多次沟通，或者也因为我们相似的外向而坦率的性格，素未谋面的我们没说几句话，便如老朋友般热聊起来。随后，以我为组长的学校"核心素养"研究小组全体成员，（当时我们的"十三五"规划研制工作正值收尾阶段，但"中国学生发展核心素养"校本化研究工作却刚刚渐入佳境）与以李栋秘书长为首的芬中教育协会领导、专家一行，又围绕"中芬教育"话题进行了一次深入的座谈。

座谈中，李栋秘书长向我们介绍了芬中教育协会的基本情况，也介绍了中芬双边友好的政治交往以及深入广泛的教育合作。他认为，"不是所有的芬兰教育经验都适合中国，也不是所有的中国教育经验都不好，其实中国国内有些教育理念是优于国外的，主要问题在于如何将理念具象化并落地。"他的这种客观与坦诚在情感上赢得了我们的认同。

李栋秘书长还向我们简单介绍了芬兰的教育情况，指出芬兰虽然地处北欧，人口不多，但其在全球 57 个国家 40 万左右 15 岁中学生参与的 PISA（国际学生评量计划）测试中，连续三次被经济合作与发展组织（OECD）评价为整体表现全球第一，芬兰教育也由此有了"世界第一"的名号。他还谈到有消息说，最近芬兰开始进行中学新课改，将取消"分科教育"，采用"主题教育""现象教学"，也就是说取消地理、历史、物理、化学等学科，这都是误解报道，芬兰全国教育委员会已经辟谣，表示采用"主题教育"是真，但是并没有取消"分科教育"。其"主题教学"是把学生的认知作为教育核心，是为了帮助学生认知并形成自己的主见，理解这个世界运作的规律。

在交流中，我校黄建鹏主任、张雪刚副主任、刘莹副主任也相继介绍了我们学校期待开展教育合作的主要课程方面的基本情况和改革方向。李秘书长肯定了我们的教学理念，但也坦言中国部分学校存在一定的办学误区，他说："校本课程要反映国家课程，关键要考虑如何让更多的学生受益，内容永远比形式重要，任何时候都要保证求真知。"座谈交流结束以后，我们还共同参观了校园，向他们介绍了学校的历史文化和各方面办学条件。

应当说，初识李栋，他的学识，他的坦诚，以及他对于中国教育，特别是中国的基础教育的那份赤子情怀，的确深深感染了我们，也打动了我们。直至今天我都深信不疑，我们能与芬中教育协会开展长期而深入的教育交流与合作，最根本的一个原因，肯定是李栋。

# 携手开启合作之旅

2017年4月15日至19日,在我们的积极努力下,在芬中教育协会的密切协作,特别是在海淀区教委的大力支持下,五一小学与芬中教育协会首期交流培训活动暨"中芬教育交流培训合作项目"的启动工作正式拉开序幕。

## 一、开班

4月15日,阳光明媚,春意正浓,在这融融的春日里,"中芬教育交流培训合作项目"首期交流培训活动的开班仪式如期在学校远程教室隆重举行。芬中教育协会秘书长李栋,三位芬兰教育专家Minna、Tinna、Maarit,以及我校全体行政领导和此次交流培训活动核心组教师100余人参加了开班仪式。

至今我仍清楚地记得,开班仪式是由我校谭中玲副校长主持的,虽然时间不算太长,但气氛热烈而自然,丝毫没有因为陌生带来滞涩。在仪式上,我强调了"中芬教育交流培训合作项目"作为响应海淀区"提升教育国际化水平,扩大海淀教育国际影响力"总体要求的重要意义,表达了我们对双方合作前景的深深期待。李栋秘书长则接过我的话茬儿,从合作的渊源谈起,盛赞我对教育的执着追求,并表示进行这样的合作是在新的历史时期寻求新突破、新发展,不断提升学校开放化、国际化水平的一种高站位谋划,几句话便道出了我们寻求合作的初心。随后,三位专家分别进行了自我介绍,亲切自然而又幽默风趣,我想,即使没有翻译的转述,我们也可以从她们的神采中感受到那份友好与真诚。当时,我的脑海里瞬间便跳出了老舍先生《草原》一文中的那句话:"大家的语言不同,心可是一样。握手再握手,笑了再笑。"

## 二、"志勤"的声音

五一小学"志勤学院"是五一青年教师自己的组织，是他们在教书育人道路上扬帆启航的港湾，其前身是由学校党委牵头成立的"党团工作室"和学校教学处牵头成立的"青年种子营"合并而成的"阳光青年社"。"功崇惟志，业广惟勤"，语出《尚书·周书》，习近平主席曾以此勉励青年人要有伟大志向，辛勤不懈地工作。五一小学"志勤学院"取"志勤"二字，不仅用意勉励，更表达了我们对青年人的无限期待。

我们首期交流培训活动的第二天，志勤学院的教师们便迅速投入到学习活动之中，用他们的才华、勇气和饱满的热情，让每一名参与交流的专家和教师都听到了"志勤"的声音。科学组的桑尼、孟宇，语文学科的屈亚茹，英语组的乔菲等，就如何指导学生进行小组合作学习、如何开发教学资源，以及如何筛选融合性课程的主题、如何进行多学科融合等方面的思考与困惑同专家进行现场交流。更难能可贵的是，他们中很多年轻的教师还大胆发挥自己的语言优势，试着用英语与芬兰专家交流。尽管有个别老师的英语口语还略显生疏，表达并不够流畅，但这依然赢得了在场领导和其他教师甚至芬兰专家的敬佩。说到这儿，我觉得我十分有必要讲一讲孟宇老师的故事——"遇见芬兰"：

就在今年4月，五一小学将最先进的芬兰教育请进学校，以芬中教育协会李栋秘书长为首的芬兰教育专家团如期而至，走进了五一，我也有幸与芬兰教育进行了一次亲密的接触。接下来，我就讲述一段交流过程中最令我难忘的经历。

4月15日，我们聆听了芬兰专家的讲座，讲座结束后，安排了专家问答环节，每个老师都有机会进行提问。听完精彩的讲座，我的脑海里顿时产生了许多问题想与专家进行交流，于是我第一个高高举起右手，主持人立刻把话筒递给了我。拿到话筒，我想：我到底应该用英文提问呢，还是用中文提问？用英文提问吧，会场上安排了翻译，会不会显得自己太张扬了？用中文提问吧，枉费了我英语四级的水平。事不宜迟，我还是用英文提问吧，正好也借此机会让大家看看不一样的我。于是我底气十足地用英文提出了问题。可让我没有想到的是，当我提问完毕，芬兰专家却一脸迷茫，居然和翻译面面相觑起来。只见他眉头紧锁，不解地问："Excuse me, can you say it again?"意思是"抱歉，您能再说一遍吗？"这时，全场响起了笑声。听到了大家的笑声，我立刻感到了尴尬，心想：这下糟了，我这回可出丑出大了！尽管我知道大家的笑声其实都是善意的，但我的脸还是一下子红了起来。显然，芬兰专家和翻译都没听懂我的中式英语，也就是人们常说的 Chinglish。我当时大脑一片空白，心里琢磨着：身为名校的老师，刚开口说第一句英文就把专家说蒙了，这可如何是好呀！然而现在换回中文面子上又过不去，没办法，只能硬着头皮继续用英文解释。于是，我坚持用英文反复表述，直到专家和翻译连猜带商量，大致明白了我的问题。第一次交流就这样尴尬地结束了。

不过，幸运的是，没过多久，我又获得了一次提问的机会。说心里话，当时我心里还是比较纠结的：用中文吧，别人一定会觉得我是个胆小鬼；用英文吧，又确实担心再次出现那种尴尬。后来，到底还是年轻给了我勇气，我决定依旧用英文。我想，只要我把语速放慢，把发音说清楚，专家就一定能听懂。我给自己打了打气，起立准备提问。结果意外的是，翻译竟然在此时善意地提醒我说："老师，我看这回您还是用中文吧。"听她这么一说，场面再次有点儿失控，我又听到了一些善意的笑声。虽然我能理解翻译的想法，也能理解那些善意的笑声，但我还是毫不犹豫地回答："不，这次我还是要用英文！"然而，再次让我感到意外的是，话音刚落，我并没有听到预料中的笑声，耳边响起的是全场老师送给我的热烈的掌声。那一刻，我觉得自己充满了力量。

庆幸的是，这一次，我总算没让大家失望，虽然磕磕绊绊，但我还是通过自己的努力让专家大概理解了我的意思。

听到这儿，你也许会问：既然第一次碰了一脸灰，第二次为什么还要执意使用英文交流呢？没错，你问到我心里了。坦白地讲，我知道自己英语口语不是很好，也知道直接用英语对话有出丑的巨大风险。然而，面对学校"十三五"开放化办学的美好前景，面对教育国际化的发展趋势，我觉得自己有责任用英语交流。在我看来，作为一名青年教师，要参与到学校开放化办学的实践历程中来，学会用外语交流并且拥有国际化视野是必备的素养。现在想想，老师们后来给予我的掌声，不仅仅是肯定了我的那份坚持和自尊，更鼓励了我在未来的教育之路上勇敢前行！有了这份鼓励，我相信，不只是我，每一名青年教师都会在未来前进的道路上遇到更好的自己，成就更好的教育。

这次经历之后，我渐渐有了用英语交流的底气。后来芬兰专家还走进了我的课堂，听了我的一节科学课。课后，围绕授课内容，我们还进行了交流。当然，我仍然用我那口中式英语。起初，交流还算顺畅，可随着交流的深入，又出现了新的问题：我发现有许多学科专业词汇自己难以表述。好在经过几次"交锋"，连说带比画，芬兰专家也渐渐适应了我的表达方式，这使我更加自信起来。

其实后来我才了解到，芬兰专家同我们一样，英语也是他们的第二语言。但他们在交流中所表现出的能力与水平，还有那种内敛、谦逊的品质，却着实让人敬佩。与此同时，我也深深感到自己的肩头压上了一副沉甸甸的担子——我想：要真正成为一名具有国际化视野的现代教师，要让我们的教育更好地走向世界，我们不仅要向芬兰教育学习，更要向芬兰教师致敬！如此看来，自己四级的英语水平是那么微不足道，自己学科专业词汇量又是那么匮乏。今后，我必须不断地充电学习，要走的路还很长，要做的事还很多。

这次中芬交流，我的内心被彻底地唤醒了。我坚信，自己心底那份对于教育的新的憧憬，也一定会激励着我在未来的教育之路上砥砺前行！

上面的内容是我校孟宇老师参加北京市"京教杯"演讲比赛时的一篇演讲稿，其中讲述的就是他参与中芬教育交流培训时发生的故事。或许这并不是一个多么精彩的故事，但我却始终认为它对于志勤学院和志勤学院中那些年轻的教师而言，是经典的。因为在这里，我们不仅听到了"志勤"的声音，更看到了"志勤"的精神和行动。

### 三、听评课中的思考与感悟

4月17日，是中芬教育交流培训活动的第四天，我们的数学、科学、全学科共开了八节课，请芬兰专家分头进入课堂，在听评课中与老师们展开深度的互动研讨，下面记录的便是部分老师的思考与感悟。

（一）与"全学科"素养的距离

课堂展示：陈霜霞和陈艳两位老师代表学校幸福起航课程组分别以"昆虫的世界"和"做风筝"为主题，上了两节研究课。课堂氛围轻松愉快，学生兴趣浓厚，参与主动。

专家评价：教学设计条理清晰、要求到位，围绕主题进行了多学科内容的整合融入，丰富的教学资源为学生研究创造了有利条件。

改进建议：要基于学生的兴趣爱好选择主题，围绕主题进行多学科融合一定是自然发生的；要加强多学科教师的整体备课研究，以提高学科融合的质量与效率。

思考与感悟：芬兰教师，尤其是小学教师，通常是全科教师，能胜任几乎所有科目的教学。他们全面掌握各学科知识，且懂得如何用孩子们最容易接受的方式实施教学。老师们会兼顾不同的学科一起进行备课，虽然可能会花费大量的时间进行构思与沟通，但是学生却能轻松地将学到的内容融会贯通。目前，我们绝大多数教师还不具备"全学科"素养，还无法像芬兰小学教师那样去完成我们的教学任务，我们与"全学科"素养的差距还很大。不过"虽不能至，但心向往之"，未来，我们在教师的教研、培训工作方面还需要朝着这个方向不断努力。

（二）"小"笑脸中的"大"理念

课堂展示：陈颖、王洁、孟宇三位老师代表学校科学学科进行了课堂教学展示，几位老师从学生直接生活经验入手，引导学生经历发现问题、进行猜想、设计方案、动手操作、观察发现、合作沟通的学习过程。在陈颖老师执教《传热比赛》一课时，Tinna老师走到学生活动组中，并在观摩过程中给一些学生的学习记录单上画下了小笑脸。这一简单的举动竟使孩子们表现得更加积极，明显提高了他们的参与度。

专家评价：采用引导性探究，和学生一起开展学习实践活动，这是一种很有效的教学方式，对学生主动经历真实的学习过程非常有益。

改进建议：应当在关注学生小组学习基础上，通过评价来关注每一位学生个体，正如Tinna给学生画的小笑脸一样，虽然简单，却十分及时地对学生的个体学习行为做出了积极的反馈,无形中激发了他们的学习兴趣,提高了学习效能感。

思考与感悟:我们对于评价的理解更多的是重视那种比较正式的定性或定量评价,而相对缺乏对于形成性评价的研究与操作。事实上,从评价的角度去关注学生的学习过程,会更有益于及时肯定学生个体的学习行为,帮助他们建立自信并不断使之强化。而评价的方式也可相对更加灵活丰富,更加简便易行。一个微笑,一个手势,一句赞赏,一张卡片,等等,都可能为学生个体的自主学习提供无穷的动力。

(三)关注"每一个"

课堂展示:在数学课的评课研讨过程中,宋有青、赵靖、高红梅三位老师无论是对教学内容的思考,还是课堂实施,都很好地诠释了学校在数学学科建设方面所取得的成果。

专家评价:学生能够全程投入学习,主动质疑,数学思维灵活,生生之间的表达与交流主动、充分;教师对学科教学内容的核心本质把握准确,关注学生主动学习意识和能力的培养,课堂驾驭能力强;学习活动的设计及教学策略的选择恰当,使学生从生活认知到数学抽象,从思考表面规律到探究数学本质,思维与研究步步深入。

改进建议:要合理利用"错误"资源,关注不同层次学生的发展,如在《旋转起来的三角形》一课中,教师只展示了个别学生的作品,对于没有成功或设计有问题的同学,没有给予足够的关注。教师应抓住课堂上新生成的教学资源,帮助学生一起分析原因,以此提高交流的实效性,使学生获得不同的感受和认识。

思考与感悟:芬兰强调的是"无竞争"教育,老师们从来不会用"好学生"和"差学生"来区别对待学生,只有普通帮助和需要特殊帮助的不同。当学生出现短暂的学习困难时,老师会立即提出矫正计划进行个别辅导。在这种环境下,芬兰教育不仅使孩子的潜能得到了最大限度的释放,而且从小就培养了他们平和的心态,促进了其形成完善的人格。相比较而言,因为种种原因,我们的学生在学习过程中竞争压力极大,而实际遇到困难时又大多不能在第一时间里得到帮助,久而久之,这部分学生的发展受到制约,差距随之拉大,进而兴趣、自信都受到极大影响。所以,我们深刻地意识到，"永远不要疏忽任何一个学习者！"真正关注"每一个"孩子，对于我们今天的教育来说实在是意义非凡。

在听评课交流研讨结束后，我们参与活动的领导、老师还与李栋秘书长及几位芬兰专家进行了集中的沟通。在沟通过程中，我也向他们表达了自己的观点，那就是要构建以儿童为中心，追求更适合儿童发展的基础教育，必须要处理好"三个关系"：

首先，要建立尊重、和谐的师生关系。教师要打心底里真正关心儿童，尊重他们，设计不同的学习路径，满足他们真正的学习需求。教师的学习活动设计应该关注与学生真正的学习路径的契合程度，而这既来源于教师自身对学科及教学的认识与理解，更取决于教师对儿童的真切关注与深度研究。

其次，要关注过程与结果的关系。在学习过程中教师要随时观察学生，根据他们真实的学习状况调整教学策略。特别是在小组合作学习过程中，要让每一个孩子都投入研究，重视他们的行为与思维参与的广度和深度，使他们的操作与思维相互促进，以此提升他们的学习效度。

最后，要关注共性与个性的关系。教师要注重每一个个体在学习过程中的实际获得，关注每个孩子的真实成长，认真研究如何在课堂上处理好"慢"与"快"。动手研究前先"慢"一下，自己想清楚，然后同伴交流，设计好实施方案，达成共识之后再分工合作，在做中不断反思调整；做后再"慢"一下，反思一下整个学习过程；在交流环节也不要急于呈现结果，多给孩子们留下沉淀、交流的时间与机会，让"快"的孩子再深思一下，让"慢"的孩子有时间再想想，再与同伴交流。

我不好说这几点思考有多么深刻，但从李栋秘书长频频点头中我能够看得出来，他是与我有着强烈共鸣的。从教这么多年，且抛开学生观、质量观、教育观这样高深的理性概念，我就是希望让我们五一小学的每一个学生都能在学习中得到真实的幸福成长。人同此心，心同此理，我想，芬兰教师一定也与我们有着相同的心愿吧！

## 四、我们眼中的芬兰课堂

4月18日开始的同课异构活动,第一次让我们的教师真正走进了芬兰的课堂。活动中,芬兰专家 Minna、Tinna、Maarit 三位老师分别向我们展示了家政课"烹饪煮粥"、科学课"搭建高塔"和数学课"如何做加法"。

教学中,Minna 老师由圣诞老人导入,与学生讨论粥的做法,介绍微波炉的原理和安全使用常识,带着学生认识茶匙、汤匙等用具,引导学生分小组合作煮粥,品尝自己的成果。整堂课在学生的切身体验中将物理、化学、用餐礼仪等知识"无痕"地融入,充分体现了"家政课"多学科、跨学科、实践性的特点。Tinna 老师的课堂,最大的亮点在于收放自如,做到了真正的放手,学生用了足足 30 分钟时间进行动手体验。Maarit 老师的数学课则利用她自创的"艾玛学具"引导学生在数学游戏活动中感受加法的意义。她努力放慢学生前行的脚步,放大他们思考的细节,给他们足够的时间去感受、思考、发现,在运动、实操、讲说的过程中帮助学生充分感受数字的组成。

我们知道,芬兰自 2012 年开始酝酿基础教育改革,至 2015 年正式颁布《国家核心课程大纲》,开始在核心课程中强调横贯(通用)能力的培养,并倡导用于培养这一能力所需的新型学习方式——如现象教学,鼓励各学科教师一起备课,以学生实际生活中某个话题、某个现象为主题来开展学习活动,为他们打造多学科、跨学科的课堂。应当说,五一小学低年级开设的"跨学科主题活动课程"也是从那个时期起步的,我们当时是希望通过这样的课程帮助学生从不同学科、不同视角对同一主题或内容有比较全面的认识,拉近他们生活世界和学习世界的距离。那么在这种情况下,我们到底该从芬兰的"现象教学",从他们的课堂中学习借鉴些什么呢? 专家点评和老师们的感言无疑给了我们部分启示与答案:

芬兰老师的课堂看似平实、不烦琐,但其实十分重视知识技能的培养,最大限度挖掘了教学中每个环节的意义,并在这一过程中为学生提供必要的学习支架,充分体现了课程综合性的特征。主要看点有三个,一是体现爱的教育,二是指向学会生活，三是指导社交礼仪。

——北京市海淀区教育科研管理研究所所长严星林

相较于芬兰而言，国内对于综合性课程的探索才刚起步。芬兰教育最大的特点就是源于学生生活，教育如果离开了生活，就成了无本之木、无源之水。要培养学生的创新能力，不要首先想到上天、入地，其实创造就在我们身边，就在我们学生每一天的生活之中。通过芬兰的课堂，我们不难有这样两点感受，一方面是"真正放手给学生"，另一方面则是同伴间的横向学习。五一小学能够率先且积极尝试开发这样的综合性课程既很有必要，更让人欣喜，相信芬兰的"现象教学"一定会对五一小学的课程改革产生积极影响。

——芬中教育协会李栋秘书长

芬兰数学教育专家 Maarit 对于学具"艾玛条"的设计，既让我感兴趣，更让我感动。感兴趣是因为，就是这样一套简简单单的学具，却充分调动了孩子们运用多种感官来学习数学的积极性，提高了他们对数学的学习兴趣。而感动则是源于芬兰教师的那种职业精神。他们从孩子们学习数字遇到的问题、困难出发，从教学中的细微之处思考、研究，真正把大量的精力花费在如何帮助学生解决实际存在的问题上，使教师的教学真正扎根在学生的需要中。

——五一小学教师韩梅

芬兰教师和我们不谋而合的一点是，在教学设计时都以孩子的需求为出发点。所不同的是，芬兰教师的课堂看似内容简单，但实际上老师关注了每一个细节，每一个环节的设计都随时在根据孩子的学习进程不断调整。知识点落得很实，为孩子们的动手实践、研究思考、讨论交流提供了充分的时间与空间。教育是慢的艺术，少即是多，现在的少，是为了今后学得更多、更顺利而服务。

——五一小学教师李全博

中芬教育，因为社会发展、经济状况、教育基础等众多原因，有着太多的差异，但我们始终坚信，教育的本质应当是一致的。而且，也正是因为有诸多差异，所以我们才要交流，才要相互学习，以便在比较中彼此借鉴，取人之长，不断前行。

## 五、汇报

2017 年 4 月 19 日，首期"中芬教育交流培训合作"活动进行了最后的阶段性汇报，下面是活动汇报的微信报道：

2017 年 4 月 19 日，首期"中芬教育交流培训合作项目"阶段性汇报在五一小学五层多功能厅举行。海淀区教委陆云泉主任、海淀区政府督导室屠永永副主任、海淀教科院吴颖惠院长、万寿路学区程莉主任、芬中教育协会主席亚里·安德森、秘书长李栋及三位芬兰专家、五一小学陈姗校长、赵立新书记及 130 多位干部、教师参加了结业式。

结业式上首先播放了纪录短片，回顾了本次学习交流的历程，一个个精彩的瞬间虽然都已成为记忆，但思考、碰撞、感悟还在继续。随后，起航、科学、数学三个学科的教师代表，就各自学科的培训情况和学习收获进行现场汇报，并与大家交流，展示了芬兰先进的教育理念和教学方法带给他们的启发和灵感。李栋秘书长作为中芬交流的友好使者，用"一个好校长带着一群好干部，领着一群好老师做了一件好事——就是把教育搞好"来盛赞五一小学师生的综合素养，特别对老师们深入研究的精神予以了高度评价。在谈到此次交流的意义时，他还说，这种交流方式比做一场报告、听一堂课要深入得多。

五一小学校长陈姗在讲话中真诚地表达了对海淀区教委和芬中教育协会的感谢，总结了 6 天以来干部、教师们的收获，认为他们在思想境界方面的提升，是深层次的最大收获，并表达了对进一步展开紧密、深入合作的期待。她说，接下来，学校将认真总结经验与收获，从拓展合作领域和领域内部深度构建两个方向，更加系统地规划合作的内容、方式、途径等，以便扎扎实实走好"探索小学教育国际交流与合作模式"的每一步，为学生负责，为教师负责，为学校负责，为海淀的基础教育做出应有的贡献。

海淀区教委陆云泉主任也在会上做了重要讲话，他指出，海淀区将教育国际化提升工程作为"十三五"规划十大重点工程之一，体现了海淀区对教育国际化的重视，他们对五一小学中芬教育交流培训合作项目给予大力支持，既是学校引入智力支持，实现学校发展、提升教育质量的需要，更是教委扩大海淀南部地区优质教育资源，为海淀南部地区教育发展提供高质量服务的重要举措。他希望五一小学把芬兰教育理念和学校实践深入融合，在保持本土教育特点、发挥本土教育优势的基础上，取他人之长，补己之短，走出一条发展教育的创新融合之路。

亚里·安德森是芬中教育协会主席，也是芬兰萨斯塔玛拉市委员会主席（市长），还是当地一所知名中学的校长，他在讲话中也分享了对此次活动的思考，指出芬中教育协会在中国已有很多很好的合作，芬中理念有很多相同之处，期待着与五一小学和海淀教委的合作能更深入，取得好的效果，携手并肩，创造未来。

结业式上，五一小学与芬中教育协会正式签署了《中芬教育交流培训合作协议》，并互赠了代表两国特色的礼品。在热烈融洽的氛围中，中芬双方代表共同按动启动球，寓意中芬教育的长期合作。

第一期"中芬教育交流培训合作项目"，累计组织听课18节次，评课交流18次，专题研讨6次，专题培训讲座5场，各项活动累计参与教师近900人次，无论是参与的广度还是深度，都达到了预期的目标。

至此，首期"中芬教育交流培训活动"正式结束，它标志着我们在"十三五"期间开放化办学又迈出了实质性的一步，这对五一小学的发展而言，无疑具有里程碑式的意义。

# "核心素养"背景下的合作交流

2016 年 9 月 13 日上午，《中国学生发展核心素养》研究成果发布会在北京师范大学隆重举行，对中国的教育界产生了巨大的冲击，影响更是广泛而深远。同时，它也标志着中国的教育正式迎来了"核心素养"时代。

当时我们正在进行"十三五"规划的研制工作，该如何把握这一契机，结合学校办学的实际情况扎实而有效地落实"核心素养"要求呢？带着这样的思考，我们启动了"核心素养"校本化实践的研究工作。我带领学校全体行政干部加班加点，历经半年多的时间，在学习《中国学生发展核心素养》具体内容的同时，系统梳理了学校近十余年的办学经验，包括学校的文化建设、课程建设、队伍建设、教学改革等多方面内容，终于成功构建了"五一小学幸福素养教育体系"。

2017 年 6 月 20 日，经过前期精心准备，我们邀请了以芬中教育协会主席亚里·安德森和芬中教育协会秘书长李栋为首的芬兰教育专家团队再次走进五一小学，展开基于不同课程设置背景下的课堂教学交流活动，第二期"中芬教育交流培训活动"拉开帷幕。21 日，我们顺利召开了由北京市教育学会幸福素养教育研究会（研究会由五一小学牵头成立）、海淀区教育学会主办的"北京市教育学会幸福素养教育研究会成立大会暨首届学术研讨会"，研讨会的主题便是"《中国学生发展核心素养》的校本化实践"。芬中教育协会主席亚里·安德森和秘书长李栋应邀参加研讨会，并携专家全程参与研讨活动，将此次中芬交流与研讨会有机地整合在了一起。

在研讨会上，我们组织专家进行了现场的讲座、研讨交流，还展示了涵盖小学各学科，包括融合性课程在内的 10 节研讨课。来自北京及全国各地的校长与教师代表 400 余人参加了本次大会。

在研讨会上，李栋秘书长以"核心素养"为话题，从芬兰教育与中国教育进行比较的角度为与会代表做了专题讲座，不仅使与会代表对芬兰教育有了全新的认识，而且扩大了我们进行的"中芬教育交流培训项目"的影响力，很好地发挥了我们作为海淀区优质教育资源在区域内外的辐射作用。

随后，也就是 6 月 22 日，在观摩并交流了研讨会的 10 节研究课的基础上，李栋秘书长与芬中教育协会的专家又与我们的教师以数学与科学两个学科为载体，开展同课异构活动。课后，我校 100 余名教师与芬兰教育专家针对这几节课进行面对面评议、座谈。这期间，我们能够深刻地感受到，首期交流培训活动在老师们心底里埋藏下的研究的种子，瞬间便被唤醒并激发，教学研究的热情很快便弥漫至会场的每一个角落。

研讨交流活动结束后，李栋秘书长又结合"现象教学"与"综合课程"，为全体教师进行专题培训，不但强化了我们的教师在国际视野下进行交流学习的意识，更加深了他们对"现象教学""综合课程"的理解，和对学校所开发的融合性课程的认识。同时，培训也从学校教育教学实际出发，使我们进一步明确了一个与芬兰教育之间相契合的衔接点，那就是跨学科融合性课程与课堂的探索，这为我们在后续的合作中更好地借鉴芬兰教育的成功经验，不断在学校课程建设与课堂教学变革方面取得有效进展，奠定了良好的基础。

不过让我们感到些许遗憾的是，第二期交流培训的时间略短，只进行了两天。

# 芬兰"学科融合"在中国的本土化实践

2017 年 10 月 30 日至 11 月 3 日,我校第三期中芬教育交流培训活动如期举办。与前两次不同的是,这次活动被确定为"海淀国际教育专家大讲堂系列活动",主题为"芬兰的'学科融合'在中国的本土化实践"。

针对前两期活动逐渐聚焦的问题,本期交流培训围绕"学科融合"的本土化研究展开,以课程建设与课堂教学实践为核心,分为"现场交流""分组研讨""成果展示"三大板块,通过专家讲座、课例观摩、课例研磨、专题座谈等多种形式,把我们对课程与课堂的研究引向常态,并不断深入。需要特别说明的一点是,9 月,教育部刚刚印发了《中小学综合实践活动课程指导纲要》,明确了对综合实践活动课程跨学科实践的定位与要求,这无疑为我们开展"学科融合"的本土化研究提供了一定的借鉴与政策支撑。

## 交流篇

30 日上午,芬中教育协会(FICEA)秘书长李栋,教育专家 Ali、Matti、Paula、Pia,海淀区教委国际交流与合作办公室科长郝平,海淀区教科院主任闫顺林,万寿路学区管理中心主任程莉,以及"幸福素养教育研究会"部分会员单位和我们五一小学的部分领导、老师召开了一个简短的开班仪式,随后,便组织了现场的交流。

交流中,几位芬兰专家分别围绕"芬兰学科融合的框架结构与实践经验""现象教学的基本概念及实施策略""家政课程的本质理解及现实意义",以及"教学评估的内涵价值及操作建议"等专题为老师们传经送宝,答疑解惑。同时,还现场上了四节体现学科融合的展示课,分别是数学、科学、英语和家政,使我们的领导和老师对讲座的内容有了更加直观的感受与认识。在互动过程中，李栋秘书长就教育国际化趋势指出了"教学要立足于本学科，进行其他学科融通"的发展方向，强调这样更有利于从学科知识的广度和深度上给学生更多思考与探究的空间。

通过专家讲座和现场观摩与交流，特别是李栋秘书长从课程目标、教学设计、教学实施，包括教学情境的营造、教学手段的使用等方面进行的及时点评，使我们对芬兰教育"学科融合"思想有了更加深刻的理解，同时也对"综合实践活动课程"有了进一步的认识。

**一、从课堂结构来看"学科融合"**

Pia 老师家政课的内容是"用面包片做比萨"，不仅教学内容的本身体现了一种创意，而且随着制作比萨流程的一步步展开，Pia 老师还自然而巧妙地将多学科知识与礼仪文化等内容逐步渗透到各个教学环节之中，引导学生在实践体验中学习；Matti 老师的科学课则从开课伊始，便平行推进科学与数学两大主题，整节课，学生都是一边感受着宇宙的神秘，一边用数学的手段去帮助自己加深对宇宙的认知。这两节课充分体现了"综合实践活动课程"的动态开放性属性，强烈冲击着我们固有的教学观念，让我们清楚地看到，"学科融合"其实就是这样在教学中自然而然地发生的，只因为我们需要它。

**二、从活动设计来看"学科融合"**

"综合实践活动课程"倡导考察探究与设计制作等多样化的学习方式。Matti 老师的科学课上，全班学生共同"玩"了一个关于宇宙空间里都有什么的游戏，在游戏体验中将科学与数学巧妙融合；Paula 老师的英语课本是语言的学习，却与家政课内容进行了融合，将学生对语言的学习融于对家政实践的快乐体验之中。由此可见，实践与游戏是芬兰课堂中"学科融合"最主要的实施策略之一，其本质就是帮助学生"在体验中快乐学习"。

**三、从专业能力来看"学科融合"**

Ali 老师的数学课是一节复习课，他用简单计算、按要求填数和图形代数三组题，十分轻松地实现了从直观数字计算到数形结合的过渡，巧妙渗透代数思想的同时，也准确把握了学生对知识的掌握情况，为进一步的分层教学做好了铺垫；Paula 老师的英语课拒绝翻译协助，而是通过游戏等方式，成功调动学生积极且全身心地投入到学习之中。这些都充分说明，"学科融合"从教师专业能力角度讲，需要教师准确把握教育本质规律，方能在教学中驾轻就熟，游刃有余。因此，为确保综合实践活动课程"学科融合"目标的实现，我们确实应当为教师的专业发展提供更多的专业支持，不断提高教师的研修水平。

## 研讨篇

　　10 月 31 日起，我们第三期交流培训活动进入深度分组研讨阶段。此次研讨分别成立了家政、数学、科学、英语、现象五个核心小组，其中数学、科学与英语三个小组研究方向是"基于学科的融合"，而家政、现象小组主攻方向则是"全学科的融合"。研讨的主要目的是通过与芬兰专家开展深度教研，让"学科融合"思想清晰烙印于老师们的头脑之中，实现教育观念上的贯通，进而使其本土化实践得到进一步落实。在分组研讨过程中，李栋秘书长与几位芬兰专家分头深入各组，与各组教师一起研磨教学课例，通过对一节节具体课例的研究、设计、试讲，让原本相对抽象的"学科融合"思想具体化为实操层面的教学行为。

　　经过两天多的分组研讨，各小组在"学科融合"的本土化实践方面都有了较大的收获，甚至是突破。

　　**家政组——从"家务"到"家政"的理念转变**

　　跨学科融合是家政课的本质属性。以"包饺子"一课为例，教师在指导学生学习包饺子的过程中，不仅要组织学生在实践中体验并学习包饺子的基本方法，更要通过包饺子的实践，将关于饺子的文化等相关领域的学科知识渗透其中，自然而然传递给学生，实现语文、数学、科学等诸多学科内容的融合。

　　实践体验是家政课教学的基本方式。深入家政课的研究之后，我们有一个深切的感受，那就是传统课堂太过于"虚拟化"，在很多情况下，学生都是在教师创设的虚拟情境中学习，本质上并没有"真正进入学习状态"。而家政课则不同，使学生在亲身实践中经历真实体验是其最基本的教与学方式。Pia 老师的做比萨，我们的包饺子，还有 Paula 老师融合了家政的英语课，呈现的都是学生在实践体验中的学习。这种实践体验带给学生的是真实的生活、学习的快乐，是实践中的能力与习惯的养成，更是他们追求美好生活的志趣与理想。

培养"人"是家政课技能学习背后的终极目标。从学科课堂教学角度来看家政课，老师们往往会走进一个误区，那就是过于注重结果性目标的达成，即注重方法的完美掌握。但事实上，通过对家政课的深入探讨，我们逐渐意识到，所谓的技能、方法的掌握只是家政课表层的内容，或者说只是一个达成育人目标的载体。家政课真正的目的是通过实践去培养"人"——培养学生的人格、品质，培养学生的各种意识、情感，培养他们生活、学习、思维的习惯，然后才是技能。

**数学组——纸上得来终觉浅，绝知此事要躬行**

在研讨过程中，我们清楚地认识到，"学科融合"思想所体现的不仅是对知识传授与能力培养的重视，更体现了对促进学生"作为一个发展的人如何实现其社会性发展"的重视。我们数学小组所研究的数科整合课"观察范围"，是在甄选大量素材的基础上，确定的数学内容"观察的范围"和科学内容"光与影"的融合，对此，芬兰专家 Ali 老师给予了充分的认可。

令大家印象特别深刻的是，在试讲过程中，当大家都为没有达到预期效果而无所适从的时候，李栋秘书长一语中的，告诉我们，虽然要进行学科融合，但并不意味着要平均使用力量。这立刻使我们豁然开朗，也使原本相对独立的几个教学活动，终于自然地统一呼应于学生的认知发展水平，帮助他们实现了从具体思维向抽象思维的过渡。

**科学组——如何改变我们的科学课堂**

从"学科融合"视角来看，科学之所以是一个备受关注的学科，一个十分重要的原因就是小学生天生对周围世界拥有强烈的好奇。他们极其渴望去亲自探究，而这，既是他们学习的兴趣，更是他们成长的需要。那么，我们该如何基于这种学科的本质属性来改变我们的课堂呢？

首先，科学课堂上学生活动的角色一定要责任到人。科学课特别强调实践，强调活动，强调学生间共同合作去完成实验探究任务。因此，在学习小组中明确角色分工便显得异常重要。课堂上，我们通过设立"实验员""观察员""记录员"等角色，既明确了每名小组成员在学习中的任务，更培养了学生的角色与责任意识。

其次，"大单元教学"为我们打开了"学科融合"的新视野。在组内探讨交流过程中，大家都对 Matti 老师的"太阳系"一课念念不忘。事实上那节课在芬兰一般要持续四节课，每节一小时，分四天完成，采取的是"大单元教学"的实施策略。而在这一过程中，老师会根据学生的需求不断调整设计，重新编排并优化教材内容。应当说，这种基于"大单元教学"的设计思路，确实为我们进行"学科融合"提供了一个更加广阔的舞台。

最后一点是"无竞争"的教学评价。研讨过程中我们还了解到，芬兰教师非常注重随机而自然的评价，他们强调评价要指向对学生兴趣的调动、潜能的激发和学习活动的持续等方面，而不应在谁好谁不好、谁领先谁落后上甄别、选拔。事实上，这种评价思想带给学生的才是学习上的真正轻松。

**英语组——"用英语"而不是"学英语"**

李栋秘书长和芬兰专家 Paula 女士在与英语组的老师们围绕"名人"一课教学进行深入研究时，提出一个鲜明的观点，那就是要让学生学会"用英语"而不是"学英语"，这使大家都有眼前一亮的感觉。

确实，我们的英语教学太过于关注学生的"学"，很多时候甚至是为了学而学，这恰恰忽视了英语作为一种语言所具有的工具性——"用"。所以，在课堂上，我们真的是应当尽最大努力来鼓励学生进行真实的交流与表达，引导他们在用英语的实践中学，在活动中学。英语学习需要有大量的输入，但同时更需要输出。教师应当创设宽松的教学氛围，给每个学生留出成长的空间，要允许学生犯错误，要真正关注他们的思维在这一过程中的发展。

其实芬兰与我们一样，英语也是他们的第一外语。不过他们的英语教学更强调要创设良好的应用环境和宽松愉快的学习氛围，教师会把对英语的学习自然地融入课上与学生的交流之中。学生从三年级开始学习英语起，教师就会运用丰富多彩的课堂活动给学生创造大量口语表达的机会。而学生在活动过程中，也非常愿意用英语进行表达，主观能动性强，学习效率自然很高。此外，他们还会通过"学科融合"的方式，不断强化学生英语学习的快乐体验。

**现象组——芬兰的"现象教学"**

经过几天的研讨交流，我们对芬兰的"现象教学"不仅有了更多的了解，而且在更深层意义上也感受到了"学科融合"的魅力，得到很多启示。

在芬兰，不同地区的学校所进行的"现象教学"，其实内容也是各不相同的，有着比较明显的地域性特征。不过不管什么内容，他们所进行的"现象教学"都具有极强的开放性，都对教师实施教学的能力有很高的要求。另外，"现象教学"在实施地点方面也不受局限，哪里适合教学，哪里就会成为"教室"。

在课例研磨的过程中，芬兰专家 Pia 女士还从主题的选取——是否真正来源于真实生活中的"现象"，到内容的设计——是否符合学生的真实需求和学生认知发展规律；从小组合作的细节把握——如何根据学生需求进行重新分组研讨，到课堂教学的深度评价——如何运用合理的方法评估课堂目标的达成等方面，为我们逐一细致剖析，使我们深深感受到，芬兰教师课堂上看似轻松随意的背后，其实贯穿的是治学的严谨。

## 成果篇

11 月 2 日，交流培训活动进入成果展示阶段，家政、数学、科学、英语、现象五个研究团队分别以课堂教学与点评互动的方式，依次展示各自对"学科融合"的思考与理解。Ali、Matti、Paula、Pia 等几位芬兰教育专家全程参与成果展示，并在展示后与我们的老师进行面对面的交流。

"包饺子"是家政组的展示课，以中国传统习俗包饺子为内容主线，融传统文化与语文、数学、科学、品德等诸多学科知识为一体，帮助学生在切身的生活实践过程中，形成能力、养成习惯、掌握知识，体验生活与学习的美好，充分体现了家政课程"跨学科融合"的强大优势。

数学组展示的是数科整合课"慧眼识盲区"，将数学内容"观察的范围"与科学内容"光与影"巧妙融合，围绕"摄像头的安装位置""盲区的寻找"等具体问题，引导学生运用数学知识解决科学问题，实现了从"现象"到"科学"的跨越。

科学组"溶解的快与慢"一课，则采取了"大主题分组"与"结构化记录单"的学习方式，引导学生在实验中观察、比较和分析糖、盐、酱油、洗手液等近十种生活常见物品在不同条件下的溶解情况，恰当地融合物理、化学、数学等多学科知识，以此来培养学生基于生活实践的科学素养。

在 Paula 老师的指导下，英语组教师在"Famous People"一课的教学中创设了真实的英语阅读情境，把阅读时间与空间最大限度还给了学生，让学生在自主阅读基础上再进行充分的小组讨论，真正实现了英语课堂上的"真阅读，真思考"。40 名学生 40 种想法，使英语阅读方法、技巧的学习由传统的教师教，自然而然地变成了学生学。

"我们去哪儿"一课是现象组的展示课，集中体现了"现象教学"极强的开放性特征。课堂上，学生围绕"去哪儿"这一核心话题，根据自身需求直接在网络上检索信息，提取信息，整理信息，并据此做出自己的判断。这种基于网络环境的真实学习，为学生打开了一个全新的世界，使看似"有形的教室"拓展成为相对"无限的网络空间"。

活动后，李栋秘书长进行了集中点评：

1. 从"有活动"到"动起来"，老师们教研的状态发生了本质上的变化。

2. 分学科教学虽然更加突出学科属性，但却在一定程度上人为造成了认知上的割裂与学习上的大量重复。

3. 教师在教学中需要用精准的语言来表达，对学生学习的要求与指导要标准化，不能全凭经验的传承，只有这样，才能更好地促进学生逻辑思维的发展。

4. 教师在准备教学的过程中，不能仅围绕一个知识点去设计教学，而应当尽量系统地考虑，进行整体安排。学生科学素养如何形成，集中体现在我们如何引导他们在产生的误差背后寻找其中的原因。

11 月 3 日下午的结业仪式上，我校李志芳副校长对本次活动做了全面总结。她用"项目式研讨，系列化研修，浸入式深度学习，实现新的成长"四个小标题，高度概括了本次活动的特点，并结合芬兰课堂"重趣味、做中学、巧融合、倡思维"的本质特征，提出了我们进行芬兰"学科融合"本土化实践过程中需要努力的方向。海淀区教育科学研究院吴颖惠院长则在发言中强调了开展对外教育交流与合作，及进行"学科融合"本土化研究的重要意义，并结合"中国教育学会'十三五'教育改革实验区"工作，与海淀区"基础教育国际交流与合作能力提升研究"的实验主题，对我校中芬交流培训活动提出了殷切的期望。

活动结束后，几位参与本次活动的芬兰专家还分别为我们写下寄语，我也在我们精心印制的纪念册《幸福素养教育　绽放国际之花——五一小学"中芬教育交流培训合作"项目之"芬兰学科融合的本土化实践"》最后的"跋"中认真写下自己的感悟：

虽然芬兰教育与中国教育存在着东西方文化背景上的差异，存在着社会发展现实状况的差异，但教育的"道"是一致的，教育的"理"是相通的。所谓"道"和"理"，我想，就是我们大家一直都在努力探索的基础教育的本质。

# 面向未来的课堂教学变革

2018 年 4 月 9 日，春天去了又来，芬中教育协会李栋秘书长及其教育专家团队也是去了又来，我们第四期交流培训活动随之正式开启。这次活动聚焦于"面向未来的课堂教学变革"这一主题，我们精选了 54 名有着丰富教学经验的优秀教师，分别组建了数学、英语、科学和家政四个学科的研究团队，围绕学科融合、教学与生活的融合、信息技术与课堂教学的适切应用等方面内容，展开了深入的研究与实践。

交流中，我校张薇主任、王洁老师、李雪莲老师、隋红军主任还针对前三期交流培训的收获，分别阐述了数学、科学、英语、家政等学科在汲取芬兰先进课程理念基础上，进行本土化研究与实践所取得的进展和成效。我校青年教师毕文冉代表研究团队全体教师分享了他们前期的收获与思考，同时表达了一定珍惜学习机会，学有所思，学有所获并最终学以致用的愿望。我们的联谊校四川剑阁县田家小学、龙江小学、剑门关小学的部分领导与老师也参与了这次交流培训活动。其间，程大俊主任还十分兴奋地表达了自己的感受：在情境化、生活化的活动中教学，让孩子们轻松学到知识，这一点是非常值得学习的。

## 一、我们的尝试

杜威曾说，如果我们还以昨天的方式来教育今天的孩子，那无疑是在摧毁孩子的未来。但面向未来的课堂究竟又是什么样的呢？

这是我们的课堂：

张娜老师执教的是五年级的数学课"正方体展开"。课上，孩子们围绕"如果想要得到指定的展开图，我们需要剪几刀？剪在哪儿？"两个核心问题，通过想一想、画一画、剪一剪的活动，在思考—尝试—验证—反思的研究过程中，不断经历二维与三维之间的转化，从动态的角度对立方体特征进行再次深入认识，以此进一步发展学生的空间观念。英语课上，窦晓硕老师通过 Pad 发布多种学习任务，引导学生根据自己的实际情况自主选择，并通过实时上传作业进行反馈，使学生的学习与教师的指导变得更加自主，更加有效。张燕老师执教的家政课"吃的学问"，将"吃"置于中国饮食文化的大背景下，引导学生在多种多样的活动中展开学习，不仅使课堂有了文化的深度，而且帮助学生解决了身边许多与"吃"有关的问题，提高了课堂学习的生活应用价值，凸显了家政课服务生活的特质。王洁老师执教的是科学课"动物的卵"，学生在课上通过自主的实验观察来认识动物卵的结构，进而建立结构与功能关系的核心观念。学生的实验过程始终在观察、猜想、验证中进行，这使他们的实证意识在无形中得到极大提升。

我们再来看看芬兰几位专家的课堂：

Marjo 老师执教的是一节十分有趣的数学游戏活动课，内容实际是编程。课堂上，学生们自己发出指令，自己进行操作，在活动中体验，将编程从人机对话转化成为生生对话，没有头疼的源代码，只有有趣的挑战项目。从课堂分组到对沙漏的巧妙使用，再到在学生活动之前强调编程规则，我们都不难看出 Marjo 老师的教学技巧和教学智慧。Tinna 老师执教的是三年级主题为"Food"的英语活动课，用 co-teaching 合作教学的方式联合另一位助教 Pia 进行授课。学生分为两组，一组为 shopping 组，练习购物语言；另一组为 work 组，进行合作对话交流，使学生在真实活动中习得语言。此外，这节课还涉及汇率和估算商品价格等数学范畴的问题，渗透了跨学科教学理念。Pia 老师执教的家政课"水果沙拉"，课堂轻松愉悦，任务清晰明了。老师在接近于真实的生活情景中，向学生娓娓讲述关于水果的各种知识，并通过细致的指导，帮助他们比较轻松地完成了水果沙拉的制作。Matti 老师执教的科学课以"光"为主题，通过让不同的小组做不同的实验，共同复习光这种能量形式在不同生活化情境下的不同现象,进而通过学生汇报,将各组间的信息共享,使全体学生形成对光的认识。

## 二、慧眼看课堂

课后,李栋秘书长对这些课进行了十分中肯的评价。

他首先高度肯定了王洁老师在课程意识和教学策略设计中的提升,并指出科学探究本身就是发展科学思维的过程。他强调科学教育应源于生活,课程设计要与学生的生活经验相匹配,那些"大而悬""形而上"的东西研究起来不但很难,而且也不会引起学生的兴趣。做科学实验要从小的现象、常识性的问题入手,这样才更容易把学科最核心的本质知识根植于学生的内心。

对于英语教学,他则强调,"合作式"教学不仅要依靠教材模拟情景,更要从生活入手,创造自然情境下的自由对话,以使每名学生都能有凭借自己的理解运用英语的机会。但他也强调"合作式"教学手段并不能满足不同层次学生学习目标的达成,像 Tinna 老师的课堂那样,教师要有全科意识,要关注跨学科项目的学习,尽量在课堂中把与之相关的各学科知识融合在一起,以培养学生的横向迁移能力,满足不同层次学生的不同学习需求。

数学方面,李栋秘书长借芬中教育协会专家的"无设备编程"一课,指出数学课讲的是"理"不是"数",教师应当想办法把那些复杂的原理用最简单的设计方式呈现出来,这样才能让处于不同水平的老师都能把相同的内容讲出相同的效果,让处于不同水平的学生也都能达到或接近相同的学习水平。他认为,这就是教学设计所体现出来的重要性。他还说,五一小学数学学科的教学目前已经达到了一个较高的程度,在这种背景下,我们数学教学的设计应当向着更高层次转变。

对于家政课,他强调背后有系统的理论支撑,不是把衣食住行直接搬到课堂上来的活动课。在他看来,家政课看的不是课上要"做什么",而是要看老师在课堂上如何"引导学生做"。家政课一定要在课程化、科学化基础上,从简单入手,由简入繁,培养学生照顾自己、照顾他人的能力,从而提高他们的生活品质和幸福指数。这既是上家政课的基本原则,更是家政课程实施的核心目标。

我们一部分参与活动的教师也有自己的思考：

**李 平** 张娜老师这节课源自于七年级检测的一道题目，本身对孩子们来说是很有挑战性的。教学中，张老师先让学生大胆猜测，然后逐步深入，让学生亲自动手实验证明，最后再根据大家成功、失败的经验进行总结提升，有章法，有技巧，紧紧把握住了学生思维发展的脉络。相比较我们的课堂而言，芬兰教师Marjo的课则另辟蹊径，将我们认为很高深的"编程"内容巧妙融入数学课中。学生从简单有趣的任务出发，在不断经历讨论、尝试、失败、总结之后，最终走向成功。在孩子们用"程序性"的语言来表达的那一刻，我不仅理解了"编程"作为一种数学能力，其实是精确、简练的语言表达，同时，更深深感受到了"无设备编程"这样的数学课的巨大魅力。

**于丽明** 我觉得"正方体展开"这节课最突出的一点就是，学生是从无序的动手操作与多次的失败尝试中，解决了剪几条棱和怎样剪的问题，并最终取得了成功。这一过程有效培养了孩子们遇到问题要积极思考，学会在尝试中寻求规律、寻找答案的思考方式。

**李 莉** 芬兰教师Marjo的课，仅在开课之初尽可能详细地明确任务，解释规则，明晰注意事项，之后便把课堂完全交给了学生，这一点给了我极深的印象。学生经过四次描述并拼图的过程，领悟了编程思维的过程，即：明确任务—拆解任务—有序重组—准确描述—逐步完成。学生在任务驱动下全身心投入，竭尽自己所能去努力尝试、调整，直至成功。课堂上教师的轻松完全得益于课前的思考和设计，方使其在不着痕迹中达成培养学生思维的目标。

**王 艳** 我们把英语当知识教，而芬兰教师把英语当能力来培养，这使我意识到，我们的英语课堂亟须从关注学科知识，转变为关注学科素养。

**梁春玲** 家政课程对我们来说是全新的体验，张艳老师"吃的学问"一课，内容丰富，家政课程学科融合的特点十分突出。学习内容从学生生活实际中来，又在学习过程中回归到现实生活中去，充分体现了家政课程的实用价值。

**王 洁** 听了几位芬兰专家的课后感受颇多，如果把这些感受凝练成几个短语的话，我想应该是：基于素养、高于教材、立足课堂、心系学生。

**孟宇** 走进芬兰教师的课堂，我深刻地感受到决定课堂质量最关键的因素，不是教学资源是否丰富，也不是学生有多出色，而是教学的设计者是否站在有助于学生持续发展的角度，对教学进行巧妙的设计。就像"无设备编程"一课那样，或许真正高效的课堂未必如我们想象中那般复杂。

从这些坦诚的评价与感悟中我们能够理解，或许我们心中的未来其实不在未来，而就在当下，就在我们每一节精心设计的"面向学生未来"的课堂中。

### 三、坚持"真交流"

4月13日是第四期中芬交流培训活动的最后一天。值得一提的是，这一天我校有幸承办了"海淀区校本研修邀约展示活动"。海淀区教委国际交流与合作办公室郝萍科长、海淀区教师进修学校赵杰志副校长带领海淀区部分学校60余名继教工作负责干部共同走进我校，也参加到我们的交流培训活动之中。

在展示活动中，我代表学校表达了我们对校本研修工作在教师队伍建设方面重要意义的深刻认识和高度重视，详细阐述了我校开展"中芬教育交流合作项目"以来在助力教师成长方面所发挥的作用，以及将其作为校本研修邀约展示的缘由，并随后请我校谭中玲副校长从"需求""实践""成效"三个方面，向与会领导、嘉宾具体介绍了合作项目开展的情况。

在观摩了我校数学学科王晓丽和英语学科李博两位教师的展示课及现场研修之后，郝萍科长结合当前教育国际化大背景，向大家介绍了海淀区教委区域内开展国际培训的简况，在充分肯定我校"中芬教育交流合作项目"规划的系统性和扎实落地的有效性的同时，鼓励我们作为校本研修邀约展示活动第一所承办校，要发挥好示范引领作用。接着，赵杰志副校长又从"活动背后的思考"切入，从"校本研修是什么——校本研修的价值和意义""回去后做什么——提高校本研修质量""校本研修关注什么——精心设计教研活动"三个方面分享了自己参加活动的感悟。

这次"校本研修邀约展示活动"恰逢其时，水到渠成地与我们的第四期中芬教育交流培训活动结合在了一起，搭建了新的平台，扩大了我校中芬交流活动的影响力，有效发挥了交流培训活动促进课堂变革、提升教学质量的积极作用。

"校本研修邀约展示活动"结束后，也就是13日的下午，我们还与芬中教育协会一行专家召开了一次座谈会。会上，大家一起观看了回顾本次活动的短片，重温了那些精彩而美好、令人感动又引人深思的瞬间。老师们聚焦"真问题"，畅谈"真收获"，自由表达各自的感受和建议。李栋秘书长与几位芬兰专家则不时夸奖我们的老师是"真做""真研究""真付出"，句句肺腑，句句真情，让我们真切感受到活动结束这一刻他们的那份不舍。

特别值得一提的是，芬兰驻华大使馆科学与教育参赞Mika也应邀出席了我们的座谈会，他在发言中强调中芬教育的交流与合作非常密切，强调合作将意味着双方都能通过这种交流学习实现实质性提升，同时也表示会为双方的合作提供更多的支持。

其实这次座谈会也给了我极大的触动，虽然看似没有那么严谨地进行组织，但我们双方却在这种自由的沟通与交流中走进了彼此的内心。芬中教育协会几位专家的敬业、专业，真诚、严谨，我们教师的虚心、协作、高度执行与倾力付出，都让我这一校之长感到欣慰与自豪，同时，也更对这一交流项目走向常态、走向深入、辐射更多学科产生深深的期待。

或许，我们现在确实还无法描述面向未来的课堂教学到底应该是一种什么样态，但我们却清楚地知道，我们的课堂教学变革正在进行，就在我们老师每一节充满思考的课堂上……

目前，虽然我们的"中芬教育交流与培训"项目仍在持续推进，但我们并未止步于此。相反，我们正在积极谋求与加拿大等教育发达国家展开新的合作项目。新机遇意味着新挑战，深入探索国内外交流合作的工作思路，不断强化具体措施，这是我们深化教育改革中一个崭新的领域，更是学校发展变革的强大动力与必由之路。在这一过程中，我们将围绕学生发展，围绕全面育人，进一步更新教育理念，科学配置教育资源，变革学校发展模式和育人模式，促进人才培养的多样性、个性化，努力形成人才培养新格局。

附件：

# "中芬教育交流培训合作项目"大事记

☆ 2016 年 12 月 10 日，陈姗校长邀请重庆谢家湾小学刘希娅校长来五一小学访问。通过交流，学校行政团队对芬兰教育有了更多的了解，进而开启了和芬中教育协会进行教育交流与合作的思考……

☆ 2016 年 12 月 21 日，《海淀区五一小学"十三五"发展规划》最终定稿，"开放化"办学正式成为五一小学"十三五"期间发展的战略目标……

☆ 2016 年 12 月 29 日，芬中教育协会李栋秘书长应陈姗校长邀请，首次走进五一小学，双方就中芬教育间的差异等话题交换意见，加深了解。同时，五一小学也向李栋秘书长表达了和芬中教育协会进行教育交流与合作的意愿……

☆ 2017 年 1 月 18 日，芬中教育协会李栋秘书长偕同两位芬兰专家再次来到五一小学，与陈姗校长及部分干部就五一小学同芬中教育协会的交流与合作进行了具体协商……

☆ 2017 年 4 月 13 日，首期"中芬教育交流与培训"活动拉开序幕，芬中教育协会李栋秘书长第一次走进五一小学的课堂……

☆ 2017 年 4 月 15 日，芬中教育协会芬兰教育专家团队飞赴北京，走进五一小学，首期"中芬教育交流与培训"活动在开班仪式的热烈气氛中正式开始……

☆ 2017 年 4 月 19 日，首期"中芬教育交流与培训"活动进入最后一天，在阶段性汇报过程中，在海淀区教委陆云泉主任、海淀区政府督导室屠永永副主任、海淀教科院吴颖惠院长，以及万寿路学区程莉主任的见证下，五一小学陈姗校长与芬中教育协会亚里·安德森主席正式签署了"中芬教育交流培训合作协议"，标志着五一小学与芬中教育协会的交流培训项目正式启动，也标志着五一小学"十三五"期间在"开放化"办学道路上真正迈出了坚实的一步……

☆ 2017 年 6 月 22 日，芬中教育协会李栋秘书长再次携两位芬兰课程专家走进五一小学，展开同课异构活动，作为首期"中芬教育交流培训活动"的后续，进一步巩固首期培训成果……

☆ 2017年8月13日至23日，谭中玲副校长随海淀区教育科学研究院严星林所长一行10人赴芬兰进行教育考察与交流，深入学校与家庭，全面了解芬兰教育文化，为进一步推进学校"中芬教育交流与培训"项目积累了丰富的直接经验……

☆ 2017年10月30日至11月3日，第三期"中芬教育交流培训"活动按计划如期举办。此次活动被确定为"海淀国际教育专家大讲堂系列活动"之一，主题为"芬兰的'学科融合'在中国的本土化实践"……

☆ 2018年1月30日至2月10日，由张贺璠副主任带队，崔莹、赵家珍、景秀娟、梅红等几位教师与47名学生首次赴芬兰开展研学活动，走进芬兰课堂，感受芬兰教育和文化……

☆ 2018年4月9日至13日，第四期"中芬教育交流培训"活动如期举办。活动聚焦于"面向未来的课堂教学变革"这一主题，围绕学科融合、教学与生活的融合、信息技术与课堂教学的适切应用等方面内容展开深入研究与实践。芬中教育协会李栋秘书长及其教育专家团队一行7人全程参与此次活动……

☆ 2018年6月26日至29日，陈姗校长、谭中玲副校长、张雪刚主任、隋红军主任、张贺璠副主任、许大地副主任一行6人赴重庆华润谢家湾小学，参加由芬中教育协会、重庆高新区管委会和市教育学会共同主办的第四届中芬基础教育高峰论坛……

☆ 2018年7月15日至26日，卢欣宇主任带队，黄建鹏主任以及杨建海、郭建玲、闫宜端三位教师与50名学生赴芬兰进行研学旅行，并通过博物馆课程、营地课程等方面的切身体验，进一步了解芬兰的历史，感受芬兰教育生态和文化……

☆ 2018年8月15日至22日，张育红副校长带着乔菲和王晓丽两位老师赴芬兰，参加"芬中教育协会高级研修班"的学习，深入教育教学一线，在研修中不断加强对芬兰教育，特别是教师培养和课程改革等方面的了解……

# 第5章

## 打造"智慧校园"，谋求创新发展

2010年7月29日，《国家中长期教育改革和发展规划纲要（2010—2020）》（以下简称《纲要》）正式发布，指出："信息技术对教育改革发展具有革命性影响，必须予以高度重视……"同期，教育部也正式发布《教育信息化十年发展规划（2011—2020）》，并提出了落实《纲要》的具体意见，意味着教育信息化发展已经上升到国家战略层面。

"智慧校园"的概念最初由浙江大学在信息化"十二五"规划中提出，倡导以物联网为基础，以各种应用服务系统为载体，将学校教学、科研、管理和校园生活充分融合，形成一种智慧化、一体化校园工作、学习和生活环境。这一概念向我们描绘的是一种无处不在的网络学习环境，融合创新的网络科研，透明高效的校务治理，丰富多彩的校园文化和方便周到的校园生活。

五一小学同中国千千万万所学校一样，也从那一时期开始，认识到信息化将会对学校教育工作产生巨大的影响，进而在学校教育信息化道路上，在"智慧校园"建设上，开始了一系列的探索与实践活动。本章所记述的，主要是在教育信息化发展代际跃升过程中，在构建学校"智能"特征，打造"智慧校园"过程中，我们在技术环境改造与提升、教与学方式变革、信息技术与教学融合等方面的一些做法与思考。

# 向教育信息化迈进的"两个五年"

　　我这里所讲的"向教育信息化迈进的'两个五年'",指的就是我们的"十二五"和"十三五"——虽然"十三五"现在还没有结束。应当说,对五一小学而言,这"两个五年"不仅是我们在学校育人环境、教育变革、全面提升育人质量等方面实现大蜕变的重要时期,更是我们进入新的时代在现代办学理念影响下实现高位快速发展的关键时期。与此同时,我还觉得这"两个五年",也是我们努力向教育信息化迈进的一个加速期。

　　我校"二期改建工程"于2010年11月正式启动,恰逢"十一五"结束、"十二五"即将开始之际,改建内容涉及体育馆、食堂、礼堂、普通教学楼等多项基础设施。整个"二期改建工程"于2014年年初全部竣工,历时3年多,由此使我们的办学条件和整体面貌都有了较大改变。事实上,伴随这些基础设施的改建,我们的信息化基础设施配备也在同步进行,因为"十二五"之初,我们便将学校信息化建设工作定位于助推学校实现新发展的重要战略,纳入了学校发展规划。

　　记得在规划"十二五"期间,信息化建设工作之初,我就和全体干部、教师强调:信息化建设必须要与教育教学相结合,信息化上的投入必须要落地有声。随即,我们制定了信息化建设的基本思路:

　　从铺设教育教学网络、完成基础设施建设普及,到进行教育科研、网络办公环境、学生素质评价综合系统的开发、应用,实现从规模普及向整合应用的转型,通过将信息技术有效应用于教育教学,全面提升教育质量和管理效能。

"十二五"期间，我们坚持"适度超前、科学规划、以人为本、软硬件建设并重、工作与研究相结合"五大基本原则，相继完成了"视频远程会议系统、数字化校园软件建设、传媒中心项目、班级多媒体建设、媒资管理系统、IP广播项目、虚拟演播室、信息发布系统"等近20个信息化建设项目，使学校信息化建设在硬件、软件环境上发生了彻底的改观。

如果说"十二五"期间的"智慧校园"建设，我们更多还是停留在数字校园的发展阶段，更多还是在强化学校信息化基础设施设备的改造与升级工作的话，那么，进入"十三五"，我们的信息化建设工作，则全面转向为通过平台与技术的实际应用，提升工作效率，提高育人质量，真正进入到"智慧校园"的建设中。

研制"十三五"规划之初，我就和全体干部强调信息化建设工作在"十三五"期间的重要性，并且多次组织大家进行信息化方面的专题学习、交流讨论。我们负责制定"十三五"信息化工作方案的干部张贺璠副主任——我在第二章曾经描述过他的成长——当时他刚刚接手学校的信息化工作，虽然年轻、有精力、有热情、脑子也灵，但他制订的信息化建设方案仍然被推翻、调整了十几次。

最后，我们围绕"统筹规划，分步实施；整体推进，突出重点；优化应用，资源共享；立足高端，跨越发展"四大原则，以"引领教师发展，促进学生成长，提高教育质量，提升管理水平"为目标，从"智慧学习、智慧管理、智慧教研和智慧服务"四大应用领域着手，对"十三五"时期信息化建设工作进行了全面的设计与布局，力争到2020年，最大限度发挥信息技术在学科教学、教育科研、师资培训以及教育管理等方面的作用，服务好学生、教师、家长与管理者四类对象，推进智慧学习、智慧教研、智慧服务和智慧管理四大应用，促进教育观念现代化、教学内容现代化、教学服务现代化、师资队伍现代化和教育管理现代化五个现代化的实现。

智慧学习：推广移动学习、泛在学习、协作学习、探究学习等信息化学习方式，鼓励师生探索各种新技术的教育应用，通过信息技术与教学的深层次融合，提升学生学习兴趣,大幅度提高教学质量与学生素质，促进学生健康、快乐、幸福地成长。

智慧教研：创设良好的网络教学、教研环境，建立基于网络的教师协同教研平台，使其在全区范围内得到推广应用，切实提升教研质量。全面开展教师信息技术应用能力培训，提升教师的教学智慧，促进教师专业发展。

智慧服务：提供智能沟通服务，包括随时了解孩子在校学习情况，及时了解孩子学习成绩及变化，及时查收学校、教师发布的教学、考试、出勤等信息，或反馈孩子家庭作业完成情况等信息，及时为公众提供相关资源与信息服务等。

智慧管理：解决教育管理服务信息化体系不完备、信息标准不统一、互联互通不畅、信息资源分散、共享程度低、应用水平不高、低水平开发和重复建设等制约教育管理现代化的基础性问题，推动深层次应用。为教育管理提供资源配置、数据集成、信息管理、运行状态监控、教育质量监测等业务支持，实现教育的智能决策、可视化管控、安全预警和远程督导。建立智慧教育系统的运维机制，保障 IT 基础设施、信息化系统的全天候正常运行，为智慧教育提供运行维护、应用培训等业务支持，保障智慧教育的可持续发展。

2018 年 6 月 7 日，国家市场监督管理总局、中国国家标准化管理委员会正式发布了国家标准《智慧校园总体框架》(Smart Campus Overall Framework)，对如何部署智慧校园的总体架构，如何实现智慧教学环境，如何构建智慧教学资源，如何部署智慧教学管理系统，如何构建智慧教学服务等进行了明确规范。这给我们正在推进的"智慧校园"建设带来极大的启发。

国家标准《智慧校园总体框架》，再次坚定了我们确定信息技术与教育教学深度融合的方向与目标。这是我们"十三五"期间的重点突破工作之一，我们在反复论证的基础上认识到，我校信息化顶层设计必须以"需求引导、应用驱动、统筹推进、融合创新"的思路来推进，将创新应用信息技术手段与我校教育现代化发展目标相结合，进而打造五一小学信息化工作特色，实现信息化与教育教学的常态化、深层次融合。

如今，互联网已经进入 Web2.0 时代，这是一个全新的时代。相对于 Web1.0 而言，用户已经可以利用 Web 平台自己主导生成互联网产品内容，而不再需要网站雇员。那么，这种第二代互联网，以及信息技术领域飞速更新的其他各种类似的应用技术，到底会给我们的教育、我们的智慧校园建设带来怎样的变化，恐怕一时间我们还无法详尽说明，但这种变化将是必然的，而且是巨大的。所以未来几年，或者说至少是在接下来的两年里，我们在信息化建设方面需要做的工作确实还有很多，特别是在技术飞速更新中进行技术的应用研究，这对我们而言与其说是机遇，不如说是挑战。

# 走信息技术与教学融合之路

学校信息化建设工作是一项系统工程，"智慧校园"建设更是涉及学校工作的诸多领域，而且往往处于一种相对的动态变化之中。所以自本篇起，我将着重描述我们在"信息技术与教育教学融合"之路上的一些思考与实践，希望能举一反三，从教学的视角向读者朋友呈现我们在"智慧校园"建设上所做出的努力与探索。

从 2010 年开始，北京市新一轮课程改革启动。2011 年，我校正式成为北京市新一轮课程改革实验学校，并确定了"信息技术与教育教学融合"的实验项目。当时，我们实验项目小组由黄建鹏主任牵头，他首先对近年来学校的信息技术在教育教学中的应用情况进行了细致梳理，并且认真分析了信息技术发展的主要趋势。

随着互联网时代的来临，学校信息化建设进入了一个高速发展的时期。教室里的设备逐步由原来的投影幕布变成了液晶投屏电视，很多教师都可以利用多媒体课件来辅助课堂教学。但因为软件使用的局限性，多媒体课件大多只能按照预先设定好的教学流程辅助教师实施教学，而对于课堂中生成的动态信息，教师则无法进行及时有效的处理。

面对这种实际问题，同时伴随教育信息化产品的不断更新换代，我校又陆续将电子交互式一体机引进课堂，并且经过一系列培训后，部分教师开始利用电子交互式一体机进行课堂教学，很好地实现了课堂上的师生互动反馈，增强了课堂生成的实效性，我们的课堂也因此逐步变得更加开放。

这种和以往不一样的课堂让我们渐渐认识到，信息技术的应用，对于"教与学方式"的变革有着巨大的助推作用。学校教学手段的电子化、教材的多媒体化、学生学习工具的智能化、学习资源的全球化等，让我们深刻地意识到，未来学生在信息化背景支撑下的学习必将改变甚至超越传统课堂，而这也必将给我们提出更多更新的要求。

有了这样的认知基础，我们的"信息技术与教育教学融合"实验项目与学校"二期改建工程"开始同步推进。一方面不断探索加强信息技术在教育教学中的应用研究，另一方面则结合实际需要，不断推进标准的硬件和软件配备建设。

然而，这种"融合"在实际教育教学工作中的落实并没有想象中那么容易。2014年，当学校"二期改建工程"全部竣工时，经历了三年的技术应用研究，虽然硬件设施已经基本完备，老师们运用现代化信息技术手段进行教学的意识有所转变，能力也有所提升，但因为各种应用技术更新发展的速度比较快，学习起来又有一定难度等原因，老师们对"信息技术与教育教学融合"的兴趣并不是特别大，被动局面也并没有真正得到转变。另外，学生的信息化素养也有待进一步提升。

如何突破这种发展困境，从根本上提升老师们对"信息技术与教育教学融合"意义方面的认识？面对越来越丰富的教育教学应用技术产品蜂拥而至的局面，我们又该如何选择真正适合当下课堂教学，能够起到辅助作用的技术产品呢？大家陷入深深的思索之中。于是，一场围绕学校信息化建设工作的开展，特别是"信息技术与教育教学融合"的考察学习热潮在悄然间酝酿——我们清楚地意识到，只有借鉴学习，才有希望突破思维的壁垒，走出"围城"。

从2014下半年开始一直到2016年，我们先后组织学校主管信息化建设工作和教育教学工作的领导和一线教师，累计100余人次，分赴北京十一学校、丰师附小、白家庄小学，以及青岛李沧区、深圳南山教育集团、辽宁沈阳、浙江宁波、上海等地区的兄弟单位和信息化建设工作经验丰富的学校学习，同时参加各种"信息技术与教育教学融合"的成果展示或经验交流会议，不断"取经"，不断思考：

"信息技术"到底是什么？我们是为了用技术而用技术吗？"信息技术"在我们的教育教学中到底能替代哪些工作？它的核心优势究竟在哪里？它究竟可以改变教师和学生的什么？……

这一系列问题始终在我们的脑海中盘桓。恰在此时，也就是2014年，北京市课程中心的王凯主任发起了"教与学方式变革"项目——基于手持移动终端的及时反馈项目研究，我们有幸加入到这一项目研究之中。经过研讨，我们确定了项目研究中"信息技术与教育教学融合"的第一阶段目标，即依托课题项目，先从"点"上寻求突破。从那以后，我觉得我们才算是真正走上了"信息技术与教育教学融合"的研究之路。

2016年，经过一段时间基于手持移动终端的"教与学方式变革"的实践尝试之后，学校发展进入"十三五"时期。在带领全体干部、教师制定"学校'十三五'发展规划"的过程中，我们认真分析总结"十二五"工作，特别是信息化建设工作，最后达成一个共识，那就是把"信息技术与课堂教学深度融合"项目确定为学校"十三五"期间的重点项目之一。

此项目以"幸福素养课程"体系、"智慧教学范式"和"学科课堂样态"为依托，本着"总体规划、分步实施、关注重点、解决问题"的思路，充分发挥信息技术优势，在逐步培养教师、学生信息素养的同时，逐步促使课堂中教师的教学方式、学生的学习方式、教学内容的呈现方式、教学过程的互动方式发生结构性变革，其目标在于"以信息技术为手段，全面提升课堂教学的参与度、广度、深度和效度，逐步打造'开放性、交互性、精准性、个性化'的五一智慧课堂"。具体来说就是：

➤ 以提升学生思维为目标，增加教师、学生、教学内容、教学媒体之间互动的参与度，提升课堂教学的交互性；

➤ 以重构学习过程为目标，拓宽课堂学习的时间、空间、资源、环境的广度，提升课堂教学的开放性；

➤ 以诊断教学问题为目标，依据对大数据结果的分析、判断，提高课堂教学的深度和效度，提升课堂教学的精准性；

➤ 以实现分层自主学习为目标，为不同学生创造不同层次的立体学习空间，逐步实现学习的个性化。

为全面落实这一项目，完成既定目标，我们经过反复研讨交流，最后确定了五个具体实践研究专题和研究任务：

1. 基于"手持移动终端教与学方式变革"的课堂教学实践研究，初步实现课堂的开放性、交互性、精准性；

2. 基于"希沃白板智慧教学软件"的课堂教学实践研究，努力实现课堂的交互性；

3. 基于"智能互动反馈设备教学平台——智慧笔"的课堂教学实践研究，努力实现课堂的开放性、交互性、精准化；

4. 基于"微课"在体育教学中的实践研究，助推自主、合作学习，分层教学；

5. 基于"成就计划"好习惯养成类软件的学生行为习惯培养应用。

我将通过对前四个研究专题实践情况的介绍，回顾这些年我们进行"智慧校园"建设的历程，特别是这些年所走过的 "信息技术与教学融合"之路，不敢说取得了多少成绩，但现在看来选择的方向是对的。（上述五个研究专题中的第五个，我在第三章第一部分已经有所介绍，因此不再赘述）

# 项目研究之"手持移动终端"

严格来讲，我们对"手持移动终端"的项目研究起步于 2014 年，当时我们参与了海淀区教育科学"十二五"规划群体课题"海淀区信息化背景下学习方式变革"。课题研究工作开展之初，我们首先设定了研究的目的：

1. 在教育信息化背景下使用当前移动终端提供的服务，构建即时交互的课堂模式；

2. 通过对课堂模式的转变，促进"教与学方式"的转变，从而提高教学效率，减轻师生负担，提高学生学习兴趣；

3. 通过对国内外移动终端结构和交互学习的分析，以及基于实际教学的调查研究，完善原有教学模式在云平台的构建，为多学科服务。

基于校情实际，我们主要从培养学生英语素养、数学素养和科学素养三个维度展开研究，采用的研究方法有三种：

1. 文献研究法：通过文献调研奠定理论基础；

2. 问卷调查及访谈法：通过问卷、访谈法采集师生反馈意见，从而更有针对性地改进课堂教学方法；

3. 行动研究法：基于实际需要在工作实践中开展研究，以避免理论与实践脱节的现象，同时通过学习者与研究者的共同参与，使研究成果能为学习者理解、掌握和应用，从而达到解决实际问题的目的。

下面，我就分别结合英语、数学和科学三个学科具体谈一谈我们的研究应用情况。

## 一、手持移动终端在培养学生英语素养中的应用

众所周知，语言的学习需要大量的各种形式的输入，所以，丰富多样的课程资源对英语学习尤为重要，我们仅仅凭借课本、粉笔和录音的英语课堂已经不能满足学生的学习需求，也达不到英语教学的目标。英语课程应根据教和学的需求，创造性地开发和利用音像、广播、电视、书报杂志、网络信息等，为学生提供贴近生活、贴近时代的英语学习资源，拓展他们学习和运用英语的渠道。信息化教学手段的运用，则为开发、整合英语课程资源创设了真实、鲜活的语境，提供了丰富的语言材料和更加优越的条件。具体来说，有如下三个方面作用：

一是可以激发学生学习兴趣，丰富语言积累。丰富多彩的画面和视频资源，可以强烈刺激学生的感观，吸引他们的注意力，让他们沉浸在原汁原味的英语学习中。特别是小学低年级学生，他们正处于英语学习的初级阶段，大量原版歌曲、动画、故事，可以润物细无声地帮助他们积累语言，培养良好的语音、语调和语感。

二是可以帮助他们在较为真实的语言环境中学习运用语言。英语学习对学生而言，最大的问题在于缺少语言环境，而信息化教学手段恰恰可以为学生最大限度地创设出较为真实的语言环境，使他们能在一个较为真实的语言环境中进行交流，通过人机对话等方式实现运用语言进行交际的目的。

三是可以更好地关注学生语言学习方面的个体差异。由于学生在年龄、性格、认知方式、生活环境等方面存在差异，且他们又具有不同的学习特点和需求，因此，如何在大班教学的现实情况下，最大限度地关注学生个体的特点和需求，则成为提高他们英语学习效度的关键。信息化教学手段的应用为满足这种个体上的差异提供了可能。

我们以绘本阅读课"The Very Hungry Caterpillar"为例：

上课伊始，教师请学生与她一起跟随视频演唱歌曲，共同营造自然愉快的英语学习氛围，同时复现 playtime 主题，为后面的语言输出做好铺垫。接着，教师又通过学生喜欢的有关 week 的 Disney 的卡通视频片断和日历，引导他们充分感知、理解"星期"，揭示本课主题。

在新词学习过程中，教师首先让学生利用拼读规律朗读词汇，同时通过播放原声的方式来帮助他们纠正发音。之后，教师要求学生戴上耳机，根据自己的实际情况自主在平板电脑上对掌握得不好的单词进行反复听读、模仿练习。这一过程充分体现了学生的自主学习和个性化学习，是他们将学习内容内化的过程。随后，教师再次通过歌曲的方式复现所学词汇，引导学生在跟唱中感知词汇的节奏和语音、语调。

此外，在整个练习过程中，教师还设计了两个平板电脑游戏，分别是"给'星期'找家"和"连连看"。通过游戏，教师不仅帮助学生进一步掌握了一周七天的顺序，巩固了词汇的音、形、义之间的联系，而且利用互动平台的即时反馈功能，在全班分享过程中及时并有针对性地了解了学生的掌握情况。

课堂最后，教师播放绘本故事的视频，组织学生运用所学进行模仿练习。

再如"Hobbies"一课：

学生在"听词能写"环节中，尝试拼写听到的含有"ng"的词汇。学生们运用 Pad 听句子时，可以根据自己的实际掌握情况选择听读的次数，特别是较难的部分。这种"重复听"的方式给予了他们充分的自主性，照顾到了他们个体间的差异，让每名同学最终都能够完成任务，从而获得成功体验。

另外值得一提的是，在这一课中，教师还设计了检测性的学习任务，引导学生在掌握了"ng"的拼读规律后，根据各自的实际从 Pad 程序中选择不同层次的任务进行检测，并做了相应的展示。

从上述实例中我们不难发现，手持移动终端确实为学生的英语学习带来许多优势：激发了学习兴趣，延长了专注时间，改变了语音学习模式，满足了个体学习需求，等等。教师也可以从繁杂的整体讲授指导中相对解脱出来，有更多的时间关注每名学生的学习进程，并对他们进行有针对性的指导和帮助。

## 二、手持移动终端在培养学生数学素养中的应用

《义务教育数学课程标准》指出：数学课程应当注重发展学生的数感、符号意识、空间观念、几何直观、数据分析观念、运算能力、推理能力和模型思想、应用意识和创新意识等数学素养。

随着信息技术在课堂中的应用不断成熟，原来在传统课堂上无法呈现的，利用信息技术都可以很好地呈现出来。因此，我们可以有效地利用信息技术手段夯实重点、突破难点；利用平台及时反馈的特点，进行精准的当堂检测反馈；利用游戏化的环境增加课堂的趣味性。总之，教师可以充分利用网络资源，深入挖掘、利用信息技术在数学课堂中的应用，提升学生的数学思维，培养数学素养。

"三角形内角和"是北师大版小学数学四年级下册第二单元的内容，是在学生认识了直角三角形、锐角三角形、钝角三角形、等腰三角形和等边三角形的特点的基础上，进一步探究三角形有关性质中的三个内角和的性质，是"空间与图形"领域的重要内容之一。本节课上，教师有效利用手持移动终端中的剪拼、测量、反馈等工具，让学生不断经历"想—做—再想"的过程，并从不同的角度来验证三角形内角和是不是180°，从而培养学生的空间观念。

【提出问题】

师：结合任务单要求，请你利用Pad中的功能从不同角度验证"三角形内角和"。

【探究活动】

师：你可以从Pad中选择合适的软件工具，通过量一量、分一分、拼一拼等方法来验证三角形内角和是不是180°。

（每人有一台Pad，进行自主学习）

【汇报交流】

生1：我们在 Pad 上任意绘制了几个三角形（锐角、直角、钝角），并利用 Pad 中的测量工具测得三个角的度数，然后加起来大致在 180° 左右。

生2：我们将不同类别三角形的三个角都剪下来，再分别拼在一起，组成了一个近似的平角。平角是 180°，所以三角形内角和应该是 180°。

生3：利用 Pad 中的几何画板，我们任意绘制出几个三角形，经过观察比较，三角形内角和确实是 180°。

本节课的练习环节，教师发布客观试题，学生利用 Pad 快速作答，统计结果立刻出现在平台中，教师有效利用这些及时反馈的错题资源，帮助学生很好地分析错因，从而不断提升对三角形内角和的认识，最终不断提升课堂的个性化、精准化和实效性。

师：我给大家发布几道练习，请大家迅速完成。

（学生独立作答）

师：通过数据反馈结果我们不难发现，绝大多数同学没有问题，只有个别同学存在一些问题。（调取出现错误学生的大体情况）

师：谁愿意给这几位同学认真地讲一讲他们错在哪里？

（学生结合错题情况进行讲解）

教师在教学中借助 Pad 对学生学习过程中的难点进行及时记录，清晰再现了孩子们的学习过程，放大、放慢了学习过程中的重点环节，缩短了学生再一次实际操作的时间，帮助他们及时澄清认识上的误区，为师生的共同反思提供了第一手材料，同时，也为教师捕捉并有效运用学习过程中的"生成资源"提供了新的途径。

### 三、手持移动终端在培养学生科学素养中的应用

在生命科学领域的教学活动中，为了能够让学生深刻地理解"人体由多个系

统组成，要共同实现生存的需要"，就需要不断地借助亲身经历的直接经验和间接资料，对支撑"系统与相互作用"的关系所用到的具体科学概念进行学习或建构。当学生能够有目的地观察身边事物的时候，他们观察和研究的对象就会逐渐增多，他们就能够自觉地把它们纳入到自己的研究活动中去。此时的学生可能并没有意识到，自己的身体也是一个需要研究的对象，而当我们引导学生对身体进行关注的时候，熟悉的身体活动与陌生的身体结构形成了强烈的对比，非常熟悉的身体一下子变得陌生了。诸如"身体为什么会动？人体外形为什么是对称的？吃下去的食物发生了什么变化？运动以后呼吸与心跳为什么会有变化？"等等，这些平时习以为常的现象变成了各种问题，并且接踵而来。我们学习"运动起来会怎样"这一部分内容时，学生对于自己身体的研究就是在这样的状况下展开的：

## 1. 通过技术整合，提升学生思维水平和能力层次

信息技术在小学科学教学中的应用，主要体现在利用技术手段获取文字、图像、声音、动画、视频，甚至三维虚拟现实等多位信息，并通过课件等方式，丰富教学内容，扩大教学容量，增强教学的多样性与灵活性。因此，在科学教学中，教师充分利用仿真实验室、同屏显示、网络直播等现代化教学手段，促进学生积极参与科学活动。同时利用多媒体的动画、渐变、叠加等效果和计算机的声像功能，将知识的重点、难点和某些过程直观化，刺激学生的感官，达到深化认知、揭示规律、培养学生思维能力的目的。

师：上节课，我们发现，运动前后人体的呼吸次数是不同的，运动后呼吸次数增多了。那么你们猜猜运动前后人体的心脏跳动次数会有变化吗？会有什么变化？

（预设：我猜运动后心脏跳动的次数会更多）

师：是这样吗？下面让我们借助 Pad 测量一下运动前心脏跳动的次数，并在记录单上进行记录。

（学生利用 Pad 测量心跳）

师：现在，请大家一起运动三分钟，就做简单的蹲起运动吧！

（学生进行三分钟蹲起运动）

师：现在请你们再来测测运动后的心跳次数是多少，然后再次进行记录。

（学生再次利用 Pad 测量心跳）

师：对比运动前后的心跳数据，你发现了什么？

（预设：我发现我们组的同学运动后的心跳都比运动前的心跳快）

师：那么为什么在我们运动后心跳会加快呢？运动与心跳到底有什么关系呢？

在这一教学环节中，学生借助 Pad 在切身的实践体验中记录并观察运动前后的心跳数据，不仅提高了学习的主动性，而且将"运动使心跳加快"的感受转化为直观的数据，在测量与对比中增强了探索研究的趣味性，提高了他们的思维能力，培养了他们科学的探究精神。

### 2. 利用信息技术抓住重点，突破难点

在科学课堂教学中，信息技术可使抽象的概念具体化、形象化，弥补了传统教学方式在直观感、立体感和动态感等方面的不足。教师利用信息技术可以有效地解决很多传统课堂中难以处理的问题，突破教学上的难点、重点，提高课堂效率。

师：请你估算一下我们的心脏一天大约跳动多少次。

（学生利用 Pad 上的计算器，计算出各组同学的大致数据，包括运动前和运动后的）

（预设：一天大约跳 11 万~13 万次）

师：我们的心脏每天要跳动 11 万次以上，很多吧？可是你们能感受到吗？

这样具体的数据强烈地冲击着学生的固有认知，即使教师不再过多讲解，学生也会有深刻体会，自然而然实现了重、难点的突破。再如"用水测量时间"一课，教师通过 Flash 动画演示"受水型"水钟，一下子便让学生抓住了水钟的结构特点和计时原理，实在不是传统的单纯图片展示和教材内容、材料阅读等方式所能比拟的。

### 3. 利用信息技术培养学生科学探究的兴趣

科学于学生而言,本身就具有极强的吸引力,信息技术的恰当应用,则是通过创设近似于真实的体验情境,为孩子们掀开了它神秘的面纱。

师:请你们体验自己刚才一分钟运动前心跳的次数。看看在一分钟时间里,我们挤压了多少次。一分钟后,我们的手会有什么感受?(利用 Pad 里的计时器,各组学生进行模拟实验)

师:在做运输水的实验中,你有什么感受?累吗?胳膊酸吗?做了多久开始累的?

师:我们的心脏无时无刻不在工作,你说它会疲劳吗?(教师停顿几秒钟)请同学们通过阅读寻找它的答案吧。

(学生通过 Pad 阅读资料和观看课件,教师第一次推送资料)

师:谁能用简单的语言说一说,心脏会疲劳吗?

(预设:心脏也会进行休息的,在两次跳动的间隙会有短暂的休息。如果两次心跳的间隙是一秒钟,也就是一秒钟跳动一次。那么,心脏实际上在 0.2 秒钟就完成了跳动,剩下的 0.8 秒是休息的。)

在这种多媒体技术提供的交互式学习环境中,学生可以按照自己的学习基础、学习兴趣来选择自己所要学习的内容,这极大地增强了他们进行科学探究的兴趣,进而培养了他们科学探究的意识和精神。

上述三个学科开展的"手持移动终端"项目研究,为我们进行"教与学方式变革"拓宽了视野,并且已经在提高教学效率和质量方面取得了比较显著的成效。当然,在实际工作中,我们不仅仅是在这三个学科进行实践研究,其他学科,包括融合性课程在内,只要教学需要,"手持移动终端"都会成为我们提升课堂教学效率和质量的一种有效的教学手段和学习方式。

# 项目研究之"希沃白板"

随着现代信息技术的发展，"交互式一体机"逐渐走进教育领域，走进课堂，并以其互动式教学管理的理念，以其强大的软件功能和丰富的后台资源，在教学中迅速得到广泛应用。它的应用，不仅解决了很多传统教学手段所不易处理的教学问题，满足了师生"教与学"的需求，而且使常态课堂也充满了生机与活力，为学生思维的发展、创新和探究能力的提高发挥了积极的作用。

那么，我们该如何把握好这一技术，使其成为提高课堂教学效率的助推利器呢？这自然成为我们一线教师努力探索与实践的主题。

截至 2018 年暑期，我校最后一批 60 台更新替换的"希沃交互智能平板"顺利完成安装，至此，全校 200 余间教室的"交互智能平板"全部配置齐备。此项工作最早起步于"十二五"之初，持续至"十三五"，前后历时近 8 年，不但使我校"交互智能平板"这一硬件基础设施迈上了一个新的台阶，为信息技术与教学深度融合奠定了坚实的物质基础，更因为边配置边更新边实践，我们的老师们也因此积累了丰富的使用与研究经验。

## 一、转变观念，每位教师都可以比昨天做得更好

面对新技术，是绕道而行，还是选择尝试，这完全是教师观念的问题，而不是能力问题。他们一旦能够感受到新技术的优势，就能主动投入其中，用行动来证明，他们其实都可以比昨天做得更好。正如我们一些老师所说：

对于"希沃交互智能平板"，刚开始我是抵触的，因为习惯了用PPT。但后

来我的认识还是发生了转变，一方面是因为我感受到学校确实下决心要全员推进信息技术与教学融合项目，另一方面则是因为观看了部分老师的研究课，特别是自己在信息技术老师的带动指导下，也进行了一些简单尝试，并且体验到了比较明显的应用效果。在这一过程中，我对"希沃交互智能平板"的软件功能、操作方法，以及一些特别实用的互动方式，也有了更多的了解。

在一次经验交流时，英语学科的张老师向我们介绍了她的实践经历：

近几年，学校不断引进各种交互式学习软件平台，如Pad、懿文德、希沃平板等，刚开始自己还不太适应，总有一种"用惯了右手突然让我用左手"的感觉。心里也总有一个声音：不就是功能多了一些么，我用PPT也可以展示出来啊！

可是随着课程改革的不断深入，我们的教学理念发生了翻天覆地的变化。我们逐渐从关注教师的"教"转变为关注学生的"学"。课堂上学生的参与度如何？参与的广度与深度怎样？学生有没有通过一节课，或者一个阶段的学习增长能力？这些问题都提醒我们应该尽量让学生参与到教学过程中来。而PPT在这一方面就渐渐显得"捉襟见肘"了。学生们很难在屏幕上的幻灯片里展示自己的想法，他们只能被动接受，所以逐渐失去参与教学活动的兴趣，这是一个必然的结果。

相反，在对交互式学习软件的不断学习与实践中我忽然发现，这些软件除了功能强大以外，学生也可以在大屏幕上写写画画，参与性与互动性特别强。比如根据故事发展给图片排序、书写规范的字母、给大家标注出易错的地方……只要教师愿意，课堂完全可以成为学生的课堂，而学生的参与，也使课堂呈现出了不一样的生命力。

数学是一门极具逻辑性的学科，希沃白板5里的"思维导图"是数学老师们课堂上常用的一种工具。有了它，那些对孩子们来说难以理解且显得散乱而复杂的知识点，就会变得条理分明，逻辑关系清晰。在谈到这些信息化教学设备给课堂以及老师的工作带来怎样的改变时，数学教师田老师坦言：

其实在以前，我总觉得这是花架子。不过现在，我发现用不同的设备，孩子们的专注力和好奇心也不一样。看来原来的观念是必须要改变的，只有这样，我们老师备课、授课的质量才会有根本的改观，学生的学习效率也才能大幅度提高。

在聊起老师们使用这些设备的整体情况时，我们负责教学管理工作的张育红副校长认为：

最初，老师们也都很抗拒，因为潜意识中觉得这会增加教师的工作量。但通过一些培训和研究课的观摩，大家慢慢地发现，其实做一个生动活泼的课件，也不会花费太多时间，而效果却比以前好很多，所以慢慢地，用的老师越来越多，用得好的老师也越来越多。我们提倡学生参与课堂活动，让学生真正喜欢上课，并成为课堂上的主人，这在"希沃交互智能平板"助力课堂教学以后体现得更加充分了。特别是在一些教学交流活动中，很多国内外兄弟学校的老师们都会走进我们的课堂，当他们看到我们每个班都能用"希沃交互智能平板"辅助教学的时候，看到学生在课堂中积极踊跃走上讲台参与互动学习的愉悦状态的时候，都很震惊。

## 二、转变行为，在互动中提升学生学习能力

趣味课堂互动模板、海量教学资源、丰富实用的学科工具等，"希沃交互智能平板"的这些功能更容易引起学生的情感共鸣，使他们如闻其声、如临其境，既丰富体验，更激发兴趣。在实践中，我格外留心观察信息技术运用到课堂上时，学生的外显行为与不运用信息技术时有何区别。我发现，在使用信息技术教学时，学生注意力集中、思维活跃的程度，以及他们迁移应用的能力、应答反应等都有明显提高。

以语文教学为例，信息技术的应用并不是与传统语文教学的简单嫁接，其内涵既有技术层面的，更有思想观念与行为方式层面的。所以在新课程标准背景下，我们的语文教学如何既把课堂放手还给学生，又达到教学目的，可能好多问题都亟待我们进一步研究解决。

今天和同学们一起学习课文《渴望读书的大眼睛》，大家都被小女孩那种对学习的渴求之情所感染，时间竟也过得快了起来。在我刚准备作结语，组织下课的时候，忽然看见图图举起了手，一副有话非说不可的样子。看他那模样，我强忍着笑，心里猜测着他可能会有的疑问。

"图图，有什么问题？"我笑着请他发言。

"肖老师，苏明娟后来怎么样了呢？"

听图图这么一问，有的同学立刻皱起了眉头，把两页课文翻过来又翻过去，恨不得再凭空翻出一页来；有的同学则放亮了眼睛，直愣愣地盯着提问的图图，把图图的脸盯得发烫；还有的同学问问左边，又问问右边，可谁也没有答案。最后，大家把目光齐刷刷地投向了我。

看着大家疑惑的眼神，我一下子想起了去年网络上的报道。那张希望工程《我要上学》的照片让中国人记住了那双直击人心的大眼睛，而且更让人感动的是，苏明娟通过自己的努力考上大学，在银行找到了一份稳定的工作，并且还当选了共青团安徽省委副书记。

"是啊，生活在这样艰苦的条件下，这位热爱读书、热爱学习的女孩，她的生活是否发生了变化呢？"我卖起了关子。

同学们面面相觑，谁也不知道该怎样解答这个疑问。

我走到讲台边——希沃白板上同学们在课文中的圈画和批注占了满屏，我点开最下角的最小化，接着打开希沃助手连上手机。我的手机屏在眨眼之间就投到了屏幕上，这样的问题上网查阅再合适不过了。

学校的网速也着实给力，搜索"苏明娟"三个字，进度条在我们的期待中向右冲击着，不出两秒钟，她的简介就呈现在了大家的眼前。我没有说话，任由同学们小声读着，看着他们眉头渐渐舒展，看着他们眯起眼睛若有所思，看着他们悄悄跟旁边的伙伴交流想法……

"读书改变命运，说的真没错啊！"浩浩迫不及待地发表起了自己的看法。

"是啊，是啊。"同学们也纷纷应和起来。

"浩浩，来，说说你的看法吧。"

"老师，我觉得读书改变了苏明娟的命运，她生活在大山里，如果不读书的话，长大以后也许就是在家种地，不会像现在这样有稳定的工作和收入，能够看见外面的世界。"

"苏明娟能一直读完大学，希望工程肯定一直在帮助她，这也是好心人的功劳！"小高接过浩浩的话说。

我点点头，肯定了他们的发言，"没错，看来适时地查找资料信息对我们的学习很有帮助呀。"我轻声说着。

…………

### 三、看得见的数据，加强学校教学工作的科学化管理

希沃信鸽是基于发展性教学评价的数据服务平台。通过教学数据分析，希沃信鸽能够为教学管理者提供评价依据与决策建议，帮助其优化全校教学管理。我们站在动态化、实时化、分享化的高度，运用希沃信鸽的主要功能，通过数据分析，有效加强了学校教学管理工作，包括课件管理、课堂评价……全部基础数据及走势分析，一目了然。

对于希沃信鸽给学校教学工作管理带来的改变，我校信息中心张贺璠副主任认为：

希沃信鸽在管理上功能很强大，通过这个信鸽，我们能知晓老师是否使用，活跃度怎样，以及课件的上传情况。数据对我们的管理有非常现实的意义，我们可以及时查阅老师各项综合报表，了解使用排名。老师知道我们后台评测这些数据，而且知道会以此作为一项评价依据，他们在使用上就会更加主动积极，而不需要额外的行政力量去推动了。

其实，学校以"希沃交互智能平板"为代表的"交互式一体机"的配置、升级，以及在教学中实践运用的过程，从另一个角度来看，也是学校这些年信息化建设的一个缩影，是我们在向着教育信息化迈进，建设"智慧校园"途中最坚实的一步。教育的信息化也好，"智慧校园"的建设也罢，我们不遗余力推进"信息技术与教学融合"不是要为传统教学披上华丽的外衣，而是要真正促进学校"教与学方式"实现根本性变革，进而促进全体学生的个体发展。

# 项目研究之"智慧笔"

客观地讲，"智慧笔"仍然是一种书写工具，与学生平时使用的各种笔具有相同的书写功能。但它又与普通的笔不同，是一种信息输入工具，是"智能互动反馈教学平台"的一种具体形式。它的基本设计理念是尊重教师和学生传统纸笔书写习惯和学习方式，在保留传统教学优势的基础上，创新教学模式，降低教师工作量，打破单向教学，实现师生双向互动。这种笔既能满足常态教学的需要，又能加快师生间信息传递的速度，让师生交流简单、高效，使教与学的过程更加轻松有趣。

2018年，伴随"智慧校园"建设工作的持续推进，为寻找新的课堂教学信息化路径，利用信息化手段在课堂上创造更多"难以预约的个性化精彩"，进一步增强课堂教学的互动性、实施性，我们引进了"智慧笔"相关配套软件和硬件，并组织教师成立核心研究团队，开始了解和熟悉它的基础功能，开发它的教学实用价值。

经过一段时间的深入研究与实践尝试，老师们逐渐对"智慧笔"有了新的认识：

"智慧笔"专门为师生、生生互动而设计，教学中，教师和每一名学生都能因此而实现互动和沟通，分享彼此的笔记、作业等资源，极大地提高了课堂教学的生成性和交互性。通过随堂测试发现，学生在作答后随即便能给出结果，全班作答情况一目了然。教师则可以据此在最短的时间内掌握学生学习情况，实时调整教学方案，提高了教学的精准度。此外，"智慧笔"不再像Pad那样需要经常充电，使用周期长（一周充一次电），更加省时省力。同时，上课时也可以不做任何特殊准备，完全可以做到随时使用，而不需要课前花费大量时间在备课时制作课件、搜集整理资源。还有，因为"智慧笔"传承了纸笔书写的习惯与方式，所以我们不再担心长时间使用设备会影响学生视力。

有了这样一些了解与认知，老师们开始积极主动地在教学中进行尝试。

语文课上，学生们用"智慧笔"写下一个个生动的文字，教师则通过大屏幕展示孩子们的书写内容，并通过回放笔迹的方式，帮助孩子们查看、纠正笔顺，同时利用电子黑板做正确的书写示范；数学课上，学生书写的解题过程也被实时展示，与以往观看结果听人讲述解题过程不同的是，孩子们可以在实时观看解题过程中进行比较，发现问题，调整思路，更直观地实现了学习的过程性分享；英语课上，老师运用手写功能检查学生词句书写，组织学生利用答题器进行选择题作答，实时了解并掌握学生答题情况与结果统计，进而根据统计数据进行针对性的指导，同时，抢答的方式也更加吸引学生的注意力，激发了他们的学习热情。

教学结束后，我们的老师还能打开"课后管理"逐个查看课堂中没来得及看的内容，不错过学生每一次个性化学习的精彩表现，不让课堂有任何一个教学的"死角"。参与实验的数学教师姚静对此有她自己的体验与理解：

在数学教学中，我们不但强调解决问题的结果，更重视在解决问题过程中出现的问题，因为只有这样才会让学生对知识点理解得更透彻。然而，受教学设备等方面因素的限制，在实际教学中，老师并不容易捕捉到学生在做题过程中出现的各种问题。比如在讲"小数除法"时，依据问题情境"星星在文具店买了2支笔，一共13.6元，一支笔多少钱？"列竖式"$13.6÷2=$"，以此来指导学生掌握小数除法的竖式计算方法。

在这一过程中，"小数点什么时候点"是一个关键性的问题，因为点的顺序不同，意味着思路不同。如在书写竖式过程中加小数点，将被除数13.6元转化为136角，转化为整数来计算，体现的就是"转化"的数学思想。而在竖式计算过程中加小数点，则体现的是把被除数拆分为12元和16角，当不够"商1"时要把大单位转化成小单位再继续除。

那么，怎样才能让学生主动发现这一不同意义呢？

在常规教学手段难以有效解决这一问题的情况下，"智慧笔"的优势便展现出来了！我们可以借助"智慧笔"的功能把每个学生计算的过程像放电影一样回放出来，然后引导学生仔细观察不同学生的计算过程，关注小数点都在什么时候点。通过对书写过程的回放，学生很容易把握问题的关键，问题的解决自然水到渠成！此外，在回放过程中，我们还可以通过放大、缩小、快放、慢放等手段增强回放的效果，既调动了学生学习的积极性，也加深了学生的学习体验。

在实际教学中，用"智慧笔"做判断题也让我体验极其深刻。当学生通过表决器做出判断时，大屏幕会立刻显示正确答案和学生做题结果的饼状图。我在第一时间就能了解到学生答题的情况，甚至可以精确到具体是哪位同学出错，这使我对课堂有了一种"一切尽在掌控中"的成就感。

参与"智慧笔"教学实践的学生也给我们反馈：

它为我们提供了更生动、有趣的课堂互动体验，我们可以反复探究、练习老师要求掌握的很多知识点，增强了我们对知识的理解。它还提供配套的练习，让我们进行自测，并且能及时给出测试成绩，让我们能很快知道自己的学习情况。对我们做错的题目，它还能自动归入错题本中，方便我们以后查漏补缺。最重要的一点是，它和原来的书写方式一样，我们只要像平常一样在卷子和本子上写字，就可以把内容展示给同学或者进行抢答，使用起来特别方便，我觉得这增加了我们上课的趣味性。

目前，虽然"智慧笔"的应用研究刚刚展开，未来将如何与其他信息化手段对接或整合，又如何更好地与学科教学相融合，可能都尚待我们进一步探索、实践，但其自身所具有的灵活性、互动性、生成性等特点，已经在提高教学精准度、提升学习效率等方面展现出了一定的优势。而我们也在对其进行应用研究的过程中，加深了对"信息技术与教学融合"内涵的理解。

# 项目研究之"微课应用"

微课，顾名思义，是指微小的课。其含义是：运用信息技术按照认知规律，呈现碎片化学习内容、过程及扩展素材的结构化数字资源。这种数字资源打破了传统上老师手把手、面对面教授的模式，从内容方面为学生在任意时间，甚至任意地点的自主学习提供了可能。

我们以体育学科教学中"微课"的运用为例：

体育学科的一个突出特点就是"学会容易，练好难"。因此，学生可以借助"微课"通过模仿来反复学习，不必担心因为没有教师正确示范的动作表象而无法掌握运动要领。无论课前预习，还是课后巩固，"微课"在体育学科教学过程中的运用，都可以为实际教学节省更多的课时量，进而为教师更好地完成教学任务，提高教学质量，创造更大的可利用空间。

同时，"微课"在体育学科课堂上的应用也具有十分重要的意义。传统的体育课堂，无论是室内课，还是室外课，由于受场地和空间的影响，教师语言和肢体示范的信息在传递过程中都会被减弱，甚至可能造成相当一部分学生，特别是后排的学生，难以真正理解并掌握重难点技术。例如类似前滚翻、挺身式跳远等学习内容的讲解与示范。另外，为了提高学生学习的质量，使学生的动作规范、到位，课堂上，教师也需要足够的时间进行个性化的指导。所有这些问题，现在都可以通过"微课"的运用来解决。这是我校姚宇老师执教"武术动作组合"一课时运用"微课"的教学片段：

教师示范动作并提出问题："动作中都出现了那些步型？"教师示范2次，

要求是：学生认真观看。本环节旨在让学生建立正确的动作表象，让学生带着问题观看，提高学生的注意力。

教师分组，每4人一小组，学生利用"微课"自学今天所学动作的步法，这个环节分为两步：第一步出示动作的图片，让学生了解每一个步法的名称；第二步出示步法连续动作的教学短片，让学生对今天所学内容有一个正确、连贯的印象。教师利用"微课"的形式充分调动学生的积极性，使每一个动作既独立又连贯，学生们还可以反复观看，建立正确、标准、长久的动作表象。

在自学完步法动作后，学生分小组合作交流学习自学的步法，要求是：认真观察，互相纠正，每人练习5次，在自学后学生互相学习，纠正动作。如果对动作有分歧，同学们可以从"微课"中寻找答案，如果还不能解决，再寻求老师的帮助。

当学生掌握步法动作后，再让学生自学上下肢组合动作，然后再次分小组相互交流自学的上下肢组合动作，要求是：动作正确，手脚协调，每人练习5次。学生尝到自学的乐趣后，会更有兴趣去学习之后的动作。

当本节课所学动作都学会后，教师请取得较好学习效果的学生到前面展示所学的成果，要求是：认真观看优秀同学展示，学习长处。目的是调动学生努力练好的积极性。

在今天动作都学完后，教师让学生以4人为一小组进行练习，依次喊口令领做一次，共练习4次，要求是：能够正确说出动作名称且动作正确。

在学生基于微课分组自学、互学练习完后，教师喊口令，学生集体展示所学成果，并总结今天的学习情况。

由此可见，体育教学中"微课"的运用空间特别大，课前、课中、课后，学生都可以通过"微课"资源来实现自主学习与训练，教师也可以借助"微课"的手段使体育课堂最大限度做到省时、高效。当然，"微课"在体育课堂教学中所取得的实际效果，也会受许多因素的影响，如"微课"资源质量、"微课"运用的方式、教师对"微课"的认知程度，等等。

我校对于"微课"在课堂教学中的应用研究应当说近两年才算正式起步。但考虑到小学生的年龄特征，这项研究工作我们并没有在全校范围内整体推进，而是选择了如体育学科等对直观性与示范性要求相对较高的学科，结合教学内容特点进行探索性的实践尝试。

那么，我们在体育课教学中如何运用"微课"才能达到更好的效果呢？

首先，"微课"要用在"重、难点"的突破中。

对于任何一项运动技术的学习而言，学生对"重、难点"的掌握，都将直接影响其能否为今后此项运动的发展打好基础。这就好比篮球运动员为什么要使用正确的技术动作练习投篮上万次，甚至更多，为的就是要形成动作的动力定型。这与此其实是一个道理。教师在指导我校田径队学习掌握某项运动技能［如短距离跑（50~100米）］时，必定会将其细化为起跑（蹲踞式起跑）、加速跑等更具体的技术环节，而其中的每个环节、每个动作又都有其不同的重点和难点。这些重点和难点的突破，在过去全凭教师的讲解和示范，但现在，我们却可以通过"微课"的方式来加以辅助，效果极其明显。

下面就是我校庞盛老师运用"微课"指导学生学习"行进间双手胸前传接球"的教学片段：

"行进间双手胸前传接球"是小学体育水平三教材，共五课次，本次课为第一课次。教学重点是上步接球，传球蹬、伸、拨；难点是上、下肢动作协调连贯。

学生首先观看原地传球技术动作的连贯动作视频，对完整技术动作有了整体的了解；接着观看慢动作播放，更加明确上、下肢的发力顺序；慢动作视频后是手部最后拨球动作的局部放大慢动作播放，学生对动作的细节有了更好的观察。学生对本节课技术动作的重、难点建立直观清晰的概念后，跟着视频完成从分解动作到连贯动作的徒手模仿练习，体验传球蹬、伸、拨和上、下肢动作协调连贯的动作要领。学生又通过观察上步接球的慢动作视频，对接球的时机和上、下肢动作的协调连贯有了清晰的认识，并跟着微课视频完成上步接球，到上步接、传球的徒手模仿动作练习。本节课通过对微课中慢动作和技术动作放大细节的观察，学生建立了非常直观明确的动作表象，并跟随微课进行徒手模仿练习的体验，从而达到本节课利用微课突破重、难点，帮助学生掌握行进间双手胸前传接球技术动作的目的。

下面两段文字是在姚宇老师的体育课上，学生看了武术动作组合的"微课"视频后，写下的心理感受：

今天上了一节武术课，在课上，老师没有像往常一样，一步一步带着我们练习，而是在练习完一些武术基本动作后，给我们分组，每组站到一台电视机前面。老师要求我们跟着电视里面老师预先录制好的视频自己学习，之后同学之间互相学习，老师再帮我们解决学习中遇到的困难。在老师的帮助下，这节课我们自己完成了学习，同学们学习得都很认真，我很喜欢这样的课。

今天的体育课很特殊，跟着电视里面老师的动作，我和其他3名同学一组进行练习。在练习之前，老师告诉我们可以相互交流，也可以相互纠正，我们组的同学有的动作方向不对，通过我们之间的讨论和纠正，在这节课结束的时候我们都掌握了动作要领，真好。

其次，"微课"要用在"体育规则"的学习上。

体育运动的规则性有其固有的特点，我们在指导学生学习并掌握各种运动技能的同时，其实也在潜移默化中培养他们的规则意识。但很多时候，一项运动的规则并不是单凭讲解或者示范就能够说得清楚的，特别是一些比较特殊的运动项目，更是需要结合场地等许多其他元素才能加以说明。这种规则的讲解，既烦琐又缺乏直观性、趣味性，往往是教师忙了一头汗，学生很可能还没什么感觉。在这种情况下，"微课"的优势便得以体现，它会把各种复杂的规则转换为简单的文字、场景图片、动画等形式，并配以生动的解说，在接近于真实的运动情境中图文并茂地呈现给学生，简洁、凝练、直观、全面，富有感染力。

以讲解篮球"走步"规则的微课为例：

什么是中枢脚——

中枢脚是持球队员双脚或一脚与地面接触时，依照篮球规则的一只脚的称呼。判断带球走违例首先要确立中枢脚，只有准确确立中枢脚，才能正确判断带球走违例。

如何确立中枢脚——

1. 接球人静止时，接球人双脚站在地面，一只脚抬起的瞬间，另外一只脚为中枢脚。

2. 接球人移动中，接球人上步接球时，接球瞬间落地脚为中枢脚。

3. 如果双脚离地，接球人双脚同时落地，一脚抬起的瞬间，则另一脚成为中枢脚。

走步违例的判定——

1. 开始运球时，在球离手之前，中枢脚不得离地。

2. 双脚站在地面投篮或传球，中枢脚可以抬起或跳起，但球出手前，任一脚不能落回地面。

最后，"微课"可用于对学生"健康心理"的培养上。

"体育与健康"课程实质上包括运动参与、运动技能、身体健康、心理健康与社会适应四个方面的内容。其中心理健康与社会适应方面内容十分抽象，如何讲解对于教师来说是不小的难题。传统的体育课，教师除了通过训练磨砺学生的意志品质，通过讲述事例激发学生的情感外，似乎再没有什么更好的办法去讲授了。而现在，我们则可以通过"微课"的方式，向学生直观呈现在体育竞技中各种积极向上、触动人心灵的场面。比如五星红旗高高升起中冠军落泪的时刻，带着伤病坚持完成比赛的场景，面对落后局面永不言弃甚至反败为胜的画面……当这感人至深、催人奋进的一幕幕闯入学生视野，进入他们的心灵世界，我想，这恐怕比任何语言都更能激发他们产生积极而强烈的心理情感。这就是"微课"所能带来的教学效果。

其实，"微课"在体育教学中的作用，乃至于在其他各学科教学中的作用，肯定远不止这些。作为一种能够改变传统"教与学"方式的信息化手段，我始终相信，它会在"智慧校园"的建设中，在突破传统课堂教学模式上，发挥更加巨大的作用。

# 成果篇

# 第6章

## 我眼中的奠基教育

杜威曾说："教育即生长。"我们实施奠基教育，目的就是要为学生健康幸福的"生长"奠定坚实的基础。所以在我们每一名教师的眼中，奠基教育就是要为学生的幸福人生奠基，要让每一个生命都能绽放幸福的光彩。

教育是一项需要信念的事业，习近平总书记提出的"四有"好老师，第一条就是要"有理想信念"。有了坚定的教育信念，教师就会拥有专业发展的动力；有了坚定的教育信念，教师才能感受到职业的幸福；有了坚定的教育信念，教师才能发挥全部的智慧与才干……

# 梦想与种子

**寄语：**

每个孩子都是一枚不同的种子，蕴含着勃勃生机。虽然他们的特性不同，未来长成的样子各不相同，但是他们都渴望阳光与雨露的滋养与呵护。而教师的可贵之处就在于给予他们恰当的、充足的生长支持，并在每一个种子发芽、生长的过程中，给予他们包容和期待，让他们在执着、温暖的注视与守护中茁壮成长。

## 彩色的梦

美术教师　于晓云

在多年的教学工作中，有过许多难忘的瞬间，让作为美术教师的我深感欣慰与自豪。

记得那是一节写意国画课，户外的阳光照射在教室的玻璃窗上，给教室增添了一抹亮丽的色彩，此时教室里学生的心情也如阳光一般灿烂。绘画之前，我首先讲解、演示了几种墨与色的变化，还与孩子们欣赏了几幅墨色混合的作品。接下来让学生尝试绘画。没过一会儿，每名学生都完成了好几张习作。他们把自己的得意之作放在靠窗的桌子上晾干，然后意犹未尽地又拿出新纸开始继续作画……几分钟过去了，他们再回过头看看自己的作品，却惊奇地发现，经阳光一晒，作品的颜色变浅了，笔触明显没有了刚才湿润的光彩与韵味，一切变得平淡无奇，感觉甚是遗憾。

这时，我随手拿了一幅画，举得高高的，对大家说："这幅画刚才的颜色很鲜艳，现在为什么变淡了呢？"学生都不知道是什么缘故。我又拿起一幅未完全干透的作品，对着阳光一照，光线透过纸背，画面的颜色比刚才浅多了。学生们露出了疑惑的神情。这时，我把平时的国画创作心得抖出来："同学们，在画国画的时候，不仅要画出事物的形象，还要注重笔触，更要注意色墨的深浅，在绘画时墨色比你想要的效果要深一些，干后就会变得和你预想的一样，否则就达不到你的预期效果。"学生们听后又开始认真地调墨绘画了。我让画完的学生把画贴到黑板上展示，很快，黑板上贴满了学生的作品。很多同学画完了见没地方展示自己的作品，非常着急。这时，有个学生说："老师，我们把画贴到玻璃上吧！"我点点头。于是，对着太阳的玻璃窗上也很快贴满了作品。这些作品在阳光的照耀下，显得朦胧迷离，意境深远。有个学生建议：举办个画展吧，就叫"朦胧画派"。我对学生的提议大声叫好，让班里所有的学生都来当观众、当评委，学生们一下子沸腾起来，纷纷当起了小评委、小观众，"你的画墨重了些，他画得不太像。""这幅墨色刚好有意境，那幅画表现手法太好了，墨色靓丽笔触鲜明。"……他们个个都像是美术鉴赏家，津津有味、眉飞色舞地欣赏、评述着别人的杰作。

快下课了，我按捺住自己万分感慨的心情，请同学们静下来，在同学们期待的眼神中说："同学们，对于今天的活动，你们能说说自己的感受吗？"

"几个好朋友都说我的作品太美了，希望我能画几张送给他们呢！"

"我们今天都当起了小评委、小观众，举办了班级画展，老师还表扬我们有创意！"

"今天，我虽然没能画出很好的作品，但是我有信心下次一定画出满意的作品，展示给大家看！"我笑着点头。

…………

下课了，本以为学生的兴趣活动会到此为止，却没想到他们对自己的作品竟是如此的自豪，对自己的创意是如此的在意与珍惜。只见两个平时画画不太认真的"小调皮"在教室外大声地喊："快来！快来！免费参观！免费参观！……"这时别班的学生被他们的喊声和窗户上与众不同的现象深深地吸引了，都非常好奇，不约而同地走近观看。我站在一旁偷偷地看着，发现学生都把好朋友叫到自己的作品旁，神气十足地评价自己的作品："这边稍淡了点，那边浓了点……""小画家"们的脸上写满了骄傲与自豪。

儿童美术教育家杨景芝教授说过："每个孩子都具有丰富的创造力，每个孩子都各具特点，只要我们正确地加以引导，孩子们的潜能意识都能得到很好的发挥。"所以我想，我们在教学中既要具备创新意识和创新精神，又要善于及时捕捉学生思维的闪光点，并小心翼翼地呵护和扶持，课堂教学才能真正散发出独特的灵性和魅力，为实现我校"为孩子的幸福人生奠基"教育理念增添一抹亮丽的色彩！

# 哭娃变"笑脸"

数学教师　韩梅

这是发生在不久前的一件小事。早上，伴随班里琅琅的读书声，我隐约听到一个孩子的哭声由远及近，越来越响。

我向班门口望去，原来是我班小峰同学由妈妈拉着，边走边哭，嘴里还喊着"我就不打，我就不打……"他们的到来，让班里的读书声戛然而止，很多孩子都把疑惑的目光投向了门口。小峰妈妈着急地对我说："韩老师，这孩子在校门口跟我闹了 10 多分钟了，怕今天打白破疫苗，怎么说都不行，好不容易才进来。"我立刻明白了事情的原委，笑着拍拍小峰的肩膀说："咱们班你最高，韩老师认为你最像男子汉了，是不是啊？"他听了我的话，哭声小了些。我从小峰妈妈的手里拉过孩子的手让他妈妈赶紧去上班，小峰还是有些不情愿地小声哭着说："我不打针，我不打针……"班里孩子们的注意力都被他吸引了过去。我让他回自己的座位坐好。可没想到伴随着他的哭声，我发现班里一些孩子也显出要哭的神情。我马上意识到，这种情绪得赶快制止，否则疫苗针在一片哭声中是打不成的。

可是，如果用提要求的方法让孩子别哭，肯定是没有效果的。于是我灵机一动，想出了一招：我拿起粉笔在黑板上画起了画。孩子们看到我在画画，便都好奇地看着我，好像一下就忘记了刚刚发生了什么。我在黑板上画了个小朋友圆圆的脸，然后对大家说："孩子们，你们看这个小同学怎么了？"我边问边画了两串眼泪。

"哭了。"孩子们大声说道，有的孩子边说还边看小峰。

"孩子们，我们入学已经第二周了，每天韩老师看你们带着微笑，高高兴兴来学习，我心里真为你们自豪，你们长大了，不是幼儿园的小朋友了。"然后我指着黑板上的画说，"这样的哭娃，你们喜欢吗？"

"不喜欢！"有的孩子还看着小峰说，"他今天就哭了，他怕打针……"

"孩子们，那你们能让小峰笑起来吗？"

很多孩子都举起了小手，有的站起来说："小峰，打预防针对我们身体很有好处。"有的说："小峰，你勇敢点，不用怕。"……

听了同学们的话，小峰的哭声停止了，他拿起一个女生给他的面巾纸擦起眼泪来。我笑着对大家说："孩子们，在你们的帮助下，哭娃变'笑脸'了，韩老师相信你们都是最棒的，今天都能勇敢地去打疫苗。来，孩子们，用微笑鼓励一下我们自己吧！"说着，我把黑板上的哭脸也变成了笑脸。这时再看看班里，39张笑脸都是那样的灿烂！而在这些灿烂的笑脸中就有小峰的笑脸，虽然那脸上还挂着没擦净的泪珠。

# 他也成了"头鱼"

数学教师　林妍

有一条小鱼儿，瘦小而又孤单。主人喂食时它总也抢不到，最多只能吃些别的鱼剩下的残渣碎末。平时它常孤零零地在鱼群外游荡，似乎谁都可以欺负它。终于有一天，主人发现它是如此可怜，从那以后喂食时都先在它身边撒些饵料。不想，这个微不足道的举动竟改变了小鱼的命运，还创造了一个奇迹。因为聪明的鱼儿们渐渐地发现：只要在那条小鱼的周边就一定能先得到食物。于是，一星期后，一个颇为壮观的场面出现了：那条瘦小孤单的鱼，领着一个偌大的鱼群在水中游来游去。这条小鱼儿竟然成了"头鱼"。从此，它再也不会以自卑的神色黯然地徘徊在池边、角落，而是摇头摆尾、神气活现地做着"领头鱼"，俨然开始统率起整个鱼群。

在我的灵动数学课上，也有这样一个孩子。提起他，很多老师都会摇头叹气，给他的评价也都惊人的相似：聪明，但总也管不住自己，以恶作剧为乐，班里的小伙伴们都离他远远的……在一次数学小组活动时，我刚一转身，就听见背后传来"哗啦啦"一大盒学具落地的声音。我赶紧回身，看到他满屋子来回蹿，不是去抢别人的材料，就是破坏其他组的学习成果，闹得大家鸡犬不宁，他自己却蹲在地上捧腹大笑。一大堆学具七零八落，有些掉到桌椅缝里，捡起来再分类放好要花费很久的时间，这个孩子真能惹祸！

当时我真的很生气，默默地想着该怎么收拾残局。这时，他仿佛也知道自己惹了祸，默默地蹲在地上，深低着头开始捡材料。这个举动一下就击中了我的心。我想，他还能知道自己犯错了，这就是好事儿！不如我趁这个机会，给他安排点儿任务，省得他精力过剩到处惹祸。

于是，我也蹲在地上，和他一起捡。有些材料卡在边边角角，很难取出，我的手够不出来，他便主动用他的小手去掏，手指蹭红了，还努力去够。没看出来，这个孩子干起活儿来还真是不惜力啊！我边捡材料边和他聊天。出乎意料，他挺内疚的，主动向我承认了错误。我借着这个机会问他："你愿意当灵动数学课专门管理学具的小组长吗？"他眼神突然就亮了，大声说："我愿意！我愿意帮老师做事情！"

从那天开始，每周五的灵动课，他都会提前来，帮助我开电脑、发材料。这时满场飞的他再也不是那个惹事小子了，而是尽心尽力地帮助同学的小组长。看到他脑门上沁出的汗水，我特别欣慰。有一次，为了帮助同学们拿四巧板，他站起来时，脑袋在柜门上重重地磕了一下。听那声音，磕得可不轻，一定挺疼的！但是他却没停下脚步，直接走过去把四巧板递给了需要的同学。我一把把他拉到身边，心疼地给他揉着。他憨憨地笑了笑，说："老师，没事儿，已经不疼了！"

就这样，这一整个学期，他都坚持为同学们服务。不仅如此，在我的课堂上，他由不听讲到现在积极思考，成为灵动数学课的小精英！这些都是我以前想都不敢想的事情。班主任也跟我说，现在这个孩子精神面貌特别好，学习也主动了，再配上那颗聪明的小脑袋瓜，学习成绩已经赶超很多同学了！我真的打心眼儿里为他高兴！

曾经的那条瘦小而又孤单的鱼，现在也能融入鱼群了。说不定，在不久的将来，他也有机会统领整个鱼群，带领鱼群游向更深、更蔚蓝的大海。我坚信多一点爱心，多一点智慧，就一定能够点燃他们的希望火种！创造奇迹，在于孩子本身，更在于你我的关注。

# 心灵与成长

寄语：

　　每个孩子个性特点不同，生长环境不同，都有自己的成长轨迹。作为教师的我们不能把他们装到同样的模具里，放在"流水线"上统一加工。要为每一个孩子准备一把适合他的尺子，让他能够在自己原有的基础上不断进步。教师要做一个能够影响孩子心灵的人，像春风一样慢慢地吹化孩子心中的坚冰，像春雨一样慢慢滋润孩子幼小的心田。只有播下心灵的种子，才能真正看到满园的春色！

## 一把钥匙开一把锁

语文教师　陈国红

　　去年年底的一天，小明的奶奶在放学时走进学校，把一面锦旗放到我办公桌上，上面写着"严慈并举　真心育人"，那一刻我知道，这面锦旗承载了小明全家对我的认可与感谢。

　　新生入学前，我打电话联系去小明家家访，却被他妈妈一口回绝。在电话里，她支支吾吾地说："孩子有点闹，一刻也闲不住。"其他就不再说了。这到底是怎样一个孩子呢？我心中充满好奇。新生入学培训时，我见到了这个"有点闹"的小明。他不仅特别好动，而且也不和他人交流，自己想干什么就干什么。同学们坐在座位上听讲时，他或者在教室里东游西逛，或者坐在座位上低头玩；同学们排队时，他就旁若无人地在队伍中穿来穿去。不管我怎么说，他脸上一点表情也没有，眼神完全是迷离的。这是怎么回事？

放学的时候，小明的奶奶来了。老人首先向我道歉，说不接受家访是因为孩子在家无法无天，怕老师到家看到孩子的表现会拒绝孩子入学。之后老人详细介绍了孩子的情况，一边说一边哭。她告诉我，自己就一个儿子、一个孙子，不指望孙子多么有出息，只要他能像别的孩子一样正常就满足了。看着老人泪流满面的样子，我心里也挺难受的。

送走小明的奶奶，我静静地想：我该怎么办呢？帮助小明不仅是他家长的殷切希望，也是建立良好班级秩序的需要。但是这个孩子的确有些特殊，我怎么做才能让他变"正常"呢？俗话说：一把钥匙开一把锁。可这把钥匙又在哪儿呢？根据以往的经验，我告诫自己在没有找到好的办法之前，一定不要贸然行动。

在接下来的日子里，我一面观察小明的一举一动，一面找机会和他接近，比如，帮他捡起掉在地上的文具，帮他摆好餐巾，给他擦净鼻涕，排队时领着他的小手……渐渐地，我觉得他不再拒我于千里之外了。一次，刚打上课铃，我看到他竟然坐好了，就表扬了他。听到表扬，他居然看了我一眼，脸上似乎还有了笑意。这让我兴奋异常，我想，"表扬"也许就是打开小明这把"锁"的钥匙。以后对待小明，我采用了三种办法：当他做得很糟糕时，我静静地等待；当他不知怎么办时，我就帮助他；当他有好的表现时，我一定不吝惜地表扬，特别是每天放学，我都要当着他的面向家长表扬他，比如：今天动笔写了一个数字，今天听到上课铃声能回到座位，今天自己收拾了铅笔盒，等等。

渐渐地，小明开始有了变化，早晨进教室能向我大声问好了，上课能坐在座位上了，能写作业了，能排到队伍中了……学期期末，小明奶奶又来接他，老人拉着我的手，眼里泛着泪光说："小明上学后一天一个样，全家人不知道如何表达对老师的感激之情，就做了一面锦旗。"看着孩子的变化，我的心里也倍感欣慰，做教育者的幸福感油然而生！

# 耀眼小新星

音乐教师　周秀娟

　　"星光组长们快把'星光册'拿来，周老师又要选音乐之星了，看看谁能得到周老师的音乐明星大奖，快来呀！"四（5）班的孩子们刚看到我进班的身影，便立刻欢呼雀跃起来。随着我缓缓揭开奖品箱的盖子，孩子们一下子瞪大眼睛安静下来，立刻沉浸在大奖将花落谁家的期待中。这是每学期期末，我为孩子们带来的最激动人心的时刻，努力一学期的孩子大都翘首盼望，不过，也总会有孩子显得格外沉默。

　　我示意大家安静下来，并宣布评价马上开始，同时还意味深长地把目光投向坐在角落里的小林。他下意识地往后缩了缩身子，显得很紧张。我对着全班同学大声说："这学期明星大奖肯定有惊喜，因为我们班有的孩子学习态度变化极大，积累的音乐星数量超出上学期的几十倍，很可能成为今天最耀眼的新星！"孩子们"哇"地惊呼起来。我接着问："你们能大概猜猜是谁吗？"孩子们都把半信半疑的目光投向小林，小林不好意思又略带紧张地笑了笑。

　　评价开始，星光组长们拿着这一学期的"星光册"站到台前，由大家选出的计星人、监督人认真计算着，孩子们紧紧盯着黑板上的统计数字。在大家共同努力下，四个小组共计 15 人被评为音乐之星，包括小林的星光组，他们将得到学校统一下发的音乐之星奖品，全班响起热烈的掌声。这时我发现小林才稍稍松了口气，笑得自然了些。我宣布："最激动人心的时刻到了，全班前五名的超级明星大奖计星开始！"星光组长和监督人开始数票，全班前五名记星结果很快出炉，我大声公布："第一名，小林，六十三颗！""哗——"暴风雨般的掌声和欢呼声响彻整个教室，要知道，上学期他还是个只得了三颗音乐星的最为调皮的"捣蛋鬼"。

　　小林，一个让很多老师头疼的男孩，课上坐不住，永远一副梗着脖子斜眼看人的样子。刚接班时，我发现他除了上课状态不好之外，还经常无故打人，同学都躲他远远的，我也经常提醒他，但作用不大。我想：能不能找出他身上的闪光点，并以此作为突破口改变他的状态呢？于是下课我特意留下他帮我整理音乐星，他很感兴趣地留下了，我们俩边整理音乐星边聊起来。通过了解，我知道他父母经常出差，他跟着爷爷奶奶生活，估计这些坏习惯是老人惯出来的。我还惊奇地发现他在学钢琴，而且偷偷给我弹奏了一曲。我问他：可以给同学们表演吗？他犹豫了一下说可以试试。在跟小林交流后的那节音乐课上，我特意问了几个相对专业的音乐问题，看有的孩子答不上来我就让小林回答，他给出的正确答案让全班同学惊讶得张大嘴巴。我马上介绍：小林一直在学习钢琴，每天坚持练琴。大家半信半疑地看着小林，我鼓励小林给大家现场弹奏一曲。在大家热烈的掌声中，小林大方地弹奏了一曲，并且从此找到了自信。在以后的音乐课上，他不断地大胆展示自我，得到了越来越多的音乐星，为他们星光组获得音乐之星做出了最大贡献，同时他自己也得到了音乐课的音乐明星大奖。手捧星光大奖礼品的小林第一次挺直腰板自信地向大家挥手致意，相信他通过星光评价会在更多地方找到自信，成为真正的幸福之星。

# 教与学的共同成长

寄语：

无论是教育工作还是教学研究，只要我们真诚关注每个孩子，与他们推心置腹地交流，就经常会被他们的纯真童言、对事物本质的认识所震撼，进而引发无数深思……由此看来，师生真是相对的，有时候我们为学生之师，而焉知学生不是师者之师呢？他们赤诚的童心，他们稚嫩的言语，他们清澈的心灵……都会给为师的我们以启迪，以教诲。正所谓：教学相长。

## 钱包找到之后

语文教师　李欣玲

"老师，老师，您快去看看吧，孙××的钱包丢了！"一个同学慌慌张张地跑到办公室对我说。

当我和她一起来到教室时，看到有三名同学在做值日，还有两名同学在孙××的座位旁帮她找钱包。我先安慰她别着急，然后让她仔细回忆钱包是怎么丢的。她说今天是她们组做值日，放学时，她特意把钱包放在书包的侧兜里，准备路上帮妈妈买东西。后来有个同学向她借钱，她才发现钱包不见了。我问她是不是放错了地方，大家又认真帮她找了一遍，仍然没有。我分别询问了教室里的同学，都说没看到。我觉得很纳闷，教室只有这五个人，短短的十几分钟，难道是钱包自己飞走了？我断定拿钱包的同学就在其中。是一个一个地"审问"，还是"搜身"？

从尊重学生的角度考虑，我没有武断地处理这件事情。我安慰孙××说："别着急，老师一定帮你把钱包找回来。今天先拿这个钱帮妈妈买东西。"我掏出五十元递给她。她先是很惊讶，接下来怎么也不收，并告诉我，要买的东西不着急，并向我表示感谢。我叮嘱其他同学这件事要保密。

思前想后，我本着教育全班同学的原则，还是决定在班里说说。第二天课上，当我说完这件事后，立刻引起了同学们的议论。我正好想借这件事来树立一下班级舆论，便请大家谈谈自己的看法。有的谴责拿钱的同学，有的说了偷钱的坏处，有的出主意一定严惩这个人……我趁热打铁地说："如果是你做了这件事，打算怎么办？"大家你一言我一语，又出了很多主意。我觉得火候到了，就语重心长地说："古人云：'人非圣贤，孰能无过？过而改之，善莫大焉。'老师希望你们都能做一名堂堂正正的君子。"我给每个人发了一张白纸，语重心长地说："你们都是孩子，难免会犯错误，老师会原谅你的。给你一次主动认错的机会，我一定替你保密！"我满怀信心，暗自庆幸自己的做法巧妙。但出乎我的意料，收上来的38张纸条竟然都是空白的。

正当我费尽心机想办法时，当天中午，孙××就在桌子抽屉里发现了钱包，里面的钱一分也不少，而且还夹着一张小纸条。这可真是个意外的惊喜。我想，有了这张纸条，就一定能通过笔迹认出他是谁。但当我看到字条后又失望了，上面用仿宋体工工整整地写着："你能原谅我吗？"他可真狡猾！我暗下决心一定要查出这个人是谁。我拿着这张纸条，对全班同学说："尽管你极力掩饰，但老师已经通过笔迹知道你是谁了，希望你主动找我承认错误，否则事件的后果会非常严重的。"

整个下午我都在期盼这个同学的出现。放学后，黄××来到办公室。我心中一动，难道是他吗？不会，那天他走得很早。我问："有事吗？"他对我说："老师我觉得您不该查下去了。"我心里一愣，忙问："为什么？""既然他已经知道错了，您就该给他一次改错的机会。为什么非要查出他是谁？"刹那间，我的脑子里似乎一片空白。是激动，是高兴，还是惭愧？我用手摸着他的头说："谢谢你的提醒，老师可以考虑你的意见。"他高兴地走了。

"为什么非要查出他是谁？"我脑海中反复回想这句话。静下心仔细想想，钱包找到之后，还要执意查出"作案者"的动机是什么，是为了满足自己的好奇心，同时证明我的工作能力，还是为了帮助教育这个孩子？显然更多的是前者。"教育的最佳状态是自我觉悟。"这个学生能还回钱包，主动承认错误，这表明他已经认识到错误了，从教育的角度来说，这就够了，作为老师完全没有必要揪个"水落石出"。即使查出这个孩子是谁，对他今后的成长又有什么好处呢？同时也违背了学校提出的"为学生幸福人生奠基"的教育理念。这样做的后果只能让犯错的孩子产生过重的心理负担，至少会让他在我面前抬不起头，这也许会毁掉孩子的自尊，甚至影响他的一生。尊重学生，就应当尊重学生的人格，允许学生有隐私，允许他们犯错、改错。想到这些，我由衷地感谢黄××，是他的提醒，使我避免了伤害一颗稚嫩的童心。

第二天课上，我在班级谈了自己对丢钱包事件的看法，并当众表扬还钱包的孩子能够知错就改。不知谁带头鼓起了掌。这时孙××主动站起来："老师，我不怪他，谁都有犯错的时候，我已经原谅他了！"接着又是一阵热烈的掌声。

这件事已经过去一年多了，虽然到现在我也不知道那个同学是谁，但从此事以后，班里再也没有丢过东西。

做班主任工作已经有二十多年了，处理过无数大大小小的事件，但这件事对我的触动最大。作为教师，一切教育行为都应以有利于学生的发展为出发点，为学生的幸福人生奠基。面对学生的"犯错"行为，特别是当学生的选择违背教师的愿望时，教师就面对着一种艰难的挑战：必须用社会角色所赋予的职责战胜自然人性中的不足，才能达到良好的教育效果。

# 愿为向导，陪你仗剑闯天涯

语文教师 武雪莲

"武老师，今天我能给大家讲一讲这个字吗？您讲的我也会给同学们讲，能让我试试吗？"

"你能行吗？"

"请相信我，我能行！"

我走下讲台，把它让给了学生，静静地坐在他的座位上。只见这位"小老师"拿出自己的教具，开始讲课。他的教具是一张小小的自制生字卡片。这张小小的卡片内容丰富，颜色艳丽，上面还有孩子自己做的学习笔记。生字卡片上的内容是根据他自己的学习需要，查阅工具书自主学习得到的。孩子讲课的语言虽然稚嫩，但是给我带来的触动却是巨大的。

他走下讲台时，竟然拍拍我的肩膀笑着问我："老师，我讲得怎么样？"

"太棒了！"我给了他一个大大的拥抱。

"为什么有这样的想法？"我接着问他。

"您不是总说，自己的事情自己做吗？我想不仅是生活中的事情要自己做，学习上的事情也要自己做。"

多么简单的话语，这不正是五一小学"奠基教育"所倡导的让孩子成为独立行走的学习者的目标吗？要想让学生做到真正意义上的自主学习，教师不但要学会放手，更要善于放手。在课堂上，放手是一种爱，爱学生就要给学生自由，而非以爱的名义控制和灌输。我想，教师教学一个最重要的任务，就是运用一切有效手段，让学生学习的内驱力与诱因相互作用，使他们的学习动机处于最佳水平。这样，学生才会愿学、爱学、乐学，进而主动学习，成为课堂的主人。

于是，在我的身边，经常围着盼望"夺权"的孩子们：

"武老师，考您一个问题，蓝色的'蓝'为什么会是草字头？篮球的'篮'为什么会是竹字头？"

"那您知道绿色的'绿'为什么是绞丝旁吗？很有意思的，我想讲给同学们听，好不好？"

每到这时候，我都会自动走下讲台，看着孩子们在讲台上侃侃而谈，从字音讲到字形，从造字的本义讲到《说文解字》……这些二年级的孩子在每节语文课上都能给我带来不同的惊喜。他们俨然一副"汉字学家"的派头，言语体态中充满了自信!

唐代文学家柳宗元曾说"能顺木之天,以致其性",人的聪明之处就是顺应事物的天性而已。我们的教育亦是如此,学生们如果感觉到在学习的舞台上是自己在唱主角,他们肯定会一心一意地扮演好自己的角色;教师的作用就是导演,提供给学生一个舞台,控制剧情的大致走向,在教学过程中尽可能设计情境让学生体会和感悟。

我每次坐在孩子们的座位上听他们讲课时,眼前总浮现出这样一幅画面,在学习的江湖上,我这个老师只是个向导,陪着孩子们仗剑闯天涯!

# 一位妈妈的困惑

语文教师　杨惠杰

在9月灿烂明澈的阳光里,新的学年开始了,我也新接了五年级的一个班。忙忙碌碌,一转眼,充实的半个月就过去了。这天,正伏案批改作业的我忽然听到手机响起悦耳的铃声。我拿起来一看,咦?居然是上届毕业生梓晨的妈妈。孩子已经升入中学半个多月了,他妈妈还给我打电话干什么啊?我狐疑地接起电话:"喂,梓晨妈妈,您好。"电话那边响起了梓晨妈妈温婉的声音:"杨老师,您好。知道您很忙还来打扰您,真不好意思。我想向您请教个问题。"我连忙笑着说:"没关系的,您别客气,您说吧。"

梓晨妈妈说:"梓晨上中学后,学习比小学时明显紧张了许多,作业量也增加了。我们还是按照小学时您的要求,每天都检查他的作业,督促他改正作业中的错题。但是,这半个月以来,我发现他改完的作业第二天老师并不批改。问了孩子,孩子说老师上课来,下课就走了,也从不跟梓晨要改错的作业。所以,我有点不知所措了。"

我沉吟了一下,解释道:"梓晨妈妈,您别着急,中学的学习和小学有很大的不同。从老师来说,小学的语数老师只教一两个班,每天陪伴孩子的时间很长;

中学老师可能会教三四个班，课时分散，教学任务也就比较紧张。课上，老师没有什么时间找孩子们挨个儿要改错的作业。所以，这就要求孩子们能尽快适应中学的学习状态，加强自觉性与主动性。在孩子没有完全适应中学学习时，还需要咱们家长的督促与帮助。"梓晨妈妈在电话那边听得很认真，不时回应着我。

我又说："还有，如果梓晨在学习上有不明白的地方，一定要主动去找老师询问。老师们都很喜欢勤学好问的学生，只要有时间，一定会为梓晨解答的。"梓晨妈妈笑着说："这下我就明白了，回去我就跟梓晨说，让他多向老师请教。谢谢您！"

挂了电话，我没有继续批改作业，而是陷入沉思。梓晨妈妈的疑惑其实很多刚升入中学的孩子与他们的家长都有。小学阶段时，因为孩子们年纪小，缺乏自我管控的能力，老师像妈妈，像保姆，像老母鸡一样把班里的几十个孩子纳在羽翼之下，关怀备至，也呵护备至。学习上，老师更是尽职尽责，管理细致，要求细致，每天盯着孩子交作业、改错、记笔记。但是，凡事都有两面性，老师管得太多，学生就产生了依赖性，缺少对学习的自主性。升入中学后，面对全新的环境，面对陌生的老师，面对与小学时截然不同的学习状态，自然需要有一个适应的过程。作为一名高年级教师，怎样才能帮助孩子们尽快适应中学的学习生活呢？为孩子的未来奠基，不是就应该在孩子们以优异的成绩毕业后还能更好地延续他们的学习吗？这对我的教育教学工作提出了更高的要求。

在后来的日常工作中，我一边摸索一边实践，渐渐有了一些心得体会：首先要明确孩子成长的规律。老师要确立"孩子已经长大了"的观念，要充分给予孩子平等和自由，鼓励孩子不受约束，尽量发挥自己的想象力。不批判、不阻拦孩子的想法，而是给予孩子肯定与意见，鼓励孩子勇敢地发表自己的想法，鼓励孩子与别人多交流、多沟通。其次，在班级管理模式上要开始向中学靠拢。鼓励孩子们进行自我管理，肯定他们的进步与成长。孩子出现问题时，老师不要急于帮助孩子解决，而是给他们分析问题、解决问题的空间，鼓励他们自己解决。老师起到配合的作用，不能喧宾夺主。再则，在学习上要放开手脚，逐步改变"老母鸡"的教育方式，变"管"为"导"，立足核心素养的培养，体现学生的主体性与主观能动性，鼓励孩子自觉学习、自主学习，培养他们制订学习计划的能力，提高他们小组合作、团队交流的意识。当孩子面对学习中的问题与困难时，老师不要急于介入，而要静待花开。最后，在思想上给予孩子指导与帮助。老师要经常给孩子们讲往届毕业生在升入中学后遇到的问题等事例。通过谈话、沟通使他们提前明确中小学各方面的不同，做好心理准备，避免进入中学后手忙脚乱。

在之后的日子里，每有毕业生回校看望我，我都会特意问起他们是否能很快适应中学生活，大多数孩子都能高兴地说："没问题，现在的学习跟咱们五一小学六年级的学习差不多，除了学习科目增加、作业稍多一些外，大体学习方式是一样的。"看着他们那充满自信的笑脸，我也欣慰地笑了！

# 第7章

# 我的大"五一"

　　美丽的五一我的家，在这个大花园里，我们快乐地成长！丰富的课程，把我们带入知识的海洋，领略学习的乐趣，增长知识，学会学习；有趣的校园活动，让我们感受到童年成长的乐趣，和伙伴们在一起游戏、玩耍，让我们体会到合作和友谊的重要性，以及学校的良苦用心；形式多样的实践研学活动，在领略世界各地的风土人情和文化的同时，让我们体会到"读万卷书"与"行万里路"的独特！

　　在这里，我们学习文化知识；在这里，我们懂得伦理道德；在这里，我们放飞梦想；在这里，我们快乐成长！我的大"五一"，我们爱您！

# 期待中的成长

**寄语：**

阳光洒在校园里，微风拂过，梧桐树叶上闪着光晕。我们在一门门多彩的课程中不断进步，不断汲取养分，就如校园中的一株小树，在夏风冬雪、春花秋月中茁壮成长。团结、合作、互助、有爱……每一圈年轮都有一个独特的名字。今天，五一小学用爱滋养一棵棵稚嫩的树苗；明日，待幼苗长成参天大树，必能为校园的每一寸土地遮风挡雨……

## 展开主题研究的翅膀　飞向兴趣学习的天空

三年级 7 班　刘明远

我们在五一小学的快乐学习生活已经进入第三年，在三年级下学期，老师给我们介绍了一个新的学习方法：主题研究。开始时同学们对这个方法都比较陌生，不知道如何运用，老师就细心地给我们讲解。从如何组成研究小组、如何选题，到如何收集信息资料、如何制作汇报的 PPT，老师的开导和帮助使我们对主题研究的学习方法有了初步的认识，也使我们有了运用的信心。

3月份的时候，我和李可馨、王浩霖、薛宇博组成了一个主题研究学习小组。在选题阶段，大家热烈地讨论选择什么题目进行研究，有的说研究诗歌，有的说研究兵器，还有的说研究历史建筑，后来大家的意见慢慢地统一到飞机上来。大家都坐过飞机，自己的玩具里也有很多飞机，有的是模型，有的还可以飞起来，大家对飞机都很有兴趣，而且关于飞机还有许多不明白的事，希望能了解更多的相关知识，于是我们就选了"飞机发展史"作为研究题目。

研究题目确定下来后，我们根据老师之前的指导进行了工作分工，确定了每个人所负责的具体工作任务，大家还选我做了小组长。根据分工，大家开始兴致勃勃地收集有关飞机发展史的资料，大家在网上查找资料图片，查阅学校和家里有关飞行和飞机的画册，薛宇博还从家里拿来详细介绍飞机的参考书。我们收集材料后还进行了讨论和分享，把各自了解到的知识和信息进行交流，大家都有了更大的收获。

我也把主题研究的事告诉了爸爸妈妈，爸爸妈妈告诉我在国外的中小学和大学里，这种主题研究的学习方法很普及，是每个学生必须掌握的基本学习技能，了解和掌握这项技能可以帮助我提高学习效率，增加学习趣味性，感受到学习的乐趣。他们希望我好好把握这个机会，仔细地想，认真地学，还教我如何快速地从网上找到需要的资料和图片。有了他们的鼓励，我的干劲更足了。

在大家的共同努力下，我们终于取得了一些小小的研究成果。我们把收集和了解的关于飞机发展的信息和知识制作成PPT，一起向全班同学进行研究成果发布。通过我们的分享发布，同学们了解了更多的飞机知识，我们可自豪了。

研究成果发布成功的那天晚上我做了一个梦，梦见我们研究小组的同学们一起驾驶一架银色的大飞机从我们学校飞过，同学和老师们都站在地上向我们招手，我看到了学校的操场和教学楼，还有飘扬的五星红旗，我指着学校说："看，那就是我们的五一小学……"

# 心灵的舞台——我与 DI 共成长

六年级 1 班　翁誉齐

初入 DI 殿堂的时候，我是茫然的，周围的一切显得新鲜而又陌生。和其他同学一样，我无措地打量着装饰得五彩斑斓的教室，只觉得好奇，却未曾想过自己有一天能站在那个舞台的中央。

距离社团开课只剩下不到一周，羞怯腼腆的我能否胜任这个"角色"，顺利地踏上这个崭新而神奇的舞台？

终于等到了开团的日子。我忐忑不安地走进 DI 教室，同学们陆续就座。赵老师开始了第一课：卷纸棍。只见高高大大的赵老师在纸条上哈了一口气，手指在纸角轻轻一搓，纸条便打起了卷儿。紧接着，赵老师灵巧的手指不停地搓捻，八张纸片竟魔术般地连接在了一起，成了一条长达一米五左右细长笔直的纸棍。台下的我与队员们都看呆了，好半天才缓过神来。我们不禁惊叫道："好厉害！""赵老师，厉害！""一张短短的 A4 纸，竟能卷得那么长！"赵老师笑笑："想学吗？那我来教教大家吧……"

几个星期后，我们不仅学会了卷纸棍，还学会了不少表演技能，并排练了一出以"宝藏"为主题的短剧去参加北京市的比赛。比赛前夕，我们加紧训练，互相鼓励，斗志昂扬，最后取得了第二名的好成绩。我和同学们都很开心，但并没有得意忘形。因为我们知道，后面还有亚太地区总决赛这场硬仗要打。

我们毫不懈怠，全力以赴地完成每一道 DI 挑战题，尽心尽力地表演好每一个细节。按照老师提出的"龙头猪肚凤尾"的高标准，我们将剧本的结尾进行了大幅度的改动。剧本的变动意味着我们要付出加倍的努力，同学们也将更加辛苦。可我们没有丝毫的后悔和抱怨，"付出总有回报"的信念一直鼓励着我们继续前行。我们终于来到了决赛场地"天下第一城"。功夫不负有心人，经过三天的艰苦奋战，我们荣获了第一名！当"五一小学"的名字出现在大厅屏幕最上方的时候，我们兴奋了！我们沸腾了！站在领奖台上，全场雷鸣般的掌声响起的那一刹那，我们七名 DI 队员喜极而泣，捧着金灿灿的奖杯，看着光闪闪的奖牌，泪水禁不住从双颊滑下……

这个第一名对我们来说来之不易，更是意义非凡。它表明我们的努力得到了认可，我们的付出得到了回报，也意味着我们将与以前那个稚嫩的自己告别！永别了，害羞与胆怯；永别了，笨手笨脚。我将迎接一个全新的自我，一个大大方方的、心灵手巧的自己。在 DI 的这段日子里，我的兴趣爱好变得更加广泛，表演和动手能力也得到了很大的提升。更重要的是，我还体会到了团结的重要性和友谊的可贵之处！DI 对我的帮助真的很大！

在此，我想说：感谢你，DI 课堂；感谢你，五一社团！你让我感受到世界的精彩，你为我开启了心灵的舞台！

# 在戏剧表演中成长

五年级 1 班　冯馨宁

这个学期，我荣幸地参加了学校的戏剧课程，我们将要排演《鸡毛信》剧目，对此我充满期待。

我们的导演幽默风趣，课堂上充满欢声笑语，而且导演的演技极其了得，让我们非常佩服，我们都很喜欢上他的表演课。

挑选合适的演员是保证剧目完美呈现的关键，因此导演对此很重视，在候选人中精挑细选。先是主人公海娃的竞选，刚开始大家还不敢放开上前，但在导演的鼓励下，有几个男生和女生打算上前试一试。导演发给他们剧本，给他们选了一段台词。那段是海娃给鬼子指路时的对话，表达的是他宁死也要把鬼子赶出中国的决心。导演先示范，他读得慷慨激昂，让人产生身临其境的感觉。候选人跃跃欲试，一个个都试着表演了一遍，有的演得干巴巴的，有的老忘词，还有的没读一半就笑场了。最后在我们观众的建议下，导演终于定下了饰演海娃的最佳人选。他教我们这段台词应表现出怎样的深刻感情，然后又演示了一遍，我们都慢慢有了感觉。

定好角色后，导演开始抓紧时间给我们进行细节性的训练，每一个细微的小情节，从神态、动作到语言，导演都研究得特别深。我们虽然很累，但看别人的表演时，看到有趣的情节还是会哄堂大笑，在快乐中也就忘记了劳累。

我们的演出最开始是小羊们与海娃在一起跳着欢快的舞蹈，这些舞蹈都是演小羊的同学们自编的，活泼可爱，导演十分满意。接着是李叔招呼海娃去送鸡毛信，导演在这里反复地纠正李叔叫海娃时的腔调和动作。下一个场景是两个汉奸喝酒说胡话，这里的剧情本来就十分搞笑，再加上两名同学总忘词、用错手以及腔调不够，这段戏反复演了许多遍，我们都笑得前仰后合。最为震撼的情节是海娃充满正义地说："这是我们中国人的家！"然后高喊"八路军"，自己则被乱枪打倒在地上，接着身为"八路军"的我们赶忙上前叫醒海娃。这一段导演带我们排练了无数次，直到我们的喊声和动作合格。排练虽然很辛苦，但是我们却越来越投入，因为我们真的走进了角色中，被八路军的英雄情怀所感染，也许这就是戏剧课的魅力吧！

我们对自己排的《鸡毛信》非常有信心，并在五一大礼堂上见证了这一切——我们的《鸡毛信》是最受欢迎的剧目！而我们也拥有了巨大的收获：不仅增强了演技，还获得了自信、友谊与快乐！

# STEM——我懂得了团结合作

四年级 5 班　刘桐羽

这节 STEM 课上，老师布置了做救生船的任务，并说要比一比哪个小组的船载重大。材料员领回了乒乓球、塑料瓶盖、塑料瓶、胶带等材料。我们七嘴八舌、眉飞色舞地商量起做法来。

小明一马当先出起了主意："今天的任务简单，咱们就把船底做得大大的，船身高高的，胶带捆结实，船肯定最能载重。"我一听立刻反驳："用的材料多船身就重，那还浮得起来吗？"我边说边撇了撇嘴。可小明也不甘示弱："那照你说的少用材料，直接把塑料瓶全部绑起来，绑成竹筏那个样子得了呗。"时间紧迫，我们也争得不可开交。后来，大家索性都不再说话，动手瓜分了桌上的造船材料，各自开始摆弄起来。

STEM 课是我们四年级特有的一门课程，单双周上课，每次都是两节大连排，每节课我们都会有一个和生活息息相关的主题，如制作拉杆箱、魔法书桌，探秘福建土楼、老北京四合院，同学们用老师分发的材料做出各种各样有意思的作品。要不是这门课，我都不敢相信自己能有这么强的创造力和动手能力，每次都能近乎完美地解决各种难题！同学们也都非常喜欢这门课，它是一门结合科学、技术、工程、数学的跨领域的课程。在课堂上，老师为每个小组准备了任务书以及需要的材料，同学们以小组合作的形式共同完成任务，这不仅培养了我们的动手实践能力，还锻炼了我们的团队合作能力。

这时，老师注意到我们的不知所措，走到我们桌前，看了看我们手里七零八落的材料，说道："如果意见不能达成一致，可以先动手尝试，要抓紧时间、齐心协力多做尝试，'人心齐，泰山移'，如果能够团结一心，互助互爱，取长补短，任何困难都会迎刃而解。"我们抬头看看周围，其他小组都在井然有序地忙碌着，作品已经初具规模，而我们的还是一团糟。霎时间，我们每个人都羞红了脸，感到十分惭愧，赶紧把自己面前的材料推回到桌子中央。

大家都意识到了自己的问题，也就不再固执己见，而是耐心地倾听别人的意见，仔细分析各种方案的优缺点，擅长画图的画图，擅长操作的操作，各司其职，不久，一个我们自认完美的设计方案跃然纸上，同时救生船的搭建也在有条不紊地进行着。最终，我们组也在规定时间内完成了我们自认为完美的作品，每个组员的脸上都露出满足的笑容。

# 多姿多彩的校园生活

寄语:

童年的日子是无忧无虑的,童年的校园生活是纯真无邪的,似一条潺潺流淌的小溪,欢快地奔流着,时时泛起一朵朵晶莹的浪花。一颗颗跳动的心,一张张洋溢着青春气息的笑脸,编织着一个个彩色的梦,谱写着一曲曲真挚动人的歌。校园生活时时处处充满色彩,时时处处充满欢笑。

## 十三班的诗意小生活

三年级 13 班　高天一

春天来了!窗外的风景在春风的吹拂下,一天天发生着变化,班主任舒老师利用午休时间,带着我们到校园里散步,和我们一起欣赏我们美丽的校园。

洁白的蔷薇、淡粉的樱花、鹅黄的月季、火红的牡丹都在青绿的花叶中悄悄绽放着。我们都很兴奋,或是凑近闻香味,或是远远找寻新花蕾。凉亭下,我们分享着新发现,还争相背起了熟悉的诗:"庭前芍药妖无格,池上芙蕖净少情。唯有牡丹真国色,花开时节动京城。""惟有绿荷红菡萏,卷舒开合任天真。""月季只应天上物,四时荣谢色常同。"……这些脱口而出的诗句,是我们背诵积累下来的,从每周一首到每日一首,我们通过古人的诗句感受到了四季之美,一年下来,我们积累了两百多首诗。今天,我们竟然能够将眼前的美景与诗中美句合二为一,仿佛获得了诗神助力。舒老师和我们心里都美滋滋的。

回到教室，班里的同学们觉得背诗不过瘾，拿起画笔做起了诗画小报，"观花有感""赏玉兰""校园花""玉兰""毛虫变嫩芽""春桃""迎春花""校园观花"……各式各样仿写自创诗句，配上栩栩如生的画，张贴在班级的创作园地里，我们都感觉自己就是一个小诗人，可以尽情地用诗句展现春天了。如果一首不够，那就两首、三首吧，有了两百多首诗作积累的我们，觉得作诗成了一种天然的能力。

从二年级背诗起步，到仿写诗歌，我们还不能准确地说出诗句的含义。在班主任舒老师的引导下，三年级的我们从讲诗开始，领略中国诗词的美好意境。一首曹操的《短歌行》，拉开了班级讲诗的序幕。为了登上这个讲台，同学们不仅要自己找出新诗，还要像舒老师一样提前备好课，在哪里断句、哪里重点讲解、哪个字还不认识等都要提前标注好，讲解时的仪表姿态也很重要，一般都要准备两个星期。每次站到讲台上，看到讲台下认真听讲的同学，还要接受同学们的提问，从最初的小紧张，到后来的娓娓道来，我们自己都感受到了成功的喜悦，总想迫不及待地跟舒老师和家长分享这份兴奋、幸福。

诗就像是一首无言的歌，伴随着我们成长，课间飞花令、班级赛诗会、文集诗歌专栏，都是我们十三班的诗意小生活，这是我们在五一小学这个大家庭中，一种稳稳成长的小幸福。

## 饕餮艺术　绚烂五一

三年级9班　荣君阳

艺术节，作为学校不可或缺的饕餮盛宴，就像一首诗写的那样"随风潜入夜，润物细无声"，每年都会来到我们身边。

在学校的这次艺术节中，我参加了班级合唱节目和艺术画展出项目，间接参加了学校"金帆管乐团"器乐演出训练，为学校艺术节的辉煌成就添砖加瓦。虽然自己贡献出的是一份小小的力量，但却从中受益匪浅。

比如"班级合唱"节目，班级中的同学们经过多次的集体合唱训练，在多方面提升了自身的素养。我们选定的曲目是《虫儿飞》，这是一首非常贴近学生生活，反映少年儿童独特内心世界的优秀儿童歌曲。这首歌的歌词童趣满满，曲调抑扬顿挫，曲风通俗易懂，我和同学们都非常喜欢，因此训练的时候一丝不苟，表演的时候倾情投入，完全把自己的歌唱激情融入到了乐曲之中，俨然不是为了歌唱而歌唱，而是为了艺术而欢呼。

再来说说艺术中的"高大上"部分（同时也是我们孩子们最感兴趣的一部分内容）——绘画。我们虽然对高端专业绘画的水准和画风不甚了解，但是，我认为我们的绘画作品却能最真实地展现出生活的真谛，能最亲近地表现出学生的笑容，能最自然地勾勒出人生的美好。

我的绘画作品是《生机勃勃的早晨》，画风简单明了，内容清新自然。这幅作品画的是几个小学生，在一个风和日丽的早晨，一起开心地走在上学路上。画中孩子们快乐阳光的笑脸和坚定有力的步伐，寓示着五一小学的早晨注定是生机勃勃的早晨，注定是百花盛开的早晨，注定是硕果累累的早晨，注定是万鸟齐鸣的早晨！画面中包含着五一学子对学校真挚而深沉的爱。

金帆管乐团是五一小学的艺术殿堂，是五一学子魂牵梦萦的地方。我有幸成为其中的一员，主打乐器是长号。在乐团老师的悉心指导下，我坚持每天刻苦训练基本功。虽然我暂时只属于乐团的预备团，但是已经通过自己的努力得到了乐团老师的充分肯定。我相信在日后的艺术节中，乐团的所有成员必定会为金帆管乐团中做出卓越的贡献，为学校的管乐成就谱写最为华丽的篇章。

感谢我的母校——五一小学，为我们敞开了艺术大门，使我们能够如雄鹰般在艺术殿堂中自由翱翔。作为五一学子，我衷心祝愿五一艺术节始终绿意盎然，不断百花盛开，永远秋实累累！

# 当我站上舞台的那一刻

四年级 13 班　刘安燠

当我站上舞台的那一刻，聚光灯照在我身上，我周身充满着骄傲和力量。我根本看不到台下神情严肃的评委，我的眼里只有唐老师坚定的目光，我的心里只有我热爱的五一小学。最终，我们合唱团代表学校参加海淀区展演并且取得了一等奖的好成绩。

说起我的合唱生涯，我心里还是会感到五味杂陈。三年级时，我被选入合唱团，现在想来应该是因为我的音准不错。初入团时，跟着大家唱唱歌，跟着老师学些合唱基本功，虽说一周总要有两天五点半才能放学，可也还算轻松。直到第一次单人测试，老师发现我的发声有问题，气息和声音配合不好，我就成了老师重点"关注"的对象。自此，合唱对我来说更多的意味着单调乏味的发声练习，每天的"咿咿啊啊"早已磨灭了我对歌唱的兴趣，每次被老师点评"发声还得练……"，都让我感到备受打击。放弃的念头几次从心里升起，我甚至偷偷观察过那些退团的同学都是怎么跟老师提出申请的。

可能是我低落的情绪引起了唐老师的注意，她找我谈心，我能感受到她急于帮助我的心情，可是多少次刻苦的练习之后还是进步不大，让我感到心灰意冷。就这样，我在纠结、彷徨、失落中挨着日子。直到有一天，唐老师找到我，脸上带着少有的严肃，她问了我一个让我今生都难以忘怀的问题："你为什么要参加合唱团？"她让我回家仔细思考这个问题，想明白之后去找她。

是啊，我为什么参加合唱团？为什么在屡次失败之后还是没有果断退团？我到底在纠结什么？是因为一个班就选一两个人，我能被选上很光荣？是因为我非常喜欢唱歌，还是因为合唱团里亲密的团友？抑或是大人嘴里的特长可以作为升学渠道？这个问题真的很难回答，我吃饭在想，睡觉在想，上学的路上也在想。直到有一天，早上上学，晴好的阳光下我无意间抬起头，注意到了学校门口的"五一小学"四个大字。一种莫名的激动涤荡着我的心灵,我瞬间有了答案,我是为了你,我挚爱的五一,我多想能通过自己的努力为你添上光彩的一笔。我径直奔向合唱教室,迫不及待地告诉唐老师我的答案。泪水涌入老师的眼眶,也浸湿了我的双眸。

接下来的训练是痛苦的,我的声音里透着疲惫和嘶哑,可我的意志是坚定的,我知道我为什么而努力。每次训练完毕,从学校出来,天已经擦黑,我都会回头看一眼"五一小学"那四个大字,我总感觉它们在冲我微笑。我心里默默念着:"我为你骄傲,总有一天我也会让你为我自豪。"

我们的辛苦终于结出了硕果。当我站在舞台上,身姿挺拔;当我参加视唱考核时,看到考官肯定的目光,我觉得这一切都是值得的。完美谢幕的那一刻,我似乎又看到那金光闪闪的四个大字"五一小学",它们像母亲一样在向我招手!

# 语文节里的"大学问"

五年级 11 班　占思源

"什么,还有语文节?"付老师刚宣布完消息,班里就炸了锅。老师示意大家安静,继续说:"这个学期'幸福阅读'必读三本书,《水浒传》《狼王梦》和《汤姆索亚历险记》。在语文节上,咱们年级要搞读书有奖活动。每个同学针对书中内容提出问题,大家来回答,看谁读得细,读得深。"这下,男孩子们都安静了。我望着那三本书想,竞赛男孩子肯定比不过女孩子。我们几位女同学把这种想法告诉了付老师,然后笃定地说:"看着吧,我们提的问题男孩子们一定都答不上来。"付老师笑了:"说不定男孩子们能看出书里的大学问,反倒是你们答不出来呢!""才不会呢,'幸福阅读'那三本书我都倒背如流了,还能被他们难倒?"我愤愤地回答。

年级比赛前夕,班里进行了一次模拟赛。我发现自己想错了,男孩子们的问题千奇百怪,想法天马行空,让人瞠目结舌。比如,有人问:"《水浒传》里谁的武器最长?"这边立马有人回答:"鲁智深水磨禅杖!"话音刚落,那边又有人喊道："不对，是丈八蛇矛，林冲的。"还有人急忙喊："错了，是关胜的青龙偃月刀呀！"更意想不到的是，居然有人说："我算过，就是丈八蛇矛。因为一丈相当于十尺，一尺等于三分之一米。所以丈八蛇矛大约有 2.5 米。""天哪，这都哪儿跟哪儿呀！"女孩子们面面相觑，"怎么数学计算都出来了，我们读的是同一本《水浒传》吗？"

　　课间，我们几位女生气呼呼地议论开来："简直胡说八道，书里根本没有写这些东西。男孩子们就是捣乱，搞得我以为自己读了本假书。"这时付老师走过，看到我们的不满，她拍着我们的脑袋说："你看，被我说中了吧。这很正常呀，不是说女孩子的世界是粉色的，男孩子的世界是蓝色的嘛。他们提的问题你们从来没想过吧？这样读书才有意思呢。你如果换个角度看世界，世界会以另一个面貌展示在你面前。""所以，大家才会说'一千个人心中有一千个哈姆雷特'？"我迟疑地问道。"聪明！阅读是门大学问，有不同的维度。有的人读书深入，有的人读书广博；有的书值得精读，有的书值得泛读。一本书中可以找出千万本书来。不同的人又会产生不同的看法，提出不同的问题。"老师说完，又拍拍我们的脑袋走了。而我望着那三本书犯了难，年级阅读竞赛时还会遇到什么"奇葩"问题呢？

　　正式活动的日子终于到了。我刚进楼道，就看到两边张贴和悬挂着各色彩纸，上面写着大家整理的问题。我拉着好朋友的手，在人群里穿梭。"看，'为什么沈石溪不写狮王梦，而写狼王梦？'这题目有意义吗？那只能问作者自己了呀。"一群人正七嘴八舌地议论，突然一个男孩站出来说："因为沈石溪在云南生活了很久，那里没有狮子呀！""你怎么知道？"大家一齐看向他。"我查过作者介绍，所以他才会写《最后一头战象》。""嗯嗯，有道理，快，兑奖去。""走，这个答案一定对。"大家簇拥着男孩子兴高采烈地离开了。班队会上，付老师让我们总结本次语文节的收获，我举起手中的书说："比赛结果不重要，搞懂这里面的大学问才重要呀！"

　　不久之后，我们语文节活动登上了学校新闻，开头一句引用了莎士比亚的名言"书籍是全世界的营养品"。我想，这"营养品"的功效可能对每个人还不太一样吧。同一本书，有人见山是山，见水是水；有人恍然大悟，打开智慧之门；

也有人质疑争论，思辨得新知。这样的体会让我兴奋，也许正是因为阅读的不同维度，才使书籍产生不同的"营养"吧，而搞清、弄懂书里面的"营养功效"还真是一门大学问哩！

## 无兄弟，不篮球

六年级 7 班　李中豪

每当看到写字桌前端端正正摆放着的金灿灿的六年级篮球联赛冠军奖杯，每当看到手机屏保上那张陈校长为我们颁奖的照片，我都会无比骄傲、自豪，都会情不自禁地陷入深深的回忆中，仿佛又回到那激情四溢的篮球赛场。

一年一度的篮球联赛是我们这些活泼好动的男孩子们最喜爱的活动。刚一进入五年级，班里几个有着相同兴趣爱好的小伙伴就利用一切能玩儿的机会，在篮球场上追逐、奔跑、抢断、上篮，不怕磕碰，不怕摔倒，不怕炎热，亦不惧严寒，最终获得了年级亚军的好成绩。随着时间的推移，我们升入六年级，这也是我们在母校的最后一年，小伙伴们决心再次奋力拼搏，力争获得总冠军，为辛勤培育我们的班主任杨老师献上一份毕业大礼，更为自己的小学生活画上一个圆满的句号。在紧张的学习之余，我们看美国 NBA 比赛，学习篮球明星的球技，看篮球杂志，琢磨探讨比赛战术。每天我们高效完成老师布置的作业后，都会到球场上练习、实践。一轮又一轮比赛，面对不同的对手，我们顽强拼搏、永不言败，最终如愿以偿，捧回了金灿灿的冠军奖杯！

衷心感谢学校为我们提供这一展示平台，让我们在篮球中品尝到了无限快乐，同时更收获了许多难能可贵的精神品质。"无兄弟，不篮球"已成为我们的口号，这六个字充分体现了队友之间默契的配合，更有效地培养了团结协作的集体主义精神及良好的体育道德，帮助我们正确理解和处理个人与集体、竞争与合作的关系；即将面临小升初的我们，学习压力之大可想而知，适当地参与篮球锻炼，能让我们劳逸结合，减轻压力，提高学习效率，从而在学习和身体素质方面全面发展；

篮球难度高，不经历足够的训练磨砺甚至无法正确投篮，所以打篮球让我们有了一颗勤奋、执着之心；篮球运动能有效缓解学习压力，而良好的竞争环境又能培养我们健康的心理适应力和承受力，使我们的心理更健康，提高我们的社会适应能力。

我为我是五一学子感到荣幸，我为我是篮球冠军感到骄傲！

# 我们的班歌我们的情

六年级 14 班　高晨凯

小学的时光总是让人不舍与难忘，我自然不会例外，六年时光沉淀的是深浓的难以化开的同学情与师生情。这段情，文章写不出，诗歌咏不出，我却急切地想将它表达出来。

正巧，学校在音乐课程方面开展了班歌歌咏比赛。听闻这个消息后，我非常激动，希望能为班级写一首好的歌曲来纪念我们的友情，出一份力为班级争光。

从那以后，我手机里循环播放的不再是过于舒缓的音乐，也不是过于激昂的礼仪用曲，更不是我平常爱听或常听的歌曲，而是变成了大家都熟悉且喜闻乐见的流行歌曲。我可以毫不夸张地说，大家都熟悉的歌曲，我基本一天至少听 10 遍，并且改过一小段词。我把工作重心放到了班歌创编中去，和同学基本一天一小会，三天一大会。会议现场仿佛变成了歌王争霸，每个人都在哼唱着自己这几天听完之后感觉不错的歌曲，然后再 pass 掉。

在一周后，大体的旋律终于敲定了下来。《成都》作为一首难度不大且速度适中，大家也比较熟悉的歌曲，成为我们谱词改曲的对象。

午休和之前会议的时间依然闲不下来，一点一点改词，要连贯，要押韵，要抒情。我谱词之后，再让参加会议的各位同学慢慢哼唱，自己给自己找碴儿挑刺，再调整不合适的曲调。字字推敲，句句斟酌，调调琢磨，把乐理知识吃透，把诗歌技巧摸清楚。再加上钢琴、吉他和古筝，这三种乐器需要相互配合，难度可想而知。

在练习过程中，经常会出现各种各样的错误，所以我们又成立了班歌临时改编小组，来处理排练过程中出现的大大小小的问题。

感谢贾老师抽出时间来陪我们练习，感谢音乐老师在乐理方面无私的传授，每位同学都很看重这次机会，尽心尽力地排练。终于，我们在14个班中脱颖而出，站上了毕业典礼的舞台。

毕业典礼的氛围让人十分感动，在班歌演唱的过程中，一向坚强的贾老师也开始哽咽。尽管我们在排练中很苦很累，在谱词遇到瓶颈时会异常烦躁，但最后的结果却十分美好，给每个同学留下了难忘的回忆，更留下了我们的师生情、母校情！

# 食堂午餐进行曲

五年级14班　张澄锐

每到上午的最后一节课，我们的肚子就唱起了"空城计"，下课的旋律一响起，二至四年级的同学就有序地来到班级门口排队，盼望着工作人员早些送来暖暖的午餐；而我们五六年级的同学则排着整齐的队伍，步行到不远处的食堂，享用美味佳肴。大家排队打菜时充满对今天午饭菜品的好奇和各种猜想。

学校食堂超级大，屋梁上挂着几盏大吊灯。白白的天花板上错落有致地安装着十几个大电风扇。食堂大厅里整整齐齐地摆放着几十张不锈钢的长方桌和配套的小方凳。那时，我可是一直盼望着快些升到五年级，可以进入向往已久、充满神秘感的食堂就餐。在教室里吃饭的日子一去不复返，进入食堂就餐就意味我们长大了，不再是小豆包了，升级为师哥师姐啦！

今天吃什么菜呢？终于轮到我打饭了。我迫不及待地走近一看，几个不锈钢的大盆里分别装着热气腾腾的黄瓜炒肉片、炝炒土豆丝、海带炖排骨……看了这些菜，我只觉得饿得更厉害了，于是赶忙"动起手来"。正巧旁边站着一位戴着白色口罩的阿姨，她和蔼地问："同学，今天的菜怎么样，都来点儿？"我说："阿姨，今天的菜不错，我每个菜都要。"阿姨笑着说："挺好，营养均衡，不挑食也不能浪费哟。"望着碗里的菜，我口水直流。只见黄瓜片厚薄均匀，上面紧贴着嫩嫩的肉片，红配绿，颜色鲜艳，分外养眼，一股黄瓜的清香和肉香飘入我的嗅觉器官，让我垂涎三尺。再尝一下海带炖排骨，海带飘香，排骨入味还不腻人，美美地喝上一口汤，特别鲜香，顿时让人神清气爽、回味无穷。炝炒土豆丝一直都是我的最爱，也是我最拿手的一道菜，好做，易熟，味道香。吃着吃着，感觉吃出姥姥做菜的味道，仿佛此时是在家中和家人一起享用美味佳肴，一点儿也舍不得浪费。转头看看身边的同学们，他们全都低头细细品尝饭菜，不再有话语声。

想想咱们食堂有和蔼的阿姨为我们服务，还不时有学校领导和老师的关心问候，简直让我们如沐春风，感受到家的温馨。

马上升入六年级的我，十分珍惜当下，每天坐在桌边品尝着营养丰富的美味佳肴，和同学们一起坐在冬暖夏凉的食堂中欢欢喜喜地谈笑，我真的感到：我们在这样美好的环境里生活、学习，真是太幸福了。

# 无处不在的课堂

**寄语：**

丰富的实践活动、研学活动，让我们真正体会到读万卷书与行万里路其实同等可贵。在活动中，我们不仅开阔了视野，而且激发了无限的活力和创造力，更弥补了我们课堂学习中的不足。大家都深刻地认识到，对于我们的成长而言，课堂是无处不在的。

## 走进芬兰

四年级 9 班　张晏

四年级的暑假，学校为我们创设了"芬中交流"的研学活动。

出发的前一天，我既兴奋又有些忐忑不安，毕竟是头一次离开父母，走出国门，心里还是有点小激动呢，但是面对陌生的研学之旅，各种担心也涌入我的脑海：北欧环境好吗？芬兰是什么样子的？我一个人能行吗？最后，我只好自己给自己打气，要带着任务快乐启程，去芬兰"解决"心中的这些疑惑！

经过将近 10 个小时的辗转，我们乘坐的飞机在瑞典首都斯德哥尔摩机场降落。走出机舱，清新的空气扑面而来，映入眼帘的是那蓝天白云，蓝的深邃，白的纯净，北欧的生态环境果然名不虚传。

活动开始后，我们参观了斯德哥尔摩的地标建筑——市政厅及诺贝尔奖宴会大厅，探访了诺贝尔博物馆，乘坐豪华游轮到达芬兰的赫尔辛基，途中还欣赏了波罗的海风光，参观了赫尔辛基白教堂、西贝柳斯公园和百年街心公园。但我的脑海里，满满的都是诺贝尔这位伟大的科学家的故事，被他深深吸引。人们都说每个孩子都有一个科学家的梦想，但是要真正成为科学家，摘下人类文明桂冠上的明珠就要付出持之以恒的努力。我当时就暗下决心，要好好地学习，为祖国争光，成为我们五一小学的骄傲。

在芬兰坦佩雷市的营地里，我们开展了丰富多彩的营地活动。我们学习了野外生存知识，参加了寻宝游戏、微电影拍摄和奥林匹克运动会等活动。让我印象最深的，是那次创意手工课。课堂并不只在教室，还在公园的山上。老师讲完课后就带我们上山，任务是让同学们以组为单位寻找材料，然后制作自己的作品，主题不限，材料也不限。我们小组的主题是"森林的自然风光"，大家认为需要树枝、小草、石头等材料。有的同学提出，如果拔草的话就会破坏环境，到了北欧看到优美的自然环境，大家的环保意识也增强了。于是，有同学提出捡一些掉在地上的松针代替小草，这是个好主意，大家都为他鼓掌。马上，第二个问题出现了：用什么来放这些东西呢？同学们七嘴八舌地说了起来，最后，支持长方形大盒子的获得了胜利。马上又有同学提出问题："纸盒是软的，那么多东西放在上面是支撑不住的！"这次是我想到的办法，我说："咱们往盒子里放入石头等物品填充，就像公园的篱笆墙一样！"这个建议得到了大家的认可，说干就干，大家都按照分工认真完成自己的任务。很快，草地做好了，湖做好了，但是看起来总觉得过于单调，我就想办法又折了两个盒子，拼在一起做成小屋，别的组员加上了小窗户和小花、树木。大家加了又加，不一会儿"小森林"就顺利完工了。虽然我们组的作品只得了第三名，但我们很享受这种"发现问题，解决问题"的过程。这节课让我们的想象力与创造力得到充分发挥，团队协作和表达能力得到了锻炼。怪不得老师说这次游学活动是一次"探究式"的教学活动，我们真正参与到了其中，真的很开心。

短短的12天很快就过去了，在本次活动中，我们都是第一次离开父母的怀抱，学会了自己动手，自己安排时间，自己解决碰到的问题。感谢五一，让我有了不一样的体验！

# 走近孔庙　感悟圣贤

四年级 11 班　李竹青

四年级下学期，为了让同学们对孔子以及儒家思想有更深入的了解，在一个春暖花开、草木茂盛的季节，学校组织四年级的同学去山东曲阜开展以"走进孔庙，感悟圣贤"为主题的研学活动。

一大早，同学们就怀揣着激动的心情，无比兴奋地登上了开往曲阜的列车。曲阜被誉为"东方圣城"，之所以有这样的美誉，是因为这里是我国古代伟大的思想家、教育家，儒家学派创始人孔子的故乡。

一下车，同学们就齐聚四德公园。在这里，同学们把上百只承载着梦想的信鸽放飞到空中。看着飞翔的信鸽，我心潮澎湃，在心中默默祝愿大家梦想成真。与此同时研学活动的序幕也拉开了。

祭孔大典是一个重要环节。老师告诉我们，祭孔大典是一项非常庄严的仪式，是后人为了表达对孔子的敬意而举行的。同学们不敢怠慢，仪式开始前依次把手洗净，换上干净的汉服，整齐划一地向孔子的塑像鞠躬行礼并大声朗读《论语》以示敬意。最后，大家用写毛笔字的形式感悟正道。我学习过隶书，就用隶书写了几个"正"字，引来同学们羡慕的目光。

第二天的研学活动是参观儒学圣地——孔庙、孔府。在老师的讲解中，我了解到孔庙修建于公元前 478 年，即孔子去世后的第二年，是纪念、祭祀孔子的祠庙建筑。经过 283 年的历程，由家庙转变成国庙，建筑规模相当宏大，与北京故宫、承德避暑山庄并列为中国三大古建筑群，是中国面积最大、等级最高的孔庙。跨过棂星门，穿过圣时门，驻足杏坛前感受圣贤的力量，来到大成殿孔子像前，我情不自禁地膜拜一番。孔府也不简单，占地面积约 240 亩，有各类建筑 463 间，号称"天下第一家"。其中的圣贤之门和五柏抱槐给我留下了深刻印象，真应了那句"天然君子质，合傲岱岩松"。

最后一天的国学体验课丰富多彩。同学们体验了剪纸、印刷、拓片、线装书……这些看似简单的操作，竟使同学们手忙脚乱，作品七扭八歪，你笑我的拓片歪，我笑你的剪纸烂，教室里的笑声此起彼伏。幸亏指导老师耐心指导，我才做成了一本不错的线装书。大家通过用手触碰，用心感受，领悟到了传统工匠精神及作品的来之不易。

三天的研学活动很快结束了，此次研学让同学们开阔了视野，增长了知识，亲身感受到儒家思想的魅力和中华传统美德的力量。我期待下次活动早日到来。

# 小种子·大情怀

六年级 7 班　蔚雨非

时光荏苒，白驹过隙，还记得当初胸戴小红花刚刚步入校门，转眼间，我们就要成为六年级的学哥学姐了。随着毕业的悄然临近，我对学校的眷恋之情与日俱增，仿佛又看到了运动场上激情奔跑的身影，科技节上思维碰撞的火花；似乎又听到了合唱比赛中的纵情高歌，主席台上的倾情朗诵……我们就是在这一个个的活动中成长的，在这一次次的实践中得到历练的，而最令我难忘的是五年级下学期学校组织的"宝岛台湾行"。对我而言，那是一次彰显五一魅力的温情之旅，一次沉淀在我们内心深处的传奇之旅，更是大美五一带给我们的幸福之旅！

2018 年 6 月 3 日赴台出发前，陈姗校长亲自到校门口为我们送行，目送我们登上大巴车，并向我们挥手示意，慈爱的眼神中充满了信任与鼓励，饱含着希望与期待。作为参加此次活动的学生代表，我的内心一直被兴奋与激动占据着，而就在那一刻，我突然感到一份沉甸甸的责任落在了肩上。我们是大美五一的莘莘学子，我们是海峡两岸的友谊使者，我们不由得问自己："如何才能全面展现五一学子的魅力风采？"在接下来的研学活动中，大家给出了一个完美的答案。游览参观时，我们文明礼让、井然有序，表现了五一美少年的儒雅风采；交流互动中，我们彬彬有礼、积极友好，践行了"弘道养正，日新其德"的五一校训。

研学实践中，对我们最具挑战性的是分组制作竹筏。当同学们看到硕大的木桶、长长的竹竿时都傻眼了。自己制作竹筏并乘坐竹筏畅游日月潭，这对我们而言似乎是不可能完成的任务。而此时班主任马老师的教导萦绕在我耳畔："凡事都要勇于去尝试，这样一来收获的不仅是知识，更是自信！"老师的鼓励让我顿时充满了力量。在制作过程中，我们遇到了许多困难，但大家都没有互相埋怨，而是彼此鼓劲，一只竹筏把原本并不熟识的我们紧紧地团结在一起。历经多次失败，当小组全体人员成功坐上竹筏的那一刻，日月潭的上空回荡起我们响亮的欢呼声，同时也把我们五一学子坚韧不拔的意志留在了宝岛。正是老师们无微不至的关爱、视如己出的疼爱，同学们自立勇敢的担当、情同手足的默契，成就了此次有梦、有爱、有温度、有情怀的研学之旅。

短短的七天里，我们领略了台湾的风土人情，结识了当地的老师同学，展示了大美五一的魅力风采，履行了文化使者的神圣使命……感谢我亲爱的五一，让我们学会了独立，懂得了协作；感恩我热爱的五一，搭建了平台，为我们的幸福人生奠基；感念我至爱的五一，为我们插上理想的翅膀，在新时代的长空里自由翱翔！

# 走进 57 中——初中生活体验记

六年级 3 班　晏启东

在去 57 中前，我已对那儿有了些了解：57 中有两幢教学楼、一幢实验楼和一幢综合大楼，并且有设备先进的理化生实验室、计算机教室、电子备课室、数字化音乐、美术、劳技、微生物实验、模拟飞行、数字摄影等专业化创新操作室，配有美国原装电脑自动寻星系统的大口径折返望远镜的天文台，拥有多种演示功能的天象厅以及完善的体育设施，为学生综合素质发展提供了优良的环境条件和师资保障。

刚进校门便能感受到 57 中同学们的热情，从校门口开始就有夹道欢迎的同学，一边鼓掌，一边有节奏地喊着："欢迎，欢迎，热烈欢迎……"

进校门不久，我又感受到57中同学们的体贴。我们进入了校园后，先到操场集合，看一部介绍57中师资、所获奖项的影片，当时天上正掉着雨点，哥哥姐姐们给我们每人都准备了雨衣，一件一件地发下去……

在看完影片后，每个班分成四组，每组由两人带领参观学校。我们先去了天文台，在那儿我们看了一段关于天文发展史的视频，天文台的屋顶是半圆形的，投影仪把视频投影到整个屋顶上，看屋顶的位置不同，看到的内容也就不同，整个视频非常震撼。

看完了天文台的视频，我们去了另一栋楼，参观了科学教室，用电子显微镜观察了细胞，又去了种植实验室了解了水培、土培、气培植物的区别，看到了许多人工养殖的灵芝、白灵菇。

后来我们参观了57中的机器人等几个社团：机器人社团那里，有好几个大哥哥在操控着不同的机器人表演不同的节目，有搬运路障的，有在不同地形上搬运小球的，还有正在组装中的……机器人社团的哥哥介绍说57中是海淀青少年智能机器人实验基地，学校开展了机器人的系列教学活动，激发了学生不断探索的欲望，并取得了丰硕的成果。还有模拟飞行社，据说那里出了好几名年龄很小的飞行员。在大哥哥的帮助下，我体验了一次做飞行员的感觉，和之前在"比如世界"的感觉完全不一样，57中的模拟飞行器除了拉杆外，还要控制方向盘、踩油门……一不留神，飞机就有坠毁的可能。

在恋恋不舍之余，我也对初中生活有了一个初步的了解。我相信自己在中学里会更加努力，更加勤奋，争取全面发展，取得更好的成绩，以自己的实际行动回报我的母校——五一小学！

# 第8章

## "五一"印象

五一小学是一所普通的小学，它和中国千千万万所小学一样，有操场、教室、桌椅、平凡的老师……还有一批又一批从这里走出去的学子！

然而五一小学又是一所不普通的小学，它传承着红色的基因一路走来，无论时代如何更迭变迁，它从不畏惧风雨；面对新的时代，面向美好的未来，办人民满意的教育，为学生的幸福人生奠基，它就像是一艘远航的大船，矢志不渝地奔向自己理想的彼岸！

65载悠悠岁月，春风化雨，润物无声，总会有一份对五一深挚的情感，时时在无数学子和家长的心间沉淀……

# 梦想开始的地方

**寄语：**

五一小学建校 65 周年了！65 年来，数万学子从这里出发，开始认识人生，认识社会，开始收获知识，开始收获友情。这里，记录着多少人的青葱岁月；这里，是多少人梦想开始的地方……

五一小学，有自己的风骨，五一的学子，走到哪里，都带着五一的自信从容、大气包容；五一小学，充满活力，生机盎然，新理念新事物，兼收并蓄，融合传统，推陈出新，锐意进取；五一小学，校舍整洁，环境清新，绿意满园，书香萦绕……这样的五一小学，怎么能不令人想念？

65 年来，五一学子从这里走向四面八方，如满天繁星，散入各行各业，有的已是满头白发，为祖国贡献了毕生的精力，有的还在中学读书，准备着走出更精彩的人生路。无论在哪里，无论做什么，他们心中都有一个共同的牵挂，那就是母校——五一小学。

## 32 年后再相聚，我们仍以母校为傲

1986 届毕业生　谭卫平

1980 年的那个秋天，7 岁的我背着小书包和一群同龄的小伙伴一起跑进了校园。此后的 6 年里，我和这个名叫五一小学的学校结下了深深的情缘，如今近四十载已过，内心依然常常惦念，魂牵梦萦。

那时候，五一小学的校园美得让人惊艳。每年的春末夏初，学校大操场周边就会落满淡紫色梧桐花，点缀着充满童真和欢声笑语的校园。男生在300米的操场上奔跑，女生伴着花香在梧桐树下跳皮筋，这些梦幻般的场景，不时在眼前闪现，宛若昨天。

校园西南角的苹果园是我们这群孩子的童话世界。每到金秋时分，我们都会在老师带领下跑进园子里采摘苹果，在树下尽情地嬉闹，淘气包们还会趁老师不注意爬上苹果树，枕着粗粗的树干，仰望天空。

作为五一小学的学生，我们享受着让周边学校的学生艳羡不已的校园环境，也拥有着优秀的师资力量。无论是各类学习竞赛、体育比赛还是文艺演出，五一小学总是能在全区众多学校中脱颖而出，拔得头筹。

作为外景地，我们一群小伙伴还参与了儿童电影《敞开的窗户》的拍摄。虽然都只是群众演员，但我们仍然很是兴奋，在懵懵懂懂中过了一把小演员瘾。国庆35周年，我们骄傲地组成了五一小学方阵，手举花环，站在天安门广场上欢呼，激动地看着英姿飒爽的阅兵队伍齐刷刷地正步走来。

6年的时光匆匆流逝，五一小学在我们心里留下了永恒的记忆。我们在这所美丽的校园里学会了写字、算算术、画画、唱歌、跳舞、踢足球，并从这里开始认知社会。近四十年的光阴，让我们这群小伙伴已从天真少年步入练达的中年。但我们的脑海里却经常回荡着五一小学校园里的琅琅读书声和老师的谆谆教诲，以及同学们一起嬉戏的欢声笑语。在五一小学这片希望的田野里，我们汲取了知识，赢得了友谊，收获了一生难忘的师生情。

人们都说，小学阶段是培养人生宽度最重要的时期，我们这群孩子如此庆幸这六年的时光是在五一小学度过的。在这所校园里，多姿多彩的校园生活开阔了我们的视野，增长了我们的见识，激发了我们的潜能，使我们受益终生。

今年年初，我们五一小学1980级的60多位小伙伴在时隔32年后首次再相聚，找回了彼此念念不忘的童年和孩提时代的友情。我们深深感怀，这份美好的童年时光，是五一小学这所如诗如画的学校给予的。我们至今也忘不了五一小学里的每一寸土地和一草一木，忘不了我们用力奔跑的童年和校园里的每一处欢声笑语。

时光飞逝，童年虽已渐行渐远，但无论是昨天、今天，还是明天，我们都会以曾是五一小学的学生为傲。

# 我们是五一的孩子

1994 届毕业生　沈玮一

因为家离学校近，所以经常会路过母校。学校的大门已经改造了，周围的一小、二小也已经和母校合并了。原来的那些老楼和操场不在了，取代它们的是新的校舍和操场，母校的发展越来越好了。虽然可以触景的物已不在，但儿时的记忆犹存，回想当年第一次以学生身份踏入五一小学的校门，已是 30 年前的事情了。而那一时刻的场景，依然犹如发生在昨日一般。

教室里，初为学生的小朋友们因为紧张、因为恐惧、因为兴奋而发出的喊声、哭声、笑声此起彼伏，直到一位穿着连衣裙的漂亮大姐姐进来后，教室里的气氛才发生了变化。满脸笑容的大姐姐清了清嗓子自我介绍说，她叫高然，刚刚毕业，今天也是第一次以老师的身份进入教室。她说她和我们有一样的感觉，有些害怕，也有些兴奋。她说看到这么多可爱的小朋友，想到以后可以和我们在一起，感到很高兴。在高老师的安抚下，教室里渐渐地恢复了平静。

记得和同学回想入学的这个场景时，大家对高老师的第一印象都是"宛若女神一般"。"盛年不重来，一日难再晨。及时当勉励，岁月不待人。"陶渊明的几句诗，可以很好地表达时间过得是多么的快。小学的时光转瞬即逝，从一个小孩变成少年，只是一眨眼的时间。在五一小学的六年，我收获的不仅仅是知识，还有很多保持了三十年的友情，甚至是爱情。我的妻子也是五一小学的学生，同时也是高老师的学生。在我们的婚礼上，我们很荣幸地请到了高老师作为我们的证婚人，陪伴我们一起见证这一人生的重要时刻。

光阴荏苒，曾经的小伙伴们已经散落在世界各个角落，但大家每年依然会找机会聚在一起，一起欢乐，一起笑，因为我们都是五一的孩子。

# 那些年，我们的五一

2016 届毕业生　王巧希

那个路口仿佛有着一股神秘的力量，每每路过，我都会突然安静下来，目光被那里深深吸引——那是五一小学的方向。我常常恍惚地以为，下一秒车子就会在校门口停下，我还可以背着书包走进去。但车子永远直行，我和五一，也终究是擦肩而过了。

一个偶然，我见到一名穿着五一校服、戴着整齐的红领巾的小姑娘。曾几何时，我每天也是如此装束，只是现在的我要比那个小姑娘高出一头了。看着这依然熟悉的白色校服，我心里仍是不禁一震。身边的表姐说："还好咱们的校服没改，不然连最后的纪念物也没了。"

我的表姐也是五一人，大我三届。她常常说，她最遗憾的就是从小学时光中偷走一年给了中学（表姐初中就读的是八中少年班），没能完整读完六年，没有真正毕业。她说，她走的时候，操场跑道还是 300 米，主席台还是孤零零的水泥长方体，体育馆和游泳馆那时还是工地，花园景观虽已见雏形，但远不如如今的精致可爱。她见过平房里的托管班、砖墙垒的室外茅坑、水泥地操场、白墙上红色的"好好学习，天天向上"……

现在的五一可美了，有整修一新的操场、设施齐备的体育馆、充满艺术气息的长廊、趣味盎然的雕塑和花园，还有其他我去过和没来得及去的角角落落。更重要的，一批批欢声笑语年年更替，去也罢，留也罢，五一就静静地立在那里，似乎连时间都刻不上痕迹。最后表姐笑着总结道："反正啊，母校就是那个你一走就改建的地方，这可真气人啊。"

我们的五一，经历了校园规划，新设施一点点建起，课程改革悄然地实施，校园从"灰头土脸"慢慢走到"扬眉吐气"，课桌教室竟"越用越新"，曾经的课间操做的还是"初升的太阳"和"雏鹰起飞"，现在已经更迭到第三套广播体操。

我突然意识到，不论五一小学再怎样日新月异、桃李满园，属于我们的五一却独此一份，因为我们有着独此一份的回忆。在这里，我们所经历过的一切共同成就了现在的自己，而这一切故事的舞台，都在五一。

转眼，我们的母校已经六十五岁了。祝她生日快乐，青春永驻，希望在她七十岁、八十岁、一百岁的时刻，能越发年轻漂亮。而曾陪在我们身边一起感受过她怀抱的那些人，但愿也别走太远，母校大概也盼望我们，一起常回来看看呢。

# 秋色美情更浓

2012 届毕业生 魏嘉盛

世人皆道，秋是一个萧瑟的季节，而我眼中的秋，却多了几分恬淡，尤其令人动容的便是母校的秋色了。转眼，又是一年秋来到，遥想上一个秋季，我还在母校梧桐大道读书，而今已成一名毕业生。时间之快，不禁令人唏嘘。

校园之秋，美在梧桐大道，美在孩子们的脸上，更美在我的心中……而这，便成了我心中最深刻的"五一印象"。

校园秋之韵，在其静谧。

每天下午放学时，四点半的阳光穿过梧桐树金黄的叶子，洒满大地。我懒懒地靠在树下的长椅上享受着秋日的阳光，光影洒在地面斑斑驳驳，看着看着似觉着那无序的光影之间冥冥又显得分外整齐。偶尔一阵秋风袭来，少了几分温度，多了几缕清凉，不寒不燥，让人感到神清气爽，心旷神怡。

校园秋之韵，在其安恬。

倚着长椅，捧一本《追忆似水年华》，看遍人生百态，沉浸在书的世界，两耳不闻窗外事，畅游在独属自己的宁静世界里，便是我素日的第一大乐事了。若是看久了，累了，把书倒扣于腿上，抬首，凝眸，望着金黄的秋叶在余晖的照耀下金光闪闪，分外安详，如暮年的老奶奶，和蔼亲切。吸一口气，鼻腔内充斥着落叶的味道，秋的味道，母校的味道。

校园秋之韵，在其淡泊。

坐在长椅上，抬眼看一看操场上运动嬉闹的孩子们，不知怎的，我内心平静极了。因为这，便是在其他三季所体会不到的。唯有秋，让我爱得深沉，因为秋日带给人的是深沉的思索，而恐也只有在这不疾不徐的秋风下，才能使人平静，真正有一番体悟。而我，就在那样一个秋日里静坐，深思，那所有的愁绪早已随徐徐微风，轻曳的树枝，飘飞的落叶，一同远去了……突然想起梁归智评价《西游记》时的观点："心猿"的原始含义是人的思想欲望变化无常，很难驾驭，这是人生的一个根本问题。此刻，我仿佛真正驾驭了自己的"心猿"，静坐在秋日的校园里，心情不悲不喜，宠辱不惊……

看着匆匆的人影，蓦地有些恍惚。仿佛上一秒我还是其中一员，下一秒已是长椅上深思的那人了，而再一眨眼，却已经是一名毕业生了，不禁暗暗感叹光阴流逝之快。忽然忆起六年级开学初班主任的话语："六年，说长不长，说短也不短，时间真的过得很快，转瞬即逝……"

忆往昔，有无尽遗憾，我后悔没再回头好好看同学们一眼，我后悔自己那样匆匆与同伴分别，后悔最后一节英语课没参加……但幸好，我还有一段秋日里，梧桐大道下，长椅上的记忆，供我回忆时含泪微笑。

这，便是我心中最深刻的五一印象。

"人生的本质，不过就是一段时间。"而我很庆幸，在有限的生命中，曾有六年在五一度过，我将永铭记那些在母校快乐的时光。

母校，我亲爱的母校，是我们成长的摇篮，直至现今，我才真切领悟到你的美好与伟大，千言万语汇成一句话——

母校，祝您六十五岁生日快乐，愿您在时光洪流中谱写绚丽华章！

# 寄语母校 65 周年校庆

1997 届毕业生　任雯

金秋时节，丹桂飘香，欣闻母校 65 周年校庆，回望来路，情深意长。

从小学到博士，吾上下而求索，五一小学是我求学的第一步。虽然求学路有止境，但学无止境，尤其是做了科研这样的工作，我的一生都将为探索未知而努力钻研。那份母校带给我的对科学的兴趣只增不减，现在的我，已经成长为一名农业科学研究人员，投身于玉米遗传育种的研究事业。回首来路，五一小学，这里有我少年时的天真和梦想，这里是我对科学的兴趣开始萌发的地方，这里是让我收获友谊的地方，这里是我的起点啊。我怎能不怀念！

在多年以后，带着自己的孩子又回到母校，心里有千千万万的话，但是又不知从哪儿说起。母校既熟悉又陌生。熟悉的是名字，是求学的气氛，是一张张与当年一样朝气蓬勃渴望知识的脸庞，陌生的是宽敞明亮的新校舍，那些经常出现在梦里的教学楼，如今旧貌换新颜。我是如此怀念记忆里的老师、记忆里的课堂、那些热情开朗的小伙伴，怀念秋天傍晚夕阳洒进来的校舍走廊，一切仿佛都镀上一层金色，在记忆里、在梦境里一遍遍地回放，那是我永不褪色的美好的旧时光。

正在我感慨万分的时候，我的宝贝突然跟我说："妈妈，我也想做这里的小学生，跟妈妈一样，好不好？"我突然明白，这就是教育的意义、教育的传承。母校让我们成为更好的人，让我们走过的路成为孩子们憧憬的梦想。

"当然好！我们拉钩！"我这样告诉我的宝贝，希望你能成为新一代的五一人。希望你和我 65 岁的母校一起，继续成长！

# 它真正教会我离开校园后该如何生活

2007 届毕业生　王博

**题记：**

开学就博士二年级了，坐在实验室电脑前，想起有过大学本科的经验分享会，写过高中学习的心得。今天借母校五一小学建校 65 周年之际，写下五一教会我的点点滴滴，写给正在五一读书的弟弟李昀霖与他的同学们，希望你们健康成长。

——2018 年 8 月 15 日于清华大学教育部智能微系统实验室

印象最深的应该是这件事：

一次语文考试后，我和我的同桌打了个赌，比谁的分数高。结果等试卷发下来后，我发现成绩恰好比同桌低了 0.5 分。看着他得意扬扬嘲笑我笨的样子，我心里非常生气。检查试卷时，看到生词填写中我把"作祟"的"祟"字写成了"崇尚"的"崇"字扣了一分，恼羞成怒的我便想了一个办法，用胶条把"崇"字粘了下去，写上了"祟"，然后去找老师想讨回来 1 分。老师看到判错后，很快就把分加了上去，我的心里顿时涌上了一股反败为胜的甜蜜。但没想到的是，同桌立刻拿着粘着"崇"字的胶带走到了老师的面前，"老师你看！是他自己改的！"

我至今还记得那个时候谎言被揭穿的尴尬，我小心地轻轻看了一眼班主任。"你在崇高上作祟给我！"老师的愤怒已经让他语无伦次了，但是"在崇高上作祟"这几个字却深深地刻入了我的内心。

仔细回想，小学读过的课文很难再回想起来，记忆也都是支离破碎的，无法再完整地拼凑在一起，想不起来老师课堂上教了我们什么，下课后大家一起玩耍的情景也都如泛黄的残缺照片，在脑海中飘荡。但是随着时间的推移，我才逐渐认识到，撒谎真的是一件在崇高上作祟的事情。经历了很多之后我才逐渐发现，在人生的选择当中，有太多时刻让你以各种各样的"充分的理由"去击穿诚信这道做人的底线。争强好胜的时候，诚信是你的绊脚石；进退不决的时候，诚信是你的缓冲器；消极懒散的时候，诚信是你的遮羞布……之后的学习生活中，每当诱惑摆在面前让我去抉择时，我都会想起这件事，让我明白诚信的底线会如此容易地被打破，在人生的抉择路口，我总是会三思：我的选择会不会击穿了做人的底线——诚信。

千学万学，学做真人。很多年后的今天，我已经逐渐步入社会，生活中不再有那么多规章制度、那么多成绩考核来衡量我、规范我，但小学留下的关于诚信的这一课，却始终让我将诚信作为人生的第一准则来恪守和秉持。

我想，正如某位教育家所说：所谓教育，就是当人们忘掉知识，脑海中所剩下的部分。五一学校的学弟学妹们，今天我把这堂诚信的教育课分享给你们，愿你们：女孩成为好姑娘，男孩成为男子汉。

感谢我小学的班主任郭建玲老师与许亚萍老师，以及数学老师郭桂玲老师。

# 属于我的，光阴的故事

2006 届毕业生　贺虹烨

如果有人问起我，你至今为止的人生里，最重要的一个转折点是什么？那一定是 9 岁那年，我加入学校的管乐团，开始学习长笛，开始接触音乐。后来我以长笛特长生的身份考入理想的重点高中和大学，乃至出国留学，仔细想一想，五一，就是我梦开始的地方。

谈到对五一的印象，我一定会骄傲地告诉别人："重视素质教育！"在校期间，每一个学生都有充分的机会去发掘自己的个人兴趣和特长，五一为每一位学子提供了最好的平台去实现我们课本之外的小小梦想。学习长笛，要日日勤奋、坚持不懈；每周要参加大乐团排练，学会与整个团队协作；后来我们有幸在中国剧院进行校庆表演，在国家图书馆参加北京市级、海淀区级比赛以及其他丰富多彩的演出活动，这些宝贵的经历都使我的心理素质变得更强大，以一种自信、享受的姿态临场发挥。在我后来的人生中，一场场重要的考试接踵而来，而我都能得以平稳甚至超水平过关，是与从小就参加比赛、演出的经历息息相关的。

我想，学音乐的孩子永远都会保持一颗赤子之心，无论身处困境还是逆境之中，都能有自得其乐的人生态度，因为音乐让我们看到大千世界的美好与善良，那些因为学习音乐遇到的朋友，也都成为我今日生活中的挚友。流水带走光阴的故事，改变了我，那些童年旧时光的画面留在脑海里想抹都抹不掉，我所庆幸的是，这些记忆都是丰富而美好的。

校庆之际，祝愿我的母校"弘道养正，日新其德"，桃李满天下，人才辈出！

# 五一印象

2007 届毕业生　庞天宇

不知不觉中已经到了我毕业的第 11 个年头了，刚刚出国开完会的我，在拉斯维加斯回到北京的飞机上写下这篇文章，颇为感慨。回想起 12 岁时懵懂的自己，11 年的时间似乎转瞬即逝。时间的流逝模糊了记忆，留下的多是难忘的片段与感受。

十多年前的五一校园留给我很深的印象。东边是现代化的新式教学楼，西边是古色古香的老式教学楼。在结束了东区的课程之后，来到西区与小伙伴们一起玩耍、探险，探索各种孩子们间流传的校园传说，是孩童时代的一大乐趣。每到周末，西区的老式教学楼里到处是来上各种兴趣班的小伙伴，一到课间休息时，走廊上便会充满着欢声笑语。

然而，最能代表我的五一印象的是我的班主任陈静老师，每年的教师节我都会回到五一看望她。在小学时代，学到多少知识并不是最重要的，学会如何做人，学会善良勇敢，才真正受益一生。我很幸运遇到了陈老师，在与她相处的六年里，我学到了人生最宝贵的东西，也得到了母爱般的关怀。这种关怀不会有感天动地的事迹，却在我小学六年的每一天里无微不至，平凡而伟大。还记得有一次放学时无意中叫了陈老师一声"妈妈"，至今回想起来依旧很温暖。感谢陈老师在我懵懂之时培养了我正确的人生价值观，帮助我在此后的十多年里不畏遇到的困难，正视获得的成功，一步一步走向自己心中的理想。

五一带给了我美好的六年，也希望五一可以把这种美好带给未来更多的孩子们。母校，65 岁生日快乐！

## 美丽的五一

2018 届毕业生　葛姝含

绿茵环绕的操场，一群朝气勃发的少年奔跑在百米环形跑道上。红砖碧瓦的教学楼里传来琅琅书声。梧桐大道、金苹果乐园、涌泉园……每一个角落都那样生机盎然、令人神往。这就是我们最美丽的五一校园！

五一，是我梦想的起航点，是我另一个温暖的家，将我从懵懂的幼儿培育成朝气蓬勃的有为少年！还记得，同学们在一起意气风发，努力学习；还记得，老师们不辞辛劳，耐心育人；还记得自己遇到困惑时，亲爱的老师、同学安慰我的场景。六年来经历的点点滴滴，都是那样令人记忆犹新。曾记得，在三四年级时，天天期待毕业，向往长大，而如今，真正毕业后，多么希望一切能再重来，再回到我那魂牵梦绕的五一，与亲切的老师和熟悉的同学待在一起，欢声笑语！毕业离开校园已经几个月，老师们和同学们依依惜别的场景仍历历在目，每当回想起过往的六年，回想起每一个细节、每一件小事，眼泪总忍不住夺眶而出……也曾经心底下因为老师的严厉而心生埋怨，也曾因为小事与同学发生争执，现在发现，最舍不得的还是他们！

在五一管乐团的日子更是弥足珍贵，那里珍藏了许多美好的回忆！每一次排练，每一次备战演出，每一次外出活动……这些回忆每次想起都是那么难忘，那么让人怀念。每次想起专业有魅力的张指挥，敬业可亲、待我们像妈妈一样的冯跃跃主任，美丽、善良的刘颖老师，还有对我帮助最多、影响最大的长笛声部宋安琪老师，以及乐团里每一位熟悉的同学，都是那么令我不舍和思念。这一段宝贵的经历一定是永生难忘的。翻开照片簿，这些回忆都如电影般在脑海中回放：北欧交流活动，海淀区比赛，上海管乐比赛，还有音乐会……总之，管乐团带给我的帮助和影响是深远的，那里的老师从专业知识到素质教育，从乐器指导到音乐熏陶、点滴的行为习惯，我更多的音乐素养是从那里培养起来的！让我们成为不仅在管乐方面能力强、学习好，还懂礼貌、有规矩、全面发展的好学生！

真心感谢五一的培养和教育，感谢所有老师的辛勤付出，感谢同学们的热情帮助，感谢你们陪伴我成长，感谢一起度过的每一寸光阴！今后无论走到哪里，我都不会忘记母校，我会永远记住我是一名自豪的五一人！

五一小学 65 周年华诞之际，在此，我要为我的母校献上最诚挚的祝福：祝大美五一生日快乐！

## 五一印象　幸福童年

1999 届毕业生　马宏飞

前些天，老班主任郭老师忽然在群里招呼大家再"交作业"，写一篇五一印象的命题作文。这次时隔多年后的作业任务，让我回忆起在五一小学的那六年。童年的欢乐、痛苦、兴奋和焦虑，在二十年后的今天都化作美好的回忆，令我不禁露出幸福的微笑。

我们这一届是 1993 年入学的，是那一届有名的六班。班上同学一部分是几个部队大院的子弟，一部分是附近居民区的孩子。现在看来是生源挺好的，家教大多比较"规矩"。后来我们那一个班进北大清华的就有将近十个。但我印象最深的，不是大家怎么奋发学习，老师怎么谆谆教诲，而是我们确实收获了一段幸福的童年。

刚上一年级那会儿，我们的班主任是卢老师。卢老师是一位真正爱学生、护学生的好老师。但刚一开始，她特别强调立规矩，很严厉，把一群调皮捣蛋的小孩管得服服帖帖。班上的课堂纪律非常好，但大家互相不熟悉，气氛有点冷。不久后，我们就用自己奇特的方式团结起来——打群架。现在真忘了是和哪个班了，反正是同年级的一个班。因为何事也忘得精光，但一方有难八方支援的振奋场面现在还记得特别清楚。约下架来，全班的男生和大部分女生都动员起来，女生负责后勤装备——捡沙子、石头，男生在前头安营扎寨，你来我往打了一个大课间。我比较怂，运动不行，打架也不行，一开始还在前面扔石头，后来兄弟们照顾，就被派到后头运"弹药"。当时我还内疚了好长时间，觉得没发挥作用。

可能是我们这边部队大院的孩子战术素养高，排兵布阵得当，最后打下来我们没怎么挂彩，对方基本被打得溃不成军，但也没出大事。经此一役，大家一下子热络起来，空前团结。仗打完了，大家都有点提心吊胆，怕被老师训，但后来过了好些天也没见卢老师说什么。当时以为是她不知道，现在想来，她老人家法眼通天，两班打架闹这么大动静怎么会不知道呢？张弛有度，一为之尔。

五一小学现在有高楼大厦、现代化设备，但那时候还是一座大花园似的学校。临永定路是操场，再往里是纵横交错的教学楼，都是二层灰砖楼，红漆尖木屋顶，水磨石漫地，下绿上白的粉刷墙壁。这样风格的建筑，我后来在十一学校也见过，除了墙是红的，其他几乎一样。想必是原部队子弟学校，修建的时候都是一套方案吧。楼与楼大多相连，但都是横平竖直，只有走廊过道相接，走进去曲折往复，我是入学很久才把全校的地图弄明白的。有一次，暑假返校打扫卫生，我们一个组进了楼，发现没人来，准备出去的时候门却被师傅锁上了。大家就在迷宫一样的校舍里转来转去，好像探险一样，不怎么害怕，却很兴奋、很好奇。最后实在没辙，决定翻窗户。刚找到一扇开着的窗子，硬着头皮准备跳呢，却发现旁边的门又开了。我们如遇大赦，跑出去后就像电影主人公刚刚从魔窟里（可没有比较联系的意思）逃出来一样，开心得不得了。不过这样也有好处，小楼之间或三面，或四面围出的空地很多，而且宽敞。其中除了学生游戏运动的球案、爬架、单双杠之外，多是花园林地，绿树成荫，花草掩映。我经常想，现在那样先进高大的校舍固然好，但如果保留这种花园般的校园，是不是更能让孩子们小小的心里印上自然的彩色呢？

操场和高年级教学楼之间的大块空地就一直是一片实验田，外面围有铁丝网，但还是有些"狗洞"可以进出。那时候非常快乐的日子就是放假时（放学还不大敢去，老师看见要挨说）钻进去采"地雷子"（一种爬藤植物的种子）和各种各样的花草叶子。到了春天，满校园的杨树掉毛毛虫，伴随着尖叫声爬到女孩子头上、身上，当然，罪魁祸首是男生。秋天时，大家就顾不上别的了，男孩女孩都满世界踅摸最粗壮、最结实的落叶叶柄，因为又到了"拔根儿"的季节，就是两人各自用寻到的杨树落叶叶柄拉扯，谁的断了就是输。若谁找到一条好根儿，连战连胜，那可是不容易的，很有门道，得知道怎么选颜色、纹路、长短粗细。对了！还得放进臭球鞋里捂上半天！有时候颇有些可遇不可求的意思，因此也就特别骄傲开心，那股子劲头一点不比老北京赛鸟、斗蛐蛐儿差。

这些经历虽然比不上老前辈们，但回头一看，离开五一都快 20 年了。有一次回学校看望老师，卢老师和郭老师带着我们在校舍里转了一圈。学校准备建新楼，老的校舍被拆掉一半。我心里既为母校的建设高兴，又有些舍不得伴随我童年的校舍就这样消失。淡淡的哀伤中，我想，世事都是这样的，不可能因为怀念就永远不变。那个时候的校园，给我留下了幸福的童年和回忆，新的楼宇，也会伴随学弟学妹们健康茁壮地成长，他们的回忆会是另一番精彩。

感谢老师，感谢母校！

## 春华秋实

2010 届毕业生　谈沛林

当岁月轻轻转动着不息的车轮

当太阳悄悄点燃起生命的火焰

当校园的杨树已茂繁参天

当两万三千多个日日夜夜已成为昨天

我们轻声呼唤

五一小学，我的母校

五一小学，我的母校

我站在异国他乡

呼唤母校的名字

就像呼唤山川

就像呼唤阳光

就像呼唤白云

就像呼唤蓝天


六十五年

你孕育出多少桃李

六十五年

你演绎出多少育才诗篇

六十五年

母校在呼唤四方的学子

你可记得自己的母校与师长

我怎会忘记，怎会忘记

五一小学，我们人生起航的战舰


风雨六十五年

我们一路思绪万千

异国他乡的游子

你可听到母校的呼唤

我们听到，我们听到

我站在大西洋的彼岸

我的同学，我的师长

我的母校，我的乐园

那刻在骨髓的记忆
那融在血液的情感
亲爱的五一小学
您让我多少次梦绕魂牵
您让我多少次泪流满面

当多年后
当我又站在你的面前
我仿佛又回到童年
又回到那充满快乐的校园
母校，我的师长
是您让我在爱中成长
是您给了我无尽的蓝天
让我展翅飞翔
是您给了我知识的海洋
让我欢快畅游
您用月光铺设知识的大道
您用日光照亮文明的航程
从此在拼搏和探索的路上
我时刻记着老师瞩望的目光
我时刻记着老校长的殷殷希望

从此
您把一个个顽皮的小儿郎
一点一点引到奋进的路上
我们孜孜以求
我们坚韧前行

六十五个春秋

我的师长组成银河系中的星光

京西上空闪烁着睿智的光芒

让我们荡起双桨

留给了少年，留给了时光

留在老师的由黑变白的头发上

我的师长

我们今日的成长

凝聚着您的汗水和青春

岁月穿过漫漫尘烟

我们无论走到哪里

永远记住五一师长

永远记住五一母校的目光


走过岁月的风风雨雨

我和母校一同成就辉煌

你听，莘莘学子归来的匆匆足迹

带着万水千山

带着拳拳报国

带着五湖四海

带着坚定的信念

我们回来了

祖国的需要

就是我们的使命

我们要感谢启动人生航程的母校

我们要感谢领航成长的师长

光阴荏苒

六十五年很短很短

云卷云舒

六十五年很长很长

六十五年是一部人生精华

六十五年是多半世纪的凯歌

我们愿用最美的赞歌

向您致敬，向您敬礼，向您祝福

## 重逢 · 2019

1986 届毕业生　王京

人生最大的快乐

莫过于故人相见

因为曾经有段路是我们共同走过

它恰似一段多彩的画卷

深藏在我们记忆的深处

今天看到一张张熟悉又陌生的笑脸

一下子找回了这么多儿时伙伴

让思绪仿佛又回到了小学时代

时间飞逝

转眼三十多年已过去

但忘不了曾经一起学习成长的我们

忘不了五一小学这所学校

因为那是我们真正独立认识社会的开始

还认识了那么多可亲的老师和可爱的小伙伴

一样忘不了的还有学校的一草一木


宽阔的操场曾经那么大

让我们引以为豪

在上面做操、奔跑、踢足球

还有每年暑期开学前的拔草

环绕操场周边的一圈梧桐树下的爬杆

是当年同学们的最爱

忘不了主楼内的大队部、医务室、图书室、广播站

忘不了飘荡在校园上空的琅琅读书声

忘不了老师们的谆谆教导


还记得学校内有一片果园

每到丰收的季节

我们都会采到一些苹果

那些留在记忆中的不仅仅是果香

更有着童年的酸甜味道

在过去的三十几年里

曾经有多少次梦里回到学校

去追寻自己渐渐远去的童年

期待着再一次的相聚


多少次从校门前经过

驻足遐想

感受着母校的变迁

但真的从没有想过

这一切今天能够成真实现

逝水流年

友谊长存

此时此刻

我们相聚在一起

# 人生幸福的根基

**寄语：**

　　五一小学，历经65年的成长与变迁，如今已成为海淀区西南部的一颗明珠。办人民满意的教育，为学生的幸福人生奠基，是五一小学一直秉承的教育理念。65年的传承与发展、学习与创新，五一人始终把最饱满的热情、最无私的爱投入到学校的建设、学生的教育中，为海淀，为首都，为整个社会的进步，默默承担着最基本、最朴素的起点教育工作，也为每一个五一学子奠定人生幸福的根基。

## 幸福人生从这里启航

五年级14班　林如歌妈妈　郭灵

　　2014年9月，女儿林如歌满怀希望与梦想走进五一小学的大门。在这里，她收获知识，收获快乐，收获成长。在这里，我们深深感受到老师的努力与付出，感受到学校的教育情怀与教育智慧。

### 难忘入队仪式

　　2015年6月1日，是一个特殊的日子。那天，孩子们光荣入队。作为家长将参加他们的入队仪式，见证这一难忘时刻。

　　嘹亮的《中国少年先锋队队歌》在操场上空回响，"红领巾，我为你骄傲"的主题横幅标语映入眼帘。一年级548名孩子和他们的爸爸妈妈汇聚在队旗下，当学校宣布他们加入中国少年先锋队的那一刻，孩子们一个个精神抖擞、意气风发，脸上洋溢着喜悦和自豪。我们亲手为他们戴上鲜艳的红领巾，听到他们满怀激情的庄严宣誓，心中是那样高兴。

为了迎接今天的到来，家长们都做了充分准备，有的为孩子寻找少先队书籍，有的为孩子讲述优秀少先队员故事，有的带孩子参观革命纪念馆缅怀先辈，有的和孩子一起学敬队礼、唱队歌、系红领巾，一起寻找属于两代人的那份神圣情感。

在入队仪式上，我作为家长代表发言，向学校表达了深深的敬意，向孩子们表达了真挚的祝福。这是他们成长历程中的重要一步，今后，他们将佩戴胸前的红领巾，肩负起少先队员的使命与责任。家长们送给孩子们一句句饱含深情的入队寄语，与孩子们在队旗下合影，和孩子们共舞《小白船》。学校精心设计入队仪式，是为了营造庄严、神圣、难忘的情境，从而对他们的心灵产生潜移默化、深刻持久的影响，这也将成为我们心中最珍贵的记忆。

## 牢记金帆精神

雄壮的乐曲在学校礼堂激荡，热烈的掌声在耳边回响，观看着金帆管乐团专场演出，我的思绪回到了两年前。

一个秋高气爽的下午，女儿跟我说："妈妈，我入选学校金帆管乐团了，在双簧管声部，老师说要特别努力才能吹好双簧管。"我至今难以忘记她告诉我这个消息时的兴奋与骄傲。五一小学的艺术社团有着悠久历史和骄人成绩，也是培养孩子品格和能力的摇篮。

第一次参加完活动回家，她滔滔不绝地跟我讲着老师对他们的要求，高年级同学吹奏得多么好听，拿着新乐器的心情多么美妙。

慢慢地，在练习过程中，双簧管的哨片磨破了她的嘴唇，每天都要进行单调的基本功练习，有时上完课、写完作业再练管已经很晚了，我有些担心她坚持不下来。当我问她累不累的时候，她对我说："老师说了一分耕耘一分收获，我一定要吹好双簧管。"就这样，孩子在学习双簧管的道路上一直努力着。为了加强记忆，她把老师教的吹奏要点记在本子上；为了吹得准确，她让我录下练习视频发给老师校正；为了演出顺利，她和同伴牺牲休息时间反复练习。在学校艺术节上，她表演了双簧管二重奏。看到她站在台上娴熟地演奏，我意识到她学会的不仅是一种乐器，还学会了吃苦、忍耐与坚持。我想，这就是金帆精神。

### 感受爱 付出爱

在五一小学，老师用仁爱与关怀陪伴孩子茁壮成长，这让孩子们收获的是爱的付出、乐观的人生态度和正确的价值观念。

2016年我们家被评为第一届全国文明家庭，我的母亲，林如歌的姥姥赴京出席表彰会并受到习近平总书记亲切接见。一天，女儿问姥姥："我们家为什么能被评为全国文明家庭呢？"姥姥告诉她："咱们全家人不仅爱岗敬业，而且助人为乐、热心公益，姥姥资助了两个聋哑学生，每人每年资助1500元，已经资助4年了。"女儿说："我也要助人为乐，老师给了我们爱，我也应该付出爱，我想用压岁钱和零花钱帮助他们。"于是，女儿和陕西咸阳特殊教育学校五年级的雪娟结对，献出自己的爱心，帮助她完成学业，目前已资助两年。

这些美好的回忆，都将成为女儿的宝贵财富，五一小学为她的成长打下坚实基础。在学校建校65周年之际，祝福五一小学继续弘扬好校风、托起中国梦，让孩子们的幸福人生从这里启航！

# 五一印象

三年级7班 成思瑶妈妈 刘美波

我对五一小学最初的印象是一掠而过的风景，也许就是一片规模较大的建筑群。它毗邻复兴路，是永定路一道靓丽的风景线。现代化的教学楼，色彩靓丽，凝重大方，给我印象最深的也许就是高楼上那准确报时的钟表，好像随时提醒人们珍惜时光。

后来，作为一名中学教师，我有幸能教到从五一小学走出的毕业生。这些孩子习惯好，能力强，眼界高，素养高，待人文明有礼。他们非常重感情，每年教师节急着回母校看望老师的一定是五一学子。我通过这些孩子加深了对五一小学的认识：这一定是一所优质的小学。它的教学理念和教学质量都让我非常敬佩！而我对五一小学的印象更清晰、更深刻，是从女儿有幸成为五一小学一年级的小豆包开始的。

## 幸福的仪式

仪式感使那些普通的日子变得不平凡，变得庄重而有意义。五一小学注重每一个对孩子们来说重要的日子，通过某种仪式让这个日子意义非凡。还记得两年前女儿入学的第一天，校管弦乐团在老师的指挥下，在校门口演奏一曲又一曲慷慨激昂的乐曲，震撼了所有的学生和家长，我在那一刻竟然被感动得几乎垂泪。为迎接新同学，学校还举行了别具一格的入学仪式：进入学校，高年级的哥哥姐姐为每一名新生戴上一朵大红花，祝贺他（她）成为一名小学生。然后由老师牵手走上红毯，走过绚丽的拱形"入学门"，在入学门前给每个孩子拍照留念。孩子们宛如一个个小明星，这增强了作为小学生的认同感。

而入队仪式则是学校专门带孩子去仪仗大队举行的，戴上红领巾那一刻的自豪感和责任感，让孩子记忆深刻。

每个学期结束时，学校都会有闯关活动，这是一学期结束的仪式。我女儿拿到"通关证书"时，会兴奋地说：我这学期过关了，我有资格升入高年级了。

此外，还有每天上课的仪式，上操的仪式，演讲的仪式……这些大大小小的仪式让孩子幸福地成长着。它们特别能体现五一的教育理念："为学生的幸福人生奠基！"

## 书香浓郁

在五一小学，有浓郁的书香气息。女儿入学以来，给我最深印象的是对传统文化的重视。学校有自编的传统文化教材，每天早读老师都会组织孩子大声朗读传统经典，日积月累，孩子们已经对大多数内容熟能成诵。到现在为止，女儿已经能熟练背诵《三字经》《弟子规》《小学生必备古诗词》等，同时也掌握了一部分《笠翁对韵》。这种文化的浸染，让孩子在潜移默化中受到感染。去年，全年级还组织了古诗词大会，孩子对传统文化的热情空前高涨。

五一小学注重培养学生的阅读习惯，除了语文课之外，还有专门的课程——"幸福阅读"课，老师会统一引导学生阅读，同时也进行阅读方法的指导。我女儿在语文老师武雪莲老师的指导下，已经从不会、不想阅读阶段进入爱上阅读阶段，她现在只要有点时间，就想拿一本书来读。学校也营造了特别好的阅读环境：教室的阅读角有丰富的书籍，而楼道的各个角落都放着丰富的图书，学生可以随时随地地阅读。女儿每天早上总想早点去学校，目的就是去读那些她喜欢的书。

## 温暖的家

接到入学通知书的那一刻，我就被感动了。通知书上印着陈姗校长的照片，以及陈校长亲笔写给孩子的亲切的话语，让人一下子就有了归属感。开学前，学校不仅对新生进行了入学教育，也请来专家对家长进行了指导。可以说，五一小学在我心里是有温度的，有社会责任感的。

而进入学校后，更多的温暖来自老师。这里的老师素质极高，非常公正地对待每一个孩子，相信每一个孩子，无私地爱着每一个孩子。

记得有段时间，老师观察到我女儿经常丢三落四，听课不专注，便及时和我沟通，了解原因，还让我不要着急，让我信任孩子，教会我帮助孩子的方法。在老师细致入微的帮助下，孩子很快改正了这些小毛病。那年老师的女儿在高三，她却全身心扑在学生身上，让我们做家长的很是感动。

还有一次最温暖的记忆。去年，孩子的爸爸突然生重病，孩子的内心其实也很害怕，但我无暇顾及她。这时候老师给了孩子特别的关怀和鼓励，让女儿在这种情况下依然健康快乐地成长。这让我们全家感激不尽。

能进入五一小学是一件最幸运的事。这里是最有温度的地方，这里是最温暖的家。

## 丰富的兴趣课

这里有丰富的兴趣活动课，我知道的有管弦乐队、跆拳道、健美操、武术课、科技制作、数独课、翰墨飘香等。我女儿在一年级就加入了数独兴趣班，学校会请专业的老师进行辅导。所有的课后兴趣课都有特别专业的老师指导，而且所有课都是免费的。课程的品质非常棒，就拿数独比赛来说，学校学生中个人获奖和团队获奖的次数在北京市都名列前茅。

其实，我对五一的印象是非常丰富的。对女儿来说，这里有美味可口的午饭，有可爱的伙伴，有可敬的老师，有丰富的活动，在此不能一一列举。总之，孩子们在这里快乐地成长，学会做人、做事、学习、健体、与他人合作，这里是孩子幸福人生的起点。

感谢五一小学和谐奋进的领导团队和业务精良的教师队伍。优质的教育使学生全面地发展，健康地成长。总之，在家长眼中，五一小学是一所值得托付的好学校。值此 65 周年校庆之际，献上我们深深的祝福：希望学校越办越好！

## 抓住细节评价，奠基孩子的幸福人生

三年级 2 班　魏宇涵妈妈　郁婷

尤记得 2016 年 7 月我们接过五一小学的录取通知书时，内心的踏实、骄傲与自豪。当天我在朋友圈写下一句话：对我家这是头等大事，妥了。简短的两个字"妥了"足以表现我们作为家长对五一的信任，对孩子能够上五一的满意。

两年的学习生活，孩子的茁壮成长见证了五一小学所呈现的人文关怀和温馨和谐的育人氛围。给我印象最深刻的是五一小学的一套健全的评价机制：注重评价，及时评价，不放过任何一个细节评价，这充分激励了孩子们的积极性，提高了孩子们的自信心。

每学期开学，老师都会对假期作业给予及时评价。记得去年寒假有参观博物馆和练字的作业，开学后女儿说她的作业被抽取出来作为年级优秀作业展览，其他同学的作业在班级展览。当时的我感到很意外，毕竟假期作业项目繁多，开学事情又那么繁杂，但学校仍不落下对孩子付出的劳动给予及时评价的机会。正因为此，练就了女儿无论做什么作业都极认真对待的态度，所以她的工整娟秀的书写总是令人啧啧称赞。

学校对平时的作业和课堂表现也都有一套自己的评价方式。记得校园开放日去班里听过两次课，贴画就放在讲台桌上，学生回答完问题自觉地去前边领一张贴画贴到评价手册上，这已然成为一种习惯，丝毫不打扰他人，默默去默默回，然后又积极投入到课堂听讲中去。所以整个课堂中，每一个学生都在充分发挥自己的主动性，积极思考，积极举手，大胆发言。而这些贴画累积起来可以换自己喜欢的文具，也可以参与学期末评奖。接孩子时，女儿时不时地高举着她的奖品雀跃地和我分享，那种兴奋，以及付出后得到的收获使孩子对每一天的学习都充满期待。我发自内心地为老师对孩子们良好习惯的培养点赞，为五一渗透到细节的评价点赞。

学期末学校还会对星光手册再次总评，孩子们清点自己一学期收获的星星贴画的时候，就像农人们辛苦了半年后即将丰收，按捺不住的喜悦和激动。老师要求孩子们回家先和家长一起数，那一刻孩子对此事极为慎重的态度，就好像在做一件非常庄严的大事，生怕数错一点，我也被孩子的认真深深地感染了。第二天老师还会拿出一节课让孩子们再确认，再评比，这种仪式感，让孩子们深深地懂得了一分耕耘一分收获，也更加注重平时每一次的积累。很幸运，女儿在这种氛围熏陶下，积极努力，变得更加自信勇敢，两年的时间两次获得"星光特等奖"，两次"星光一等奖"，对班级、对老师、对学校的热爱溢于言表，实实在在彰显了五一小学真诚的人文关怀。

五一小学用先进的育人理念，用真情和爱心，为孩子们创建了充满生命活力的美好校园、乐园、家园。作为家长的我们感动、感激！值此建校65周年之际，祝福五一小学再创金色辉煌，再谱绚丽华章！

# 足球社团伴随孩子成长

六年级 16 班  杜沅睿爸爸  杜建华

"老爸、老妈，我今天又过了一堆人，进球了！"一到家，儿子连鞋都没换就在门口大喊，那满是汗水的笑脸上带着自信和骄傲，把开心传递给了我们。这是我们经过很长时间的思想斗争，决定适当减少课外班，让儿子每天保证足球训练，才有了他此刻的状态。

踢足球不仅强身健体，也培养了孩子的情商和智商。运动让孩子在精神随身体放松的同时，注意力更加集中。孩子爱踢足球，但学习成绩不降反升，做事也更加认真了。

踢足球让孩子懂得了坚持。枯燥而重复的训练，一次次地绕桩，一遍又一遍地射门，一次次地打墙，一次次失败再挑战；低过头，流过泪，收获了责任，收获了一群并肩战斗的队友。在绿茵场上一起挥洒过汗水的友情岁月，将是他们人生最珍贵的回忆。相信在未来，他还会有更多的收获。

踢足球让孩子明白规则和遵守规则，理解了没有规矩不成方圆。足球教会孩子协作和团结，为共同目标齐心协力，明白了什么是仰望星空，脚踏实地。踢足球让孩子懂得了胜不骄、败不馁的道理，明白任何事情有赢必有输，输不可怕，也不丢人，输了之后仍然坚持的孩子，才是最坚强、最勇敢的。足球带给孩子勇气和毅力，即使并非"天将降大任于斯人"，也需要"苦其心志，劳其筋骨"，让孩子明白钢铁是怎样炼成的。

小升初，儿子经过一轮又一轮的选拔测试，终于以足球特长生的身份进入了人大附中。也许别人会羡慕孩子通过足球进入了理想的中学，而我最骄傲的却是他在足球中培养的这些精神。

作为家长，我们对孩子学习情况极为关注，我们都明白：孩子只要足够努力，静待花开蝴蝶自来。

但如果有那么一天，当我们意识到自己的孩子并非天才亦终将平凡，我们可以平静地对孩子说：别着急，慢慢来。或者，我们踢球去？

# "美妙的音乐之旅"——在金帆成长

*2018 届毕业生　杨至言妈妈　张菁*

65 年的历程，五一小学成为数万学子的精神摇篮。这里，有望向文明的聆听，老师点亮学子们对知识的渴求。这里，有塑造人格的历练，老师引领学子们追求坚韧与执着。这里，有一张金灿灿的文化名片——五一小学金帆管乐团。金帆已经成为一面旗帜、一种精神，以它为目标和身处其中希望发扬光大的学子们，倍添责任与担当。

金帆的成绩激励着孩子们更好、更强。孩子们逐步懂得，若想成为金帆人，必须努力；若要和金帆一起成长，必须拼搏。班里和杨至言一起入选的同学有五位，一次次考核之后，就剩下她一个了。前行的路上，杨至言体会到坚持的意义。当前方那束光耀眼夺目，孩子会向光而行。当她在预备团时，看到大团同学们的演出，内心生发出好与更好的愿望。若达成心愿，唯有更加刻苦地练习。时间与效率，言言深知在训练面前来不得一点投机取巧。正如刘老师一再强调的，"一天不练，十天白练"，认真的练习，终会有回报。一步步的台阶，金帆给所有人机会，但绝不放宽标准。

在专业课的学习中，言言遇到了她的"女神"老师——宋安琪老师。宋老师带着孩子领略着音乐丰富的内涵。她在言言气馁时鼓励她，以自身的经历分享音乐路上的甘苦。她在言言进步时肯定她，和言言一起体会事竟成的喜悦。通过音乐，宋老师为言言打开一个新世界，也让她看到，热爱音乐的人，内心丰盈。

荣誉感也渗透在乐团训练中。小到声部表现是否优异，大到群体合作是否符合标准，在这之中，不能给声部拖后腿的想法使孩子们更加严格地要求自己。凡事，都不能影响集体。一切，以集体利益为重，荣誉至上。

最开心的是，言言能够体会到音乐之美。她会和我聊到，这首乐曲哪部分旋律最美。音乐带给她的不只是音符，更有旋律营造的氛围，饱含的情意。音乐带给人的是世界的模样，在认识世界的基础上，最终，是他们如何与世界相处。在音乐的陪伴下，孩子们会有更开阔的格局，更柔软的内心。在与音乐相伴的过程中，达成他们的愿望，离梦想愈来愈近。

开学前，言言突然生病。眼看着乐团训练马上就要开始，一向害怕打针的言言主动跟医生提出打点滴，为的是可以快点痊愈，按时参加训练。当听医生说她的病必须静养不能参加训练时，她的眼泪唰地就下来了。身为金帆人，不止是对音乐的热爱，更是对纪律的遵守。

演奏时，看到孩子们专注的神情，熟练的配合，越发感受到老师们付出的辛劳。一首首乐曲，明快的曲调，从选曲开始，已能感受到刘老师的良苦用心。孩子的些微进步中，都凝聚着老师的耐心和用心。感谢冯主任、刘老师、鲁老师，每个孩子都是一个万花筒，要想让他们绘成一幅画卷，必得老师们付出辛勤劳动。当各个声部完美结合，共同用音符描绘出一幅音乐地图时，那种彼此相互配合的畅快，为了同一个目标拼搏向前的经历，已经在每个孩子心中播下奋发的种子。

感谢金帆，感谢五一，曾是金帆人，就会烙下金帆的印。"拼搏、合作、奉献、荣誉至上"，还清晰记得孩子们齐声说起金帆宗旨时候的荡气回肠，相信这宗旨已印在孩子们的心里，而且，将伴随一生。

# 五一印象

四年级九班　王俊棋爸爸　王力光

光阴荏苒，过了这个暑假，王俊棋小朋友就要升入四年级了。作为家长，我们无比开心地看到，王俊棋已由三年前入学时的懵懂小童，成长为如今的翩翩少年。回顾孩子短短三个春秋里的巨大变化，五一小学在我们心中的印象也越来越清晰。

红色的五一，格局宏大，理念先进。五一小学的校园格局是宏大的，高大的教学主楼、标准的 400 米跑道、独立的图书馆、开阔的多功能会议厅，处处都彰显着五一小学教学设施的完备；五一小学的教学理念是先进的，"为学生的幸福人生奠基"，"让教育坚守本真、让教师乐为人师、让学生活力飞扬"，陈姗校长的殷切期望时时鼓励着老师，提醒着家长，温暖着孩子。

绿色的五一，根基深厚、枝繁叶茂。五一小学始建于 1954 年，代代五一教师在这里耕耘知识，辛勤灌溉；届届五一学子在这里汲取智慧，茁壮成长。六十多个春秋，五一小学积淀深厚，声誉日隆，在北京市"最具品牌力""最具影响力"，是海淀区西南部的最好小学；纵览国内海外，五一校友在求学路上得到中学大学师长们的一致好评，毕业工作后都成为社会的中坚力量与国家的栋梁之材。

蓝色的五一，师资优秀、风清气正。五一小学是一所充满了"爱"的学校，五一小学的每一位老师都是"爱"的大师，文雅大方，笃爱至真，博学睿智；五一小学也是一所追求"严谨与本真"的学校，老师们的言传身教，洋溢着"严爱、善育、敬业、笃行"的光辉。

五一的红、绿、蓝，绘就了五一学子们幸福人生的三原色，"弘道养正，日新其德"，祝福五一小学蓬勃发展，祝福孩子们快乐成长！

## "弘道养正，日新其德"

五年级 1 班　冯子卓妈妈　肖艳

秀毓灵钟，五一儿女庆六五；
腾蛟起凤，满园桃李占鳌头；
巍巍五一，海淀西南启明星；
楼宇轩昂，磅礴大气铸辉煌。
兴致苗圃赏秋风，宁奉砖瓦筑围城；
五一哺得万千子，岁月依然再庆功。

作为一名家长，能亲历五一小学六十五周年校庆的辉煌时刻，表达一份祝福，内心十分激动。

人们常说：学校是孩子的家。我的孩子已经在五一小学度过四个年头了，我亲眼目睹了五一小学积极乐观的精神风貌、严谨治学的工作态度和以人为本、一切为了孩子的治学理念。

记得有段时间，孩子因为生病需要申请上半天课程，班主任王老师对我们说："一切以孩子身体为主，落下的课程会给孩子补上。"这样温暖、亲切的话语给了我们心急如焚的家长一剂定心丸，老师对孩子的百般关心和万般呵护，给予了孩子莫大的支持和鼓励。当班主任鲁老师说发现孩子向往外边的世界，特别喜欢用英语表达自己时，我被老师对孩子细致入微的观察和引导深深地感动。当孩子跟随老师走出国门时，对我说这个世界是丰富多彩的，有很多新奇的事物深深吸引着他，他要通过自己的努力让世界变得更好。我由衷地感谢老师打开了孩子心中的一扇窗，发现每个孩子身上不同的闪光点，让孩子在自己热爱的领域发光发热。学校这种以人为本、朝气蓬勃、精益求精的精神，将是孩子终身受益的财富。

忆往昔，桃李不言，自有风雨话沧桑；看今朝，厚德载物，更续辉煌誉五洲。情系五一，祝福学校。一片绿叶，饱含着对根的情谊；一句贺词，浓缩了家长对学校的感恩和祝福。愿五一小学明天更加灿烂辉煌！

## 蝶恋花·贺五一小学建校 65 周年

四年级 9 班　吴雨桥爸爸　吴迪

早荷嫩芽青葱小，
朝露聚时，红墙少年笑。
铃声一起声渐悄，
不愁儿郎读书少。

自古成才非固道，

日新其德，弘道气自豪。

但有名师传胸墨，

报得春晖皆冲霄。

# 江城子·五一印象

2018 届毕业生　刘子晗妈妈　尹君

六十五年谱华章，回首望，育栋梁。莘莘学子，无处不风光。桃李芬芳满天下，誉五一，自昂扬。

国学诗韵翰墨香，校本课，自成章，德育双馨，五一敢担当。励精图治再发愤，传承志，继发扬。

# 五一赞歌

六年级 19 班　张宇轩妈妈　曹冬梅

## 其一

满天桃李竞芬芳，欢声笑语汇校廊。

厚德载物承旧训，弘道养正谱新章。

健体奋进修本心，日新其德育栋梁。

六十五年洒甘霖，春风化雨润四方。

## 其二

五月春暖芳草齐，一树繁叶听书语。

小楼满园翰墨香，学子厚德多才艺。

再接再厉勤为径，创新奋进育桃李。

辉霞灿灿洒心血，煌煌星火弘道义。

光阴流转，从 1981 年走上教师岗位，至今已近四十载。当把此书付梓时，心中感慨万千。明年，2019 年，五一小学将迎来建校 65 周年，而我，将进入在五一小学担任校长，也是我整个校长生涯的第 19 个年头，距离退休也还有 3 年。

"19"，无论对于学校 65 年的历程，还是对于我个人 57 年的人生之旅，已是三分之一。毫不夸张地说，当我把青春、热情、智慧……奉献给这里，当我个人成长与学校发展交融在一起，我知道，我的根已深深扎在我热爱的这片土地上。可以说，与五一荣辱与共、难以割舍的这种情感让我选择了在这个时间节点编写这本书，目的有二：一是为我所挚爱的五一小学 65 周年华诞献礼；二是希望对自己做校长工作近 20 年的经历做一个提炼，为自己留下一份纪念。

有人说：年轻人总喜欢谈未来，老年人总喜欢讲过去。作为一名从教 40 年的年长者，在本书中，我讲了过去，也谈了现在。比如，书中我回忆了当初从老校长手里接过五一接力棒时，老校长对我说的"五一小学的旗帜不能倒"的嘱托，和自己"要让五一小学旗帜高高飘扬"的承诺；回忆了三校合并后对办学理念的提炼及其不断发展的历程，这些在我出版的其他书中虽都有提及，但是每每落笔总情不自禁再次提及，即便时隔近 20 年仍旧记忆犹新，足见它们对我影响之深，一个鞭策着我，一个指引着我，催我前行，直至现在。这么多年来，无论是三校合并、整体改建，还是学校内涵发展，包括文化创建、课程改革、教与学方式的变革，以及当下"中国学生发展核心素养"的校本化实践，我和我的团队始终扎扎实实为了当初的承诺和使命努力着，那就是为学生的幸福人生奠基！因此，本书既是我多年心血的凝结，也是五一小学集体智慧的体现，将自己及团队对奠基教育的思考、探索、实践的经验加以总结提炼，以致谢多年来一路同行的领导、老师、学生、家长，以及给予我与我的团队鼎力支持的社会各界朋友，还有全力支持我的工作，让我无后顾之忧的家人们。

最后还要衷心感谢教育界的老前辈陶西平先生欣然为本书作序。

感恩让我如沐春风，也让我更具前行的力量，而编撰此书也是希望鞭策自己不忘初心，戒骄戒躁，矢志笃行。

由于水平有限，谬错之处请予指正，不吝赐教。

2018.12.1